公務員試験

【高卒程度・社会人】

初級スーパー過去問ゼミ

人文科学

国家
一般職
[高卒・社会人]

高卒程度
都道府県
職員

高卒程度
市役所
職員

高卒程度
警察官

高卒程度
消防官

資格試験研究会編
実務教育出版

刊行に当たって

　過去問対策の定番として公務員試験受験生から圧倒的な信頼を寄せられている「初級スーパー過去問ゼミ」シリーズ。今回，平成30年度以降の問題を新たに収録し，最新の出題傾向に沿った内容に見直しを図るとともに，紙面デザインなども一新してよりわかりやすく，学習しやすく進化しました。

　本シリーズは，高等学校卒業程度（初級）の公務員試験攻略のための，過去問ベスト・セレクションです。「国家一般職［高卒］および［社会人］」「税務職員」「高卒程度都道府県職員」「高卒程度市役所職員」試験を中心に，「高卒程度警察官」「高卒程度消防官（消防士）」試験などで実際に出題された過去問を使用して作られています。

　採用試験の制度が変わっても，「公務員試験を攻略するためには，過去問演習が欠かせない」というセオリーは変わりません。

　良質な過去問で演習を繰り返すことで，合格への道はおのずと開けてきます。本シリーズでの学習を通して，どんな出題形式にも対応できる実力を身につけてください。

　本書を手に取られたあなたが，新時代の公務を担う一員となれるよう，われわれスタッフ一同も応援します！

資格試験研究会

本書の構成と使い方

本書で取り扱う試験の名称表記について

❶ **国家一般職／税務，国家Ⅲ種**…国家公務員採用一般職試験［高卒者試験］［社会人試験（係員級）］，税務職員採用試験，国家公務員採用Ⅲ種試験

❷ **社会人，中途採用者**…国家公務員採用一般職試験［社会人試験（係員級）］，国家公務員中途採用者選考試験

❸ **地方初級**…地方公務員採用初級試験（道府県・政令指定都市・市役所・消防官採用試験［高卒程度］）

❹ **東京都**…東京都職員Ⅲ類採用試験

❺ **特別区**…特別区（東京23区）職員Ⅲ類採用試験

❻ **警察官**…警察官採用試験［高卒程度］

❼ **警視庁**…警視庁警察官Ⅲ類採用試験

❽ **東京消防庁**…東京消防庁消防官Ⅲ類採用試験

❾ **地方中級**…地方公務員採用中級試験（都道府県・政令指定都市・市役所）

掲載した問題の末尾に試験名の略称と出題された年度を記載しています。

※注1　平成26年度から，国家一般職の「高卒者試験」と「社会人試験（係員級）」の問題は全問共通となっています。

※注2　平成23年度までは，国家Ⅲ種の中に「行政事務」と「税務」区分があり，問題は全問共通でした。平成24年度以降も，国家一般職と税務の問題は全問共通となっています。

※注3　消防官（消防士）の採用試験は基本的に市町村単位で実施されており（東京都の場合は一部地域を除いて東京消防庁），教養試験に関しては市町村の事務系種と同じ第一次試験日で試験問題も共通していることが多くなっているため，本書では「地方初級」に分類しています。

本書に収録されている「過去問」について

❶ 試験実施団体により問題が公表されている試験については，公表された問題を掲載しています（平成9年度以降の国家一般職・国家Ⅲ種，平成19年度以降の社会人・中途採用者，平成13年度以降の東京都，平成14年度以降の特別区，平成15年度以降の警視庁，平成16年度以降の東京消防庁）。それ以外の問題は，過去の公務員試験において実際に出題された問題を，受験生から得た情報をもとに実務教育出版が独自に編集し，復元したものです。

❷ 学校教育において教育内容・用語が改訂されたために内容や用語を統一した，年月がたって状況が変わってしまったので現状に合わせた，などの理由で，問題に手を加えている場合があります。大幅な訂正があった問題については「改題」の表示をしています。

本書の構成

❶ 社会科学　攻略のポイント

最近の初級公務員試験の問題を分析して，科目別に最新の出題傾向と効果的な学習方法についてアドバイスしています。今後の学習の指針としてください。

❷ 各テーマの重要度

各テーマ冒頭で，そのテーマがどれくらい重要なのかをバナナの本数で示しています。

バナナ3本 … どの試験にもよく出題される重要なテーマ
バナナ2本 … 比較的重要なテーマ
バナナ1本 … 一部の試験でのみ出題されるテーマ

❸ 重要問題

各テーマのトップを飾るにふさわしい良問をピックアップしました。この「重要問題」と同じような問題が，本試験で何度も出題されていますから，合格のためには必ずマスターしておきたいところです。

復習する際に確認しておきたい事項などについて簡潔に示しています。問題を解いた後に，理解度をチェックしましょう。

参考　問題に関する補足説明や，別の解き方など，一歩進んだ学習ができる知識を紹介しています。

FOCUS　テーマ全体に関するワンポイント・アドバイスや，学習を進めるうえで注意しておきたい点などを提示しています。

❹ 要点のまとめ

これだけは理解したい・覚えておきたい要点をいくつかの「重要ポイント」に分け，見やすい図表などを駆使してコンパクトにまとめています。問題を解く前の知識整理に，また試験直前の確認に活用しましょう。

「重要ポイント」で説明しきれなかった補足知識や，得点アップにつながる発展知識をまとめています。

❺ 実戦問題

各テーマをスムーズに理解できるよう，バランスよく問題を選びました。解説は，「重要問題」と同じように，詳しく丁寧に記述してあります。全部解いて，実戦力をアップしましょう。

また，学習効果の高い問題を選んで　　　のアイコンを付けています。重要問題と　　　の問題を解いていけば，スピーディーに本書をひととおりこなせます。特に，本番の試験まで時間が取れない場合などにご活用ください。

CONTENTS

公務員試験【高卒程度・社会人】
初級スーパー過去問ゼミ

人文科学

第1章 日本史 ……… 13

カバーデザイン／cycledesign　書名ロゴ／早瀬芳文　イラスト／アキワシンヤ

攻略のポイント

日本史

ここが出る！最近の出題傾向

　江戸時代，次いで明治～大正時代と鎌倉～室町時代の順に出題され，特に江戸の三大改革や日清・日露戦争などが頻出している。第一次世界大戦から現代はあまり多く出題されていないが，東京都・特別区は注意したい。

　貿易・外交などの対外関係史は近隣諸国（中国・朝鮮など）を中心に，時代に関係なくよく出題されている。

　社会人・地方初級・特別区では土地制度・対外関係・宗教などのテーマ別通史が出題されている。試験により出題傾向・難易度が異なるので気をつけてもらいたい。

ここに注意！効果的な学習法

ポイント 1 最初に頻度の高い江戸時代を整理する

　正徳の治・享保の改革・田沼時代・寛政の改革・天保の改革について，将軍や政治担当者，時代背景，政策とその内容・結果などを整理しておきたい。また，鎖国完成までの過程，開国までの過程，和親条約と通商条約の内容，開国の影響についても学習しておきたい。

ポイント 2 日中・日朝関係史は重要

　弥生時代から現代にいたるまでの中国・朝鮮・台湾との対外関係史は通史的な問題として出題されることが多い。使節の派遣・貿易・戦争などが出題の中心となる。年表や地図などを利用して知識を確認しておきたい。

ポイント 3 問題演習で正誤判定問題に慣れる

　出題形式で最も多い正誤判定問題を苦手とする人は多い。正確な知識も必要だが，確実に選択肢を読みとり，明らかな誤りを探す。時代・時期の矛盾はないか，歴史用語・人名・数字・地名などが正しく用いられているかなどを確認したい。以上の点に留意しながら多くの問題を解いて慣れることが大切である。

世界史

多くの試験で，西洋史と東洋史が１問ずつという出題パターンである。西洋史では，近代（17 ～ 19世紀）からの出題が多く，ルネサンス，宗教改革，市民革命，列強の海外進出などが出題されている。東洋史では中国王朝史が中心となる。次いで第二次世界大戦後の情勢が頻出となっている。

全般的に西洋史の比重が大きいが，アジア史，特に中国史の出題も増えているので注意してほしい。

大きな事件の原因や発生順序を問うもの，貿易・宗教などのテーマ別通史，ある時期の各地の状況を問う同時代史など，出題形式は多彩である。

ここに注意！効果的な学習法

ポイント ① まずは最重要の現代史から始めよう

世界史の範囲は広いので，「四大文明」から取りかかっていたのでは，試験までに学習が終わらない可能性がある。まずは出題の多い西洋・東洋近代史から始め，その流れで現代史まで続け，その後テーマ別に整理し，さらに余裕があれば古代や中世を見ておく，といった順序がおすすめである。

ポイント ② 細かい年号よりも順序関係を覚える

択一式という公務員試験の形式からしても，たとえば「アヘン戦争は1840年に起こった」の「1840年」が具体的に問われることは少ない。それよりも，「アヘン戦争→アロー戦争→清仏戦争→日清戦争」という歴史的な順序関係の知識を覚えるほうが重要である。

ポイント ③ 地図で歴史の流れをイメージしよう

ヨーロッパや中国の歴史は，地図のイメージを頭に植えつけると理解しやすい。さらには「フランス革命の時代にアメリカ合衆国が独立し，アジアではオスマン・トルコ，ムガル帝国，清の時代であった」というふうに，世界全体に範囲を広げていこう。

地理

どの試験においても，世界の気候区，各国地誌，日本の地理が最重要テーマである。

気候では気候区ごとに代表的な都市との組合せ問題が多い。

各国地誌では東南アジア，ヨーロッパの出題頻度が高い。どの地域についても，気候や農業の特徴がポイントとなっている。

貿易では農産物・工業用原料の主要貿易相手国が重要である。

なお，地方初級では，例年１問は各国地誌に関する問題が出題される。

ここに注意！効果的な学習法

ポイント❶ 気候と土壌，農業はセットで覚える

気候（気温・降水量）と土壌，農業形態・主要農産物は密接な関係にあるので，主要国別にセットで覚えよう。出題パターンもほぼ決まっているので，問題演習を繰り返すこと。

ポイント❷ 各国地誌はしっかり暗記しよう

各国地誌は，その国の自然，民族，産業，歴史などの特徴が出題される。政治，社会，世界史など他の科目の学習とも関連づけて，主要国の特徴を整理しておこう。

ポイント❸ 最近の統計データをチェック！

特に日本の貿易に関しては，最近の統計をもとにした問題がよく出題される。新しいデータは過去問ではカバーできない場合があるので，地理統計資料集などで基本的なデータは確認しておきたい。人口・農産物・鉱工業生産などのデータについても，細かい数値よりは大まかな傾向や順位が重要である。

倫 理

　倫理が出題される試験は限られている。ただ，例年１問は出題される国家一般職・特別区・警視庁のほかにも，地方初級等で出題されることがある。

　西洋思想，なかでもイギリス経験論と大陸合理論，実存主義の出題が多く，また出題形式としては，有名な思想家の著書や内容などの知識を問う問題がほとんどであり，難易度は高くない。

ここに注意！効果的な学習法

ポイント ❶ 歴史の学習の一環として

　世界史や日本史の学習の際に，思想家・宗教家と特徴的なキーワードなどをチェックしてまとめる方法で十分対応できる。

ポイント ❷ 人名と著書はセットで覚えよう

　F.ベーコン，ロック，ホッブズ，ルソー，デカルト，パスカル，ヒューム，カント，キルケゴール，ハイデッガー，ニーチェ，サルトル，中江兆民などがよく出る思想家である。人名と著書・思想の組合せ問題に対応できるようにしておこう。

文学・芸術

ここが出る！最近の出題傾向

　文学と芸術のいずれかから１問出題される試験が多いが，特別区では例年芸術が１問出題されている。

　文学については，日本も西洋も近代以降の文学が多く，日本については，特に明治時代～昭和初期の近代文学が中心となっている。作家と作品の組合せ問題が多い。なお，近年は，日本文学・西洋文学ともに古典の出題数が減少している。

　芸術についても近代以降が中心で，画家や作曲家と作品の組合せ問題が多い。

ここに注意！効果的な学習法

ポイント **1** 文学は日本史とともに

　文学で出題される事項は，著名な作家・作品ばかりである。たとえば日本史で明治・大正時代を学習するついでに，ざっと押さえておこう。

ポイント **2** 芸術は世界史とともに

　芸術についても，世界史の学習の際に，著名な画家・音楽家とその代表作を注意しておけば十分カバーできるが，試験勉強のためでなく，日頃から興味を持って美術や音楽に親しむことが，一番の早道かもしれない。

国 語

ここが出る！ 最近の出題傾向

　出題の中心は熟語の読み・書きを考えさせる漢字の問題であり，慣用句・ことわざ・四字熟語もよく出題される。試験によって独自の傾向があるので，過去問で把握することが不可欠である。

　また地方初級と警察官では，四字熟語，ことわざなどの一般的項目のほか，敬語の用法など文法も頻出である。

ここに注意！効果的な学習法

ポイント **1** 漢字は実際に書いて覚える

　出題形式は択一式だが，問題を見ているだけではなかなか覚えられない人も多いはず。実際に書く練習をしておけば，作文や面接カードを書くときにも役立つ。

ポイント **2** 過去問でよく出る事項をチェック！

　漢字の読み方，四字熟語，ことわざなどは，過去に何度も出題されているものが多い。問題演習の繰り返しで，よく出るものを押さえよう。

第 1 章

日本史

重要度

重要問題

養老律令による律令制度に関する記述として，妥当なのはどれか。

【特別区・平成26年度】

1 律令制度では，中央政府の機構に政治を統括する五衛府と並んで，神々の祭祀をつかさどる神祇官が置かれたほか，宮城の警備や取締りにあたる太政官や官吏の監察にあたる弾正台が設けられた。

2 律令制度では，全国が畿内と七道の行政区に分けられ，国・郡・里が置かれ，地方官として在地の豪族の中から任命された郡司が中央から派遣された国司を指揮した。

3 律令制度では，人民は6年ごとに作成される戸籍に登録され，班田収授法に基づいて，戸籍に登録された正丁と呼ばれる成年男子にのみ一定面積の口分田が与えられた。

4 律令制度では，税として，田地に課される租のほかに，郷土の産物を納める調，都の労役に代えて布などを納める庸，国司の指揮下で土木事業などに一定日数従事する雑徭があった。

5 律令制度では，公民3人に1人の割合で兵士が徴発され，諸国の軍団に配属されたほか，兵士の一部は，防人となり京を警備し，また，衛士となって大宰府に配置されて北九州を守護した。

解説

養老律令（718年）は，大宝律令（701年）の部分修正に過ぎず，内容的には大差がない。律令制度の内容について正確に把握したい。特に二官八省一台五衛府・国司と郡司・大宰府などの行政組織・班田収授法・税制度・軍制度などが重要である。

1 × 「五衛府」と「太政官」が入れかわっている。国家の祭祀を担当する**神祇官**，行政最高機関の**太政官**，そして太政官のもとに実務を担当する八省（中務・式部・治部・民部・兵部・刑部・大蔵・宮内省）がある。さらに風俗の取締り・官吏の監察にあたる弾正台，宮城の警備をする**五衛府**が置かれた。

2 × 郡司は**国司の監督**を受けて郡の民政・裁判を担当したので，「国司を指揮した」が誤り。国司は中央の貴族が派遣され任期があるのに対して，郡司は旧国造など地方豪族から任命され終身官であった。畿内は大和・山城・摂津・河内・和泉，七道は東海道・東山道・北陸道・山陰道・山陽道・南海道・西海道である。

3 × 「正丁と呼ばれる成年男子にのみ」が6歳以上の男女の誤り。良民男子に2段，女子はその3分の2の口分田が班給され，死後収公された。正丁とは21歳〜60歳の男子のこと。

4 ◎ 正しい。租は土地税で男女に課税され，収穫の約3%の稲が納入され，国衙の財源とされた。調・庸は主に正丁に課せられる人頭税で，中央政府の財源となった。

5 × 「防人」と「衛士」が入れかわっている。兵士は庸・調は免除されたが，武器・食料は自己負担が原則であった。

確認しよう ➡律令制下の政治組織・土地制度・農民の負担

正答 4

FOCUS

律令国家では，民衆は戸籍と計帳に登録されている。6年ごとに作成された戸籍は班田台帳としての機能をもち，毎年作成される計帳は調・庸を課すための台帳である。

重要ポイント **1** 律令国家の時代

大化の改新から大宝令制定までの律令国家形成の過程，政治組織・土地制度・税制度などの律令国家の仕組みに関する問題が多い。また，三世一身法・墾田永年私財法による公地公民制の崩壊についても注意したい。

■推古朝～奈良時代の政治

推古朝	593年	推古天皇，甥の厩戸王（聖徳太子）や蘇我馬子と協力
		・冠位十二階の制……氏姓の世襲を打破。才能ある人材の登用
		・憲法十七条……役人の心得。和の精神。天皇中心主義
		・遣隋使の派遣……小野妹子を隋へ派遣。
律令国家の形成	645年	大化の改新 →中大兄皇子・中臣鎌足が蘇我蝦夷・入鹿を滅ぼす
		→難波に遷都 →改新の詔（646年）
		・公地公民制……天皇や豪族が支配していた土地・人民を国家が
		直接支配
	670年	天智天皇（中大兄皇子），庚午年籍……日本初の全国的戸籍
	672年	壬申の乱 →大海人皇子が大友皇子に勝利し，天武天皇に
	701年	大宝律令の制定（藤原不比等らが編纂） →律令の完成
		a. 統治組織……中央＝二官（神祇官・太政官）・八省
		地方＝国・郡・里，九州に大宰府
		b. 班田収授法……戸籍を作り，6歳以上に口分田を班給
		c. 税制の採用……租・庸・調，雑徭，兵役（衛士・防人）
奈良時代	710年	平城京に都を移す
	723年	三世一身法……新たに灌漑施設を設けて未開地を開墾した場合は，
		三世の間，土地を私有できる→公地公民制の崩壊へ
	743年	墾田永年私財法……開墾田の永久私有を認める →荘園の成立
		◇聖武天皇の仏教政治→大仏造立の詔

重要ポイント ❷ 平安時代

 桓武天皇・嵯峨天皇の律令国家再建政策，藤原北家の台頭と摂関政治確立の過程と摂関政治の仕組み，延喜・天暦の治の政策，院政の仕組みと当時の社会状況を把握しておきたい。とくに摂関政治と院政の政治形態の違いに注意したい。

■摂関政治と院政

①律令制再建の動き	桓武天皇……平安京へ遷都（794年）。勘解由使の設置，健児の制。蝦夷征伐（坂上田村麻呂を派遣） 嵯峨天皇……蔵人・検非違使の設置。弘仁格式
②摂関政治の誕生	藤原良房→承和の変（842年）・応天門の変（866年） 　　　　　　清和天皇の摂政（858年） 藤原基経→光孝天皇の事実上の関白（884年）
③天皇の親政（摂関政治の中断）	宇多天皇……藤原基経の死後，摂政・関白を置かず 　　　　　　菅原道真を登用（→のちに藤原氏の策謀で左遷） 醍醐・村上天皇……延喜・天暦の治 　　　　　　　　　延喜の荘園整理令，延喜格式。乾元大宝
④摂関政治の全盛	藤原道長が摂政（1016年）に就任 4人の娘を皇后や皇太子妃とし，外戚として実権を握る 長男の頼通は3代の天皇の摂政・関白に
⑤院政へ	後三条天皇の親政……摂政・関白を外戚としない天皇 　　　　　　　　　延久の荘園整理令 白河上皇，院政を開始（1086年） →院政は鳥羽・後白河上皇まで3代，100年続く ◇退位した天皇（上皇）や出家した上皇（法皇）が政務をとる ◇知行国制度，荘園の寄進が財政基盤

10 〜 12世紀中ごろまでの武士の争乱について，時期・人物関係・事件の内容・意義について整理したい。特に保元・平治の乱は原因と関連づけながら人物関係をつかんでおきたい。

■武士の争乱

承平・天慶の乱 （じょうへい・てんぎょう）	935 〜41年	平将門の乱（関東），藤原純友の乱（瀬戸内海） →中央政界が地方武士の実力を認識
平忠常の乱 （ただつね）	1028 〜31年	源頼信が房総半島で起こった平忠常の反乱を鎮圧 →源氏の東国進出の契機
前九年の役 （ぜんくねんのえき）	1051 〜62年	陸奥俘囚の長安倍頼時を源頼義・義家が鎮圧
後三年の役 （ごさんねんのえき）	1083 〜87年	出羽の俘囚の長清原氏の内紛 源義家が藤原清衡を助けて平定 →源氏と東国武士の固い主従関係
保元の乱 （ほうげん）	1156年	皇室の内紛　崇徳上皇（兄）VS後白河天皇（弟） 摂関家の内紛　藤原頼長（弟）VS藤原忠通（兄） 天皇方（平清盛・源義朝）が 　　　　　　　上皇方（平忠正・源為朝）に勝利
平治の乱 （へいじ）	1159年	平清盛と源義朝の対立 →清盛が勝利し，平氏政権が成立

重要ポイント❹ 古代の文化

各時代の文化の背景と特色，その時代の文化事象や文化遺産を整理する。また各時代の仏教の動向にも注意したい。

■推古朝～奈良時代の文化

飛鳥文化	7世紀前半～	推古朝の仏教保護政策の下で栄えた日本初の仏教文化 法隆寺（釈迦三尊像・百済観音像），広隆寺（弥勒菩薩像）
白鳳文化	7世紀後半～	遣唐使によってもたらされた初唐文化の影響 薬師寺（薬師三尊像），法隆寺金堂壁画，高松塚古墳壁画
天平文化	8世紀半ば～	奈良時代に栄えた貴族文化 盛唐文化の影響を受け国際色豊か 東大寺（正倉院・大仏），唐招提寺 『古事記』，『日本書紀』，『万葉集』，『風土記』

■平安時代の文化

弘仁・貞観文化	9世紀～	晩唐文化の影響。密教の影響（曼荼羅，不動明王） 【仏教】最澄（天台宗），空海（真言宗）　【建築】室生寺
国風文化	10世紀～	遣唐使の廃止（894年）による文化の国風化 優雅で洗練された貴族文化。浄土教の影響 【文学】かな文字の発達。『古今和歌集』，『土佐日記』 　　　　『源氏物語』，『枕草子』 【建築】平等院鳳凰堂，寝殿造（貴族の住宅） 【絵画】大和絵，来迎図 【彫刻】鳳凰堂阿弥陀如来像（定朝・寄木造）
院政期の文化	11世紀～	中央の国風文化が地方に波及（浄土教・阿弥陀堂） 中尊寺金色堂，『今昔物語集』，絵巻物（源氏物語絵巻など）

実戦問題

1 わが国の古代の歴史に関する記述として，妥当なのはどれか。

【東京都・平成22年度・改題】

1 物部守屋は，推古天皇が即位すると摂政となり，憲法十七条を定めて，豪族に官僚としての心構えを説き，仏教の考え方を排除した。

2 蘇我蝦夷（そがのえみし）は，唐にならって天皇を中心とする中央集権国家の樹立をめざし，改新の詔で公地公民の方針を示した。

3 中大兄皇子は，都を近江の大津宮に移して天智天皇として即位し，最初の全国的な戸籍である庚午年籍（こうごねんじゃく）を作成した。

4 大友皇子は，大海人皇子との天皇の位をめぐる争いに勝利した後，八色の姓を定めて皇族や豪族を新しい身分秩序に再編成した。

5 厩戸王（聖徳太子）は，仏教の力によって争いや災いをなくし，国を建て直すために，地方の国ごとに国分寺を置くとともに東大寺を建立した。

2 平安時代に関する記述として，妥当なのはどれか。

【東京都・平成25年度】

1 聖武天皇は，律令体制を再建するため都を平安京に移したほか，坂上田村麻呂に現在の北海道を制圧させた。

2 嵯峨（さが）天皇は，蔵人所を設置し，蔵人頭に藤原冬嗣を任じたほか，平安京の治安を守るため，検非違使を設置した。

3 菅原道真は，先進文化の導入のため遣唐使を送るよう進言するなど，大きな政治力を発揮したが，対立する藤原氏の策謀により隠岐へ流された。

4 醍醐（だいご）天皇は，幼少の堀河天皇に譲位した後も上皇として政治の実権を行使する院政を開始し，院を警備する滝口の武士を設置した。

5 平将門は，朝廷に背いて関東の大半を占領した後，都に攻め上って朝廷を襲撃したが，源氏に鎮圧された。

実戦問題●解説

1 古代国家の成立過程として推古朝の政治，大化の改新，天智の政治，壬申の乱，天武・持統朝の政治を理解しておく。

1 ✕ 物部守屋は厩戸王（聖徳太子）の誤り。厩戸王は，憲法十七条で仏教や儒教の思想に基づいて，豪族に官僚としての心構えを説いた。

2 ✕ 天皇を中心とする中央集権国家の樹立をめざした政治改革（大化の改新）を推し進めたのは，蘇我蝦夷ではなく，**中大兄皇子**や**中臣鎌足**らである。

3 ◎ 正しい。

4 ✕ 大友皇子（天智天皇の子）と大海人皇子（天智天皇の弟）との天皇の位をめぐる争い（壬申の乱：672年）に勝利したのは，大友皇子ではなく**大海人皇子**である。翌673年に天武天皇として即位。

5 ✕ 地方に国分寺を置いたのは，厩戸皇子ではなく**聖武天皇**である。聖武天皇は，国家の平安を祈って741年に国分寺建立の詔を発し，全国に国分寺と国分尼寺の建立を進めた。

☞**確認しよう** ➡古代国家の展開（推古朝の政治〜大宝律令制定）　**正答 3**

2 桓武天皇・嵯峨天皇の律令国家再建政策，藤原氏の他氏排斥，院政の開始，承平天慶の乱についての理解度が試されている。

1 ✕ 平安京へ遷都したのは聖武天皇ではなく，**桓武天皇**である。桓武天皇は坂上田村麻呂を征夷大将軍に任命し，**東北地方の蝦夷の反乱を征圧**させた。

2 ◎ 正しい。

3 ✕ 菅原道真は，唐が衰えたので，**遣唐使を中止**するように進言した。道真は右大臣のとき，藤原氏の策謀で**大宰府**に左遷された。

4 ✕ 院政を開始したのは，醍醐天皇ではなく**白河天皇**。白河天皇は，上皇になってから院の御所に**北面の武士**を設置した。

5 ✕ 平将門は下総を根拠地にした武士で，関東の大半を占領して新皇と自称したが，**平貞盛・藤原秀郷**らに討たれた。

☞**確認しよう** ➡桓武・嵯峨天皇の政策，武士の争乱，院政　**正答 2**

重要問題

　鎌倉時代に関する次の記述の A ～ D に入る語句の組合せとして，最も妥当なのはどれか。　　　　【東京消防庁・平成26年度】

　源頼朝は，鎌倉を拠点とする武家政治をはじめ，国ごとに A を，荘園や公領ごとに B を置くことを朝廷に認めさせた。その後奥州藤原氏をほろぼした頼朝は，1192年に朝廷から征夷大将軍に任命され，全国の武士を従える地位に就いた。

　鎌倉幕府を支えたのは，将軍と将軍に従う武士（御家人）との結びつきであり，彼らは自分達の土地を守ってもらうために将軍に忠誠を誓い，その一方で A や B に任命され，新たな土地をもらえることを期待した。このような土地を仲立ちとして主従関係を結ぶしくみを封建制度という。

　頼朝の死後，有力な御家人のあいだで政治の主導権をめぐる争いが続き，そのなかで勢力を伸ばした北条氏は，やがて幕府の実権をにぎった。この北条氏の地位のことを C という。3代 C である北条泰時は，御家人と荘園領主の間で領地をめぐる争いが増えると，土地争いの裁判を公平に行うための基準を示すために，1232年に D を定めた。

	A	B	C	D
1	地頭	守護	六波羅探題	御成敗式目
2	守護	地頭	執権	御成敗式目
3	守護	地頭	六波羅探題	御成敗式目
4	守護	地頭	執権	武家諸法度
5	地頭	守護	六波羅探題	武家諸法度

解説

 守護・地頭の区別，執権の意味，御成敗式目制定の背景や目的に関する知識があれば解答できる。

A 1185年，平氏滅亡後，源頼朝は源義経の追討を名目に**守護・地頭**の設置権を獲得した。守護は国ごとに東国の有力御家人が任命され，大番催促・謀反人・殺害人の追捕（大犯三カ条）を職務として，国内の御家人を指揮し，平時には治安維持と警察権の行使を行い，戦時には国内の武士を統率した。

B 荘園，国衙領に**地頭**を設置することが認められ，当初は平氏没管領をはじめとした謀反人の所領に限られていたが，承久の乱後に全国化した。御家人から任命された地頭は，年貢の徴収・納入，土地の管理，治安維持を任務とし，収入は従来の荘官の得分を継承した。

C 北条時政は，比企能員を倒し，2代将軍源頼家を幽閉し，源実朝を3代将軍に擁立して政所別当（**執権**）となった。時政の子義時は和田義盛を倒し，政所別当を兼任して執権の地位を高め，承久の乱で後鳥羽上皇を破り執権政治を確立した。事件後，京都守護を廃し，六波羅探題を設置して朝廷の監視を強めた。

D 北条泰時が執権になると，執権を補佐する連署をおき，有力御家人からなる評定衆を設けて重要政務・裁判にあたらせ，合議制にもとづく政治を確立した。さらに1232年，公平な裁判を行うために頼朝以来の先例や武家社会の道理にもとづいて武家の最初の法令である**御成敗式目**を制定した。なお，武家諸法度は江戸時代の大名統制法令である。

したがって，正答は **2** である。

確認しよう ➡鎌倉幕府の政治機構・執権政治確立までの過程

正答 2

FOCUS

鎌倉幕府の成立の過程と政治組織，北条時政・義時・泰時・時頼の時代（執権政治期）の出来事や政策はよく出題されている。また守護・地頭の職務は重要です。

要点の まとめ

重要ポイント 1 鎌倉幕府の成立

源平の争乱と鎌倉幕府成立までの過程，御家人制の仕組み，幕府の政治機構・財政基盤などが出題されている。

■源平の争乱と鎌倉幕府の成立

	源平の争乱	鎌倉幕府成立の動き
1180年	以仁王・源頼政の挙兵→平清盛,福原へ都を移す→源頼朝・源義仲の挙兵→頼朝，鎌倉に入る	頼朝，侍所を設置
1183年	平氏が西に逃れ，義仲入京	頼朝，東国支配権を確立
1184年		頼朝，公文所・問注所を設置
1185年	壇の浦の戦いで平氏滅亡	頼朝，守護・地頭の任命権を獲得
1191年		公文所を政所に改める
1192年		頼朝，征夷大将軍に任じられる

■鎌倉幕府の仕組み

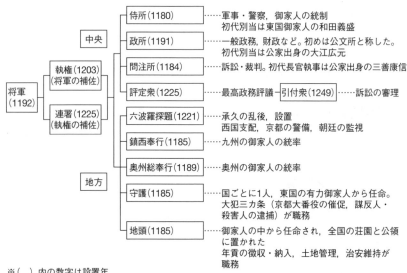

```
                        ┌ 侍所(1180) ……軍事・警察，御家人の統制
                        │                初代別当は東国御家人の和田義盛
                        │
                        ├ 政所(1191) ……一般政務，財政など。初めは公文所と称した。
                        │                初代別当は公家出身の大江広元
                中央    │
                        ├ 問注所(1184)……訴訟・裁判。初代長官執事は公家出身の三善康信
                        │
         執権(1203)     ├ 評定衆(1225)……最高政務評議─引付衆(1249)……訴訟の審理
         (将軍の補佐)   │
 将軍                   ├ 六波羅探題(1221)……承久の乱後，設置
(1192)                 │                     西国支配，京都の警備，朝廷の監視
         連署(1225)     │
         (執権の補佐)   ├ 鎮西奉行(1185)……九州の御家人の統率
                        │
                        ├ 奥州総奉行(1189)……奥州の御家人の統率
                        │
                地方    ├ 守護(1185) ……国ごとに1人，東国の有力御家人から任命。
                        │                大犯三カ条（京都大番役の催促，謀反人・
                        │                殺害人の逮捕）が職務
                        │
                        └ 地頭(1185) ……御家人の中から任命され，全国の荘園と公領
                                         に置かれた
                                         年貢の徴収・納入，土地管理，治安維持が
                                         職務
```

※（ ）内の数字は設置年

重要ポイント ❷ 執権政治から南北朝の動乱へ

 鎌倉時代の政治史は執権と政策・出来事の関係を問うことが多い。また鎌倉時代の事件・争乱も重要。とくに承久の乱と元寇に注意したい。

■執権政治

初代執権 北条時政	頼朝の妻（北条政子）の父 1203年，2代将軍頼家を幽閉し，実朝を3代将軍に擁立
2代 北条義時	和田義盛を滅ぼし，政所・侍所別当を兼任 1221年，承久の乱で後鳥羽上皇を破る→六波羅探題の設置
3代 北条泰時	連署および評定衆の設置 1232年，御成敗式目（貞永式目）を制定
5代 北条時頼	引付衆の設置 藤原将軍（摂家将軍）を廃し，皇族将軍を迎える
8代 北条時宗	元寇……フビライの朝貢要求を拒否したため，モンゴル軍が襲来 1274年文永の役，1281年弘安の役→御家人の窮乏
9代 北条貞時	得宗による専制政治の確立 1297年，永仁の徳政令……売却・質入れした所領の無償返却

■鎌倉幕府の滅亡と南北朝の動乱

1333年	後醍醐天皇が討幕運動を展開し，鎌倉幕府滅亡
1334年	後醍醐天皇は建武の新政に着手したが，3年足らずで崩壊
1336年	後醍醐天皇が吉野へ（南朝：大覚寺統）。足利尊氏は光明天皇を擁立（北朝：持明院統）→以後約60年間，南北朝の動乱が続いた
1392年	3代将軍足利義満の仲介で南朝の後亀山天皇が北朝の後小松天皇に神器を譲渡して，南北朝の合体が実現する

重要ポイント ③ 室町幕府

室町幕府の政治組織と財政基盤，足利尊氏・義満の事績，室町時
代の事件・争乱，日明貿易の仕組み・展開・貿易品，日朝貿易の
展開・貿易品などがよく出題される。室町将軍ごとに政策・出来
事を整理しておきたい。鎌倉時代・室町時代の用語の識別にも注
意したい。

■室町幕府の政治

初代 足利尊氏	1336年，建武式目を制定 1338年，光明天皇に征夷大将軍に任じられ，室町幕府を開く
3代 足利義満	1378年，室町に花の御所を造営し，1392年に南北朝を合体 1404年，日明貿易（勘合貿易）を開始 ◇政治機構 　▶中央　管領（将軍の補佐役，斯波・畠山・細川の3氏から任命）／ 　　　　侍所（京都の警備，刑事裁判）／政所（財政管理）／ 　　　　問注所（記録・訴訟文書の保管）／評定衆—引付衆 　▶地方　鎌倉府（関東の統治，鎌倉公方—関東管領）／ 　　　　奥州探題（陸奥の統治）／羽州探題（出羽の統治）／ 　　　　九州探題（九州の統治）／守護・地頭
6代 足利義教	1438年，永享の乱　→足利持氏（鎌倉公方）を滅ぼす 1441年，嘉吉の変　→赤松満祐が義教を謀殺
8代 足利義政	1467～77年，応仁の乱…将軍家の相続争いと管領家畠山・斯波氏 　　　　　　　　　　　　　　　の家督相続争いが発端 　東軍……足利義視，斯波義敏，畠山政長，細川勝元 　西軍……足利義尚，斯波義廉，畠山義就，山名持豊（宗全） →幕府の権威低下，守護大名の没落　→下剋上
15代 足利義昭	1573年，織田信長に追放される　→室町幕府の滅亡

重要ポイント ④ 鎌倉・室町時代の文化

 仏教・美術・文学・芸能と多岐にわたって出題される。特に鎌倉時代の仏教は重要。室町時代では北山文化と東山文化の事象の識別にも注意をしたい。

鎌倉文化	【仏教】	浄土宗－法然『選択本願念仏集』，知恩院，専修念仏
		浄土真宗（一向宗）－親鸞『教行信証』，本願寺，悪人正機説
		時宗－一遍，清浄光寺，踊念仏
		日蓮宗（法華宗）－日蓮『立正安国論』，久遠寺，題目
		曹洞宗－道元『正法眼蔵』，永平寺，坐禅を重視（只管打坐）
		臨済宗－栄西『興禅護国論』，建仁寺，公案禅（→幕府の保護）
	【彫刻】	運慶・快慶「金剛力士像」（東大寺南大門）
	【文学】	和歌…藤原定家『新古今和歌集』，西行『山家集』，
		源実朝『金槐和歌集』
		随筆…吉田兼好『徒然草』，鴨長明『方丈記』
		軍記・歴史…『平家物語』，慈円『愚管抄』，『吾妻鏡』
	【学問】	有職故実，金沢文庫
北山文化	【建築】	金閣（足利義満の北山山荘，寝殿造風と禅宗様，鹿苑寺）
	【文学】	五山文学
	【能楽】	観阿弥・世阿弥が大成→『花伝書』（世阿弥）
	【絵画】	水墨画（明兆・如拙）
東山文化	【建築】	銀閣（足利義政の東山山荘，書院造と禅宗様，慈照寺）
		竜安寺の枯山水
	【文学】	宗祇の正風連歌，山崎宗鑑の俳諧連歌，御伽草子の流行
	【絵画】	水墨画の大成（雪舟），大和絵の発展（土佐派・狩野派）
	【茶道】	村田珠光の侘茶創出
	【華道】	池坊専慶の立花確立

実戦問題

1 源平の争乱と鎌倉幕府の成立に関する次の出来事ア～オを年代の古い順に並べたものとして，妥当なのはどれか。　【特別区・令和2年度】

ア　源頼朝らが，以仁王の令旨を受けて挙兵した。
イ　源義仲が，源範頼と義経に討たれた。
ウ　源頼朝が，奥州藤原氏を滅ぼした。
エ　源頼朝が，征夷大将軍に任じられた。
オ　源義経らが，壇の浦で平氏を滅ぼした。

1　アーイーエーオーウ
2　アーイーオーウーエ
3　アーイーオーエーウ
4　アーウーイーエーオ
5　アーウーイーオーエ

2 室町幕府の政治に関する記述として，最も妥当なのはどれか。
　【警視庁・平成27年度】

1　1338年に征夷大将軍に任じられた足利尊氏は，京都の室町に「花の御所」といわれた華麗な邸宅を建て，以後ここが政治の中心となった。

2　足利義満は，1391年の明徳の乱で山名氏清を，1399年の応永の乱で大内義弘をやぶり，幕府の権力を確立した。

3　足利義満の仲介で，1392年に北朝の後小松天皇が南朝の後亀山天皇に譲位して，ここに両朝の合体が実現した。

4　室町幕府において将軍を補佐し政務を総轄する職を管領といい，足利一門の有力守護である赤松氏・一色氏・京極氏の三家から交代して就任した。

5　幕府の中央組織として，財政事務の機関である評定衆，記録・訴訟文書の保管などを行う政所，武士の統率機関である侍所，裁判の評議・裁定を行う問注所などが設置された。

③ 鎌倉仏教の諸宗派等に関する組合せとして，妥当なのはどれか。

【警視庁・平成23年度】

	宗派	開祖	中心寺院
1	浄土宗	親鸞	知恩院（京都）
2	時宗	一遍	清浄光寺（神奈川）
3	臨済宗	栄西	久遠寺（山梨）
4	曹洞宗	法然	永平寺（福井）
5	浄土真宗	日蓮	建仁寺（京都）

④ 室町時代の文化に関するA～Dの記述のうち，妥当なものを選んだ組合せはどれか。

【特別区・平成25年度】

A　東求堂の同仁斎と呼ばれる書斎は，床の間，違い棚，明り障子などを備えた寝殿造の代表で，その後の和風住宅の基本となった。

B　一寸法師，浦島太郎，物ぐさ太郎などの御伽草子と呼ばれる短編物語が，庶民のあいだで普及した。

C　茶道では，茶寄合や茶の種類を当てる侘び茶が盛んであり，また，生け花では，華麗な立花様式が定着した。

D　幸若舞，古浄瑠璃，小歌などが庶民に愛好され，小歌の歌集である閑吟集がつくられた。

1　A, B
2　A, C
3　A, D
4　B, C
5　B, D

① 源頼政の挙兵から源頼朝が征夷大将軍に就任するまでの経緯に関する問題。平氏滅亡と幕府成立の過程を結びつけて整理する。

ア 1180年，以仁王の令旨を受けて，伊豆に流されていた源頼朝や信濃木曽谷にいた源義仲をはじめ各地の武士団が挙兵した。

イ 平氏を破り入京した源義仲は，不仲となった後白河法皇の命により，1184年に源範頼・義経に討たれた。

ウ 1189年，源頼朝は源義経を匿ったとして奥州藤原氏を滅ぼした。

エ 1192年，後白河法皇の死後，源頼朝は征夷大将軍に任ぜられた。

オ 1185年，源範頼・義経が，長門壇の浦で平氏を滅ぼした。

したがって，正答は **2** である。

☞確認しよう ➡源平の争乱と鎌倉幕府成立の過程 　　　　**正答 2**

② 3代将軍足利義満の時代の事績・事件・出来事，室町幕府の政治組織についての正確な知識があるかどうかを試す問題。

1 ✕ 1338年，足利尊氏は征夷大将軍に任命され，京都の高倉に幕府を開いた。1368年に征夷大将軍に就任した**足利義満**は，1378年，京都の室町に花の御所とよばれる邸宅を造営した。

2 ◎ 足利義満は強大化した有力守護大名の勢力削減を図り，明徳の乱で山名氏清，応永の乱で大内義弘を討伐した。

3 ✕ 北朝と南朝の天皇が逆。足利義満の仲介で，南朝の後亀山天皇が北朝の後小松天皇に神器を譲渡し南北朝合体が実現する。

4 ✕ 「赤松氏・一色氏・京極氏」は，「細川氏・斯波氏・畠山氏」の誤り。将軍を補佐する管領は足利氏一門の細川・斯波・畠山の三氏（三管領）が，侍所所司は山名・赤松・一色・京極の四氏（四職）が交代で任命された。

5 ✕ 室町幕府の職制の内容が誤り。政所は財政事務，侍所は武士の統制・京都の警備・刑事訴訟，問注所は記録・訴訟文書の保管，評定衆は幕政の諮問を担当した。

☞確認しよう ➡足利義満の時代の出来事と室町幕府の政治組織 　**正答 2**

③ 鎌倉新仏教6つについて，開祖・教義の特色・著作・関係寺院の組合せができることがポイントとなる。

1✕ 親鸞は法然の誤り。**法然**は専修念仏の教えを説いた。

2◎ 正しい。一遍は各地を遊行し踊念仏を始めた。

3✕ 久遠寺（山梨）は建仁寺（京都）の誤り。臨済宗は坐禅と公案で悟りに達することを主眼とした。

4✕ 法然は道元の誤り。曹洞宗は只管打坐により悟りを体得する宗派。

5✕ 日蓮は**親鸞**，建仁寺は**本願寺**の誤り。浄土真宗をおこした親鸞は，絶対他力・悪人正機説を説いた。

🖝確認しよう ➡足利義満の時代の出来事と室町幕府の政治組織　　**正答** 2

④ 室町時代の建築様式，庶民の文芸・芸能，茶道・立花に関する知識を必要とする問題。

A 寝殿造は書院造の誤り。**書院造**は室町時代後期に成立した武家の住宅様式で，寝殿造に禅院・方丈の要素を加えたもので，現代の和風住宅の基となっている。足利義政が営んだ東山山荘の持仏堂である東求堂の東北隅にある同仁斎は書院造の典型的な事例である。

B 正しい。御伽草子は室町時代の庶民的な短編物語で，仏教思想の影響を受けたものが多い。

C 茶の種類を当てる競技は**闘茶**なので誤り。東山期に村田珠光が茶と禅の統一を主張し，草庵の茶である**侘茶**を創始，戦国期の武野紹鷗を経て，桃山期に千利休が大成した。生け花も東山期に，座敷の床の間に飾る立花様式が定まる。

D 正しい。庶民に愛好された芸能として，狂言・幸若舞・古浄瑠璃・小歌などがあり，小歌集として『閑吟集』が編纂された。

したがって，正答は **5** である。

🖝確認しよう ➡室町時代の茶道，庶民文化　　**正答** 5

テーマ **3** 近世

重要問題

江戸時代の政策に関する記述として最も妥当なのはどれか。

【国家一般職／税務／社会人・平成28年度】

1 徳川綱吉は，足高の制を採用して柳沢吉保や新井白石などの有能な人材を広く登用し，彼らの助言に従って，生類憐みの令を廃止した。

2 徳川吉宗は，享保の改革を行い，飢饉に苦しむ農民に米を支給する上げ米を実施するとともに，参勤交代を廃止して諸大名の負担の軽減を図った。

3 田沼意次は，上知令を出し，庶民に厳しい倹約を命じた。また，幕府財政の再建のために，印旛沼の干拓を中止し，支出の削減に努めた。

4 松平定信は，寛政の改革を行い，旧里帰農令を出して江戸に流入した没落農民の帰村や帰農を奨励した。また，寛政異学の禁を発し，朱子学を正学とした。

5 水野忠邦は，天保の改革を行い，株仲間を結成させ，商品の流通を促進して商業を活性化させた。また，棄捐令を出して札差の救済を図った。

解説

江戸時代に政務を執った将軍・老中と政策が結びついているか試す問題。特に正徳の治・三大改革・田沼時代の出題は多く，各政策の時期の識別や内容に関する知識が必要となる。

1 ✕ 5代将軍綱吉の後半の治世において，側用人の柳沢吉保が権勢をふるった。6代将軍家宣は新井白石を登用して，生類憐みの令を廃止し，8代将軍吉宗は足高の制を採用した。

2 ✕ 8代将軍吉宗は支配体制の整備や財政の再建をめざして享保の改革を行った。吉宗は，大名から石高1万石につき100石を臨時に献上させ，その代わりに参勤交代の江戸在府期間を半減する上げ米を実施した。

3 ✕ 10代将軍家治の時代，側用人から老中となった田沼意次は商人の力を借りて印旛沼の干拓を始めたが利根川の洪水で挫折した。**老中水野忠邦は天保の改革で上知令を出して**江戸・大坂周辺の直轄地化を図ったが，大名などの反対で撤回した。

4 ◎ 正しい。11代将軍家斉の時代，老中松平定信は農村の復興・財政再建をめざして寛政の改革を行った。

5 ✕ **田沼意次**は，商業資本を積極的に利用することで財政再建を図り，株仲間を積極的に公認して運上・冥加を徴収した。水野忠邦は物価抑制を図り株仲間を解散したが流通機構が混乱した。棄捐令は寛政の改革・天保の改革で出された旗本・御家人の救済政策。

☞確認しよう ➡ 正徳の治・三大改革・田沼時代

正答 **4**

FOCUS

江戸時代の出題が最も多い。幕府の政治組織，大名統制・朝廷統制・農民統制を確認する。また正徳の治，享保の改革，田沼時代，寛政の改革，天保の改革の将軍・政治担当者・政策とその内容・結果などを整理しておきたい。

重要ポイント 1 戦国時代と織豊政権

天下統一の歩みと政策が出題される。織田信長の楽市令，豊臣秀吉の太閤検地・刀狩・バテレン追放令・朝鮮出兵に注意したい。

■織田信長の天下統一への歩み

天下統一への歩み		主な政策
1560年	桶狭間の戦い	◇指出検地
1571年	延暦寺の焼打ち	◇楽市令
		→城下町の繁栄
1573年	足利義昭の追放（室町幕府滅亡）	◇関所の撤廃
1575年	長篠合戦（鉄砲隊の活躍）	◇撰銭令
1576年	安土城の築城	◇都市の直轄化……京都・堺など
1580年	石山合戦（石山本願寺屈伏）	◇キリスト教の保護
1582年	本能寺の変	◇仏教弾圧
	（信長，明智光秀に殺される）	

■豊臣秀吉の天下統一

天下統一の歩み		主な政策
1582年	山崎の戦い	◇太閤検地
1583年	賤ヶ岳の戦い。大坂城築城	面積単位・枡の統一（京枡）
1584年	小牧・長久手の戦い	石高制の確立
1585年	関白となる。四国を平定	一地一作人の原則
1586年	太政大臣となり，豊臣姓を賜る	（中間搾取の排除）
1587年	九州平定	→荘園の完全消滅
1588年	刀狩令→兵農分離	◇重要都市の直轄化
1590年	小田原・奥州平定（全国統一）	◇貨幣鋳造（重要鉱山の直轄化）
1591年	人掃令（身分統制令）	◇キリスト教の弾圧
1592年	文禄の役（朝鮮出兵）	◇五奉行・五大老整備
1597年	慶長の役（朝鮮出兵）	
1598年	秀吉死去	

重要ポイント ② キリスト教の禁止と「鎖国」への歩み

 キリスト教の伝来から禁止までの展開，南蛮貿易・朱印船貿易，鎖国完成までの展開，鎖国下のオランダ・中国・朝鮮との関係が出題される。

	時期	キリスト教関係	貿易・外交関係
戦国時代	1543		ポルトガル人，鉄砲を伝える
	1549	ザヴィエル，キリスト教を伝える	
安土・桃山時代	1582	◇宣教師の来日 　セミナリオ（神学校） 　コレジオ（宣教師養成学校）設立 天正遣欧使節。キリシタン大名の大友義鎮・有馬晴信・大村純忠が，ヴァリニャーニの勧めで4人の少年をローマに派遣	◇南蛮貿易活発化
	1587	秀吉，バテレン追放令	
江戸時代	1604		糸割符制度の開始
	1612	天領に禁教令 →翌年，全国に禁教令	◇朱印船貿易活発化
	1616		ヨーロッパ船の入港を平戸・長崎に限定
	1624		スペイン船の来航禁止
	1633		奉書船以外の海外渡航禁止
	1635		海外渡航・帰国を全面禁止
	1637	島原の乱	
	1639		ポルトガル船の来航禁止
	1640	宗門改役の設置	
	1641		オランダ商館を出島に移す

重要ポイント **3** **幕藩体制**

江戸幕府の職制や統制政策がよく出題される。幕府と朝廷，幕府と大名，幕府と農民の関係について整理しておきたい。幕藩体制は農民の納める年貢により成立する体制であることに注意したい。

■江戸幕府の職制

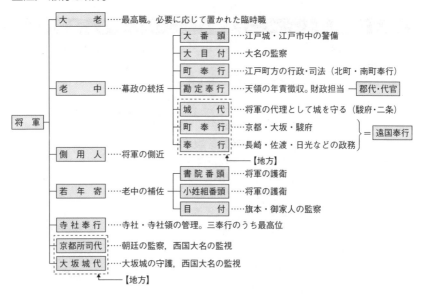

■江戸幕府の統制策

大名の統制	◇一国一城令（1615）……大名の居城を1つに限定 ◇武家諸法度（1615）……大名統制の基本法 ◇参勤交代制（1635）……大名に大きな財政的負担
朝廷・寺社の統制	◇禁中並公家諸法度（1615）……朝廷・公家を統制する法令 ◇寺院法度（1601〜）……本山・末寺制度
農民の統制	◇田畑永代売買の禁令（1643）……農民の土地売買を禁じる ◇分地制限令（1673）……耕地の細分化を防ぐ ◇五人組制度……近隣の連帯責任で年貢未納や犯罪を防ぐ

重要ポイント④ 幕政の改革

 近世で最も頻出度の高い事項。特に三大改革（享保の改革，寛政の改革，天保の改革）の政権担当者と政策内容が重要。

改革	将軍	改革の内容
正徳の治 (1709～16)	6代家宣 7代家継	◇新井白石の政治 ・貨幣の改鋳……金の含有率を慶長小判の水準に戻す ・海舶互市新例（長崎新令）……金・銀の流出を防ぐ
享保の改革 (1716～45)	8代吉宗	◇将軍吉宗の政治 ・上げ米……参勤交代を緩和する代償として，米を献上 ・足高の制……役職の石高を決め，在職中だけ不足分 　　　　　　　を支給 ・定免法……過去数年の収穫高を基準に年貢を定める ・公事方御定書……裁判・刑罰の基準を定める ・目安箱……庶民の投書箱 ・相対済し令……金銭に関する訴訟を受けつけず，当 　　　　　　　事者間で解決させる ・殖産興業政策…甘藷（さつまいも）などの栽培奨励
田沼時代 (1767～86)	10代家治	◇老中田沼意次の政治＝商業資本の積極的利用 ・株仲間の積極的公認→賄賂の横行，印旛沼干拓事業
寛政の改革 (1787～93)	11代家斉	◇老中松平定信の政治 ・囲米……飢饉対策・米穀の貯蓄，社倉・義倉設置 ・七分金積立……町費の節約分を積み立て→貧民救済 ・棄捐令……旗本・御家人の6年以上前の借金を帳消し ・旧里帰農令……江戸に流入した農民に帰農を勧める ・人足寄場……石川島に無宿人を収容，職業訓練
天保の改革 (1841～43)	12代家慶	◇老中水野忠邦の政治 ・倹約令　・風俗取締り……為永春水の処罰など ・人返しの法……出稼ぎの禁止。農民の強制帰郷 ・株仲間の解散……自由競争の奨励 ・上知令……江戸・大坂の直轄化，反対により撤回

重要ポイント **5** 開国と幕末の動乱

開国までの経緯，和親条約・通商条約の内容，開国後の貿易と影響，幕末の政局の推移などが出題される。幕末史は薩摩・長州両藩の動向が重要である。

■開国への道のり

　1792年，ロシア人ラクスマンが根室に来航して以来，各国の船が通商を求めて来日。1853年にペリーが来航し，翌年，幕府はついに開国に踏み切った。

日米和親条約（1854年）	日米修好通商条約（1858年）
◇ペリーと老中阿部正弘 ◇内容 ・下田・箱館の開港 　（下田の初代総領事ハリス） ・必要な燃料・食料を供給 ・貿易はなし ・片務的最恵国待遇を与える 　　　　　↓ ◇イギリス・ロシア・オランダとも 　同様の条約を結ぶ	◇ハリスと大老井伊直弼 ◇内容 ・箱館・神奈川（横浜）・新潟・ 　兵庫・長崎の開港 ・領事裁判権＝治外法権を認める ・自由貿易（関税自主権なし） 　　　　　↓ ◇イギリス・ロシア・オランダ・フラ 　ンスとも同様の条約を結ぶ 　（安政の五か国条約）

■幕末の動乱

1858年	・**安政の大獄**（〜59年）……井伊直弼が尊王攘夷派・一橋派を弾圧
1860年	・**桜田門外の変**……尊王攘夷派による井伊直弼の暗殺
1863年	・**八月十八日の政変**……会津・薩摩両藩（公武合体派）が長州藩・ 三条実美ら公卿（尊王攘夷派）を京都から追放。
1864年	・**禁門の変（蛤御門の変）**……池田屋事件を契機に長州藩が京都に攻 め上るが，敗北　→第1次長州征伐，四国艦隊下関砲撃事件
1866年	・**薩長同盟**……坂本龍馬の仲介による薩摩と長州の密約
1867年	・**大政奉還**……徳川慶喜が朝廷に政権を返上　→大政奉還の上表提出 と同日，薩長に倒幕の密勅　→王政復古の大号令

重要ポイント **6** **近世の文化**

学問・文学・美術を中心に元禄文化と化政文化の識別が出題される。文化人の活躍時期・業績・作品・著作などを抑えることが大切。

■桃山文化 （信長・秀吉時代の新鮮で豪華な文化）

【建　築】	・城郭建築が発達
【美　術】	・ふすまや壁に障壁画（狩野派）が描かれる
【茶　道】	・千利休が完成
【芸　能】	・出雲阿国による阿国歌舞伎が登場

■元禄文化 （17世紀半ば～18世紀初頭。上方の豪商たちを中心とする文化）

【文　学】	・浮世草紙……井原西鶴『好色一代男』『世間胸算用』
	・人形浄瑠璃……近松門左衛門『曽根崎心中』　→竹本義太大
	・俳諧……松尾芭蕉が完成，『奥の細道』
【美　術】	・装飾画……尾形光琳
	・浮世絵……菱川師宣「見返り美人図」
【学　問】	・朱子学……林家　→幕府の御用学問として採用される
	・陽明学……中江藤樹・熊沢蕃山　→朱子学を批判
	・古学派……山鹿素行・伊藤仁斎・荻生徂徠　→孔孟を直接研究

■化政文化 （18世紀末～19世紀初頭。江戸の町人を中心とした文化）

【文　学】	・洒落本……山東京伝　→寛政の改革で処罰
	・滑稽本……式亭三馬『浮世風呂』，十返舎一九『東海道中膝栗毛』
	・読本……上田秋成『雨月物語』，滝沢馬琴『南総里見八犬伝』
	・俳諧……与謝蕪村，小林一茶
【美　術】	・浮世絵（錦絵）……鈴木春信，喜多川歌麿，葛飾北斎，安藤広重
	・文人画……池大雅，与謝蕪村，谷文晁，渡辺崋山
	・写生画……円山応挙
【学　問】	・国学……荷田春満　→賀茂真淵　→本居宣長　→平田篤胤
	・洋学　前野良沢・杉田玄白らの『解体新書』翻訳

実戦問題

① 織豊政権に関する記述として，最も妥当なのはどれか。

【警視庁・平成30年度】

1 長篠の戦いで武田勝頼の軍に対し，鉄砲を使った戦術で勝利した織田信長は，その後，近江に安土城を築いた。

2 織田信長は楽市令を出すなどして都市の繁栄を図る一方，当時栄えていた堺については自治的都市としての機能を認めた。

3 織豊政権下で朝鮮出兵を進めた日本は，信長の時代の慶長の役では李舜臣の活躍により次第に戦況が悪化し，その後の文禄の役では秀吉の病死の後に撤退した。

4 小牧・長久手の戦いで徳川家康と和睦した豊臣秀吉は，その後，摂政や太政大臣に任じられ，全国の戦国大名に私戦を禁じる命令を出した。

5 豊臣秀吉が行った太閤検地では，土地の測量基準を新しいものに統一したほか，貫高制を確立した。

② 近世のヨーロッパ人の来航に関する記述中の空所A〜Cに当てはまる語句の組合せとして，最も妥当なのはどれか。　【警視庁・平成27年度】

　1549年，（　**A**　）の擁護と東洋方面への布教を使命とした修道会であるイエズス会のフランシスコ＝ザビエルが鹿児島に渡来した。以後，多くの宣教師たちが来日し，布教をおこなった。戦国大名のなかにもキリスト教の信仰にひかれ改宗する者もあらわれた。そのような大名をキリシタン大名という。1582年には，キリシタン大名の大友義鎮（宗麟）・大村純忠・（　**B**　）は，伊東マンショら4名の少年をローマ教皇のもとに派遣した。これを（　**C**　）という。

	A	B	C
1	カトリック	大内義隆	天正遣欧使節
2	プロテスタント	大内義隆	天正遣欧使節
3	カトリック	有馬晴信	慶長遣欧使節
4	プロテスタント	大内義隆	慶長遣欧使節
5	カトリック	有馬晴信	天正遣欧使節

3 A～Eは江戸時代に起きた出来事であるが，年代の古い順に並べた組合せとして，最も妥当なのはどれか。　【警視庁・平成25年度】

A　日本人の海外渡航を禁止する。
B　オランダ商館を平戸から長崎出島に移す。
C　全国にキリスト教の禁教令を出す。
D　ポルトガル船の来航を禁止する。
E　島原・天草一揆が起こる。

1　C－A－B－E－D
2　C－A－E－D－B
3　D－B－A－C－E
4　D－C－A－E－B
5　D－C－B－E－A

4 江戸時代の農民に関する記述として，妥当なのはどれか。
【警視庁・平成22年度】

1　百姓身分は，全人口の80％以上を占めていたが，この中には，漁業や林業などを職とした人々は含まれていなかった。
2　村は名主・組頭・百姓代の村方三役を中心とする本百姓によって運営されていたが，入会地の共同利用や山林・用水などは領主が管理していた。
3　分割相続による経営規模の縮小によって農民が没落するのを防ぐために，1673年に分地制限令が出された。
4　村民が数戸ずつ五人組に編成され，年貢納入などの連帯責任を負わされる制度を村請制という。
5　年貢は田畑や屋敷に課せられる本途物成が中心で，石高の10～20％を米や貨幣でおさめた。

5 江戸幕府の職制のうち郡代・代官を統轄するものとして，妥当なのはどれか。
【警視庁・平成23年度】

1 大目付
2 若年寄
3 町奉行
4 勘定奉行
5 寺社奉行

 6 江戸時代に関する記述として，最も妥当なのはどれか。

【東京消防庁・平成22年度】

1 幕府や領主は，年貢などの負担を村の責任で納入させる村請制をとり，さらに村統治の組織として五人組制度を設け，連帯責任をとらせた。

2 幕府は禁中並公家諸法度を制定し，天皇や公家に規制を加え，六波羅探題は朝廷内部や公家の行動を監視・統制していった。

3 幕府は武家諸法度を制定し大名を統制したが，3代将軍家光のときに参勤交代が緩和され，大名の負担が軽減された。

4 幕府はキリスト教を禁圧するため，人々がいずれかの寺院の檀家になるように強制していったが，直接寺社を統制することがなかった。

5 幕府は都市の住民に対しても農民と同様に厳しい統制を行い，負担の大きい営業税である運上・冥加を徴収していった。

江戸時代中・後期の文化に関する記述として，妥当なのはどれか。

【東京都・平成23年度】

1 儒学では，朱子学が幕府の体制を支える理論として重んじられ，緒方洪庵が昌平坂学問所を開き，『群書類従』の編集を行った。

2 国学では，賀茂真淵の門人の本居宣長が，古事記の研究を行い，『古事記伝』を著して日本古来の精神に返ることを主張した。

3 洋学では，蘭学が発達し，伊能忠敬が前野良沢とともに『ターヘル＝アナトミア』を翻訳して『解体新書』を刊行した。

4 文学では，洒落本（しゃれ）や黄表紙が衰えて浮世草子が流行し，井原西鶴は現実の世相や風俗を背景に『浮世風呂』を著して文学に新しい世界を開いた。

5 美術では，浮世絵が庶民に広く親しまれるようになり，尾形光琳が浮世絵の版画を始めて，『富嶽三十六景』（ふがく）を発表した。

 幕末の出来事に関する記述として，妥当なのはどれか。

【特別区・平成26年度】

1 日米和親条約では，燃料や食料などの供給と遭難船や乗組員の救助，神奈川・長崎・新潟・兵庫の開港と領事の駐在などを取り決めた。

2 日米修好通商条約では，領事裁判権を認め，関税自主権の放棄を約束し，幕府はドイツ・ポルトガル・イギリス・フランスとも同様の条約を結んだ。

3 坂下門外の変は，橋本左内ら多くの志士を処刑した安政の大獄に憤慨した水戸浪士が，大老井伊直弼を暗殺した事件である。

4 生麦事件は，長州藩の島津久光一行が江戸からの帰途，その行列を乱したとしてイギリス人を殺傷した事件で，四国艦隊下関砲撃事件の原因となった。

5 薩長同盟は，土佐藩出身の坂本竜馬や中岡慎太郎らの仲介で，薩摩藩の西郷隆盛と長州藩の木戸孝允が結んだ密約である。

1 統一過程における合戦の対戦相手や意義，信長の楽市令・秀吉の太閤検地・朝鮮出兵などの政策・出来事を正確に理解しておく。

1 ◎ 正しい。1575年長篠合戦で織田信長は足軽鉄砲隊の活躍で，甲斐の武田勝頼を破り，翌年近江安土城の築城に着手した。

2 × 信長は堺を直轄としているので誤り。織田信長は美濃加納や安土山下に楽市令を出し，商工業者に自由な営業を認めた。また，自治都市**堺を武力で屈服**させ直轄地とした。

3 × 織田信長は**豊臣秀吉**の誤り。文禄の役と慶長の役が逆。明の征服を計画した秀吉は，1592年大軍を朝鮮に派遣した（文禄の役）。 朝鮮の抵抗などにあい苦戦する中，明と講和の交渉を開始するが決裂すると，1597年再度出兵した（慶長の役）。

4 × 摂政は**関白**の誤り。1584年小牧・長久手の戦いで徳川家康と対戦するが和睦，1585年に関白に就任すると，各地の戦国大名に惣無事令を出し，戦闘の停止と領地の確定の秀吉委任を命じた。

5 × 貫高制は**石高制**の誤り。統一基準で実施した太閤検地により，田畑・屋敷地の生産高を米の収穫量で表す石高制が確立した。

☞**確認しよう** ➡全国統一の過程・太閤検地・朝鮮出兵　　　　　　　**正答 1**

2 日本に来日したイエズス会宣教師の活動とキリシタン大名の動向が解答のポイントとなる。

A 1540年創設のイエズス会は宗教改革に対抗して，**カトリック**を擁護し東洋方面への布教を使命とした修道会で，日本布教の中心となる。

B キリシタン大名には，大村純忠・有馬晴信・大友義鎮・高山右近・小西行長などがいる。大内義隆はフランシスコ＝ザビエルを保護し布教を認めたがキリシタン大名ではない。

C 大友義鎮・大村純忠・有馬晴信は，1582年伊東マンショら4人の少年をローマ教皇のもとに派遣した（**天正遣欧使節**）。1613年仙台藩主伊達政宗は家臣の支倉常長をスペインに派遣した（慶長遣欧使節）。

したがって，正答は**5**である。

☞**確認しよう** ➡キリスト教の日本布教とキリシタン大名　　　　　**正答 5**

③ 鎖国完成までの過程とキリスト教関連の出来事を，それぞれの背景を考えながら年代順に並べ替える。

A 1633年奉書船以外の海外渡航が禁止され，1635年日本人の海外渡航・在外日本人の帰国が禁止された。

B 1641年平戸のオランダ商館を長崎の出島に移し，オランダ人と日本人の自由な交流が禁じられ，長崎奉行が厳しく監視した。

C 1612年直轄領に禁教令を出し，翌年これを全国にひろげキリスト教信者に改宗を強制した。

D 島原の乱を鎮圧した後，1639年ポルトガル船の来航を禁止した。

E 苛酷な年貢の取り立てと厳しいキリシタン弾圧に対して，1637年益田時貞を首領として3万余りの農民が島原・天草一揆を起こした。

したがって，正答は **2** である。

☞確認しよう ➡キリスト教禁教と鎖国への道　　　　　**正答 2**

④ 幕藩体制を支える農民について，農村支配の仕組み，農民を統制する法令，農民の負担に関するに知識を必要とする問題。

1 × 農業を中心に林業・漁業など小規模な経営に従事するものを百姓といい，全人口の8割以上を占めていた。

2 × 村は，名主・組頭・百姓代の村方三役を中心とする本百姓によって運営され，入会地の共同利用や山林・用水などの管理も**自主的**に行っていた。名主は村の最高責任者で，組頭は名主の補佐役，百姓代は村民の代表で名主と組頭を監視した。

3 ◎ 正しい。1673年に分割相続による土地の細分化を防ぐために分地制限令が出された。

4 × 五人組は年貢納入や治安維持などで連帯責任を負う制度。村請制は村全体の責任で年貢・諸役を納入する制度。

5 × 農民負担の中心は，田畑・屋敷地に課せられる本途物成で，石高の40%（四公六民）〜50%（五公五民）を米穀や貨幣で納入させた。

☞確認しよう ➡江戸時代の農民の統制・農民負担　　　　　**正答 3**

⑤ 幕府の政治組織の特色・仕組み・各役職の職務内容を把握しておく必要がある。

1 ✕ 大目付は，老中の下で諸大名の監察し，日付は，若年寄の下で旗本・御家人を監察した。

2 ✕ 若年寄は，老中を補佐して旗本・御家人を統轄した。

3 ✕ 町奉行は，南北両奉行所が月番で江戸府内の行政・司法・警察を担当した。

4 ◎ 正しい。幕領では，関東・飛騨・美濃などには郡代，その外には代官が派遣された。

5 ✕ 寺社奉行は将軍直属で，寺社と寺社領の管理・宗教統制などを担当した。

☞確認しよう ➡江戸幕府の職制　　　　　　　　　　　　　　　正答 **4**

⑥ 幕府の朝廷・大名・寺社・民衆統制がどのように行われたか。

1 ◎ 正しい。村請制は村全体の責任で年貢・諸役を納入する制度。五人組は年貢納入や治安維持などで年対責任を負う制度。

2 ✕ 幕府は，朝廷に対して禁中並公家諸法度を制定し，監視する役職として京都所司代を置いた。六波羅探題は，鎌倉幕府が朝廷の監視と西国の統括に当たらせた役職である。

3 ✕ 3代将軍徳川家光が参勤交代を制度化した。8代将軍徳川吉宗は上げ米の制の実施に際して，参勤交代の江戸在府期間を半減した。

4 ✕ 幕府は寺院統制のために諸宗寺院法度を制定した。当時の民衆は檀家寺の檀家となって寺請証明をうけた（寺請制度）。

5 ✕ 幕府の都市住民に対する統制は，百姓（農民）に対してよりも非常に緩やかであった。運上・冥加は商工業者に対する営業税で，百姓の年貢に比べれば軽微なものだった。

☞確認しよう ➡江戸幕府による統制　　　　　　　　　　　　　正答 **1**

⑦ 江戸時代の文化に貢献した人物について，活躍した時期・業績・著作・作品
などが把握できているかが解答のポイントとなる。

1× 1790年寛政異学の禁を出し，聖堂学問所で朱子学以外の教授や研究
を禁じた。後に学問所は官立となり，昌平坂学問所と呼ばれた。緒方
洪庵は大坂に蘭学塾の適塾を設立した。『群書類従』は，塙保己一が
日本の国書を分類し編纂した叢書。

2◎ 正しい。賀茂真淵の門人本居宣長は，『古事記伝』で古道を解明し国
学を大成した。

3× 前野良沢・杉田玄白らは西洋医書を訳述した『解体新書』を刊行，伊
能忠敬は「大日本海岸輿地全図」の完成に道を開いた。

4× 江戸前期に浮世草子，後期に洒落本・黄表紙・滑稽本などが流行し
た。井原西鶴は浮世草子『好色一代男』，式亭三馬は滑稽本『浮世風
呂』を著した。

5× 浮世絵が庶民の間で大流行したのは，鈴木春信が多色刷りの版画（錦
絵）を始めたことによる。『富嶽三十六景』は葛飾北斎の作。

☞確認しよう ➡江戸時代の朱子学・国学・文学・絵画　　　**正答 2**

⑧ 日米和親条約・日米修好通商条約の内容の識別，坂下門外の変と桜田門外の
変の区別，幕末の薩摩藩・長州藩の動向を理解しておく。

1× 日米和親条約で下田・箱館の開港，日米修好通商条約で神奈川・長
崎・新潟・兵庫の開港を規定している。

2× 幕府はオランダ・ロシア・イギリス・フランスとも日米修好通商条約
と類似の条約を締結した（安政の五カ国条約）。

3× 1860年大老井伊直弼が暗殺されたのが桜田門外の変，1862年和宮降
嫁を実現した老中安藤信正が襲われた事件が坂下門外の変。

4× 1863年の薩英戦争の原因は前年の生麦事件，1864年の四国艦隊下関
砲撃事件は前年の長州藩外国船砲撃事件が原因である。

5◎ 正しい。1866年土佐藩の坂本龍馬らの仲介で薩摩藩と長州藩は軍
事同盟の密約を結び（薩長同盟），反幕府の態度を固めた。

☞確認しよう ➡開国と幕末の動向　　　**正答 5**

重要問題

日露戦争に関する記述として，最も妥当なのはどれか。

【東京消防庁 令和元年度】

1 盧溝橋事件をきっかけに満州を事実上占領したロシアに対して，日本は強硬方針をとった。

2 極東における対露の同盟国を探していたフランスは，日本と同盟を締結した。その内容には，清国における両国の利益を承認することが含まれていた。

3 日本はロシアとの交渉が決裂すると，日英通商航海条約に調印し，国際情勢を味方につけたうえで日露戦争を開始した。

4 奉天会戦や日本海海戦での敗北に加えて，国内で革命運動が起こり戦争継続が困難になったロシアは，清国の斡旋によってポーツマス条約に調印した。

5 日本では，戦争による人的な損害や増税に対して，領土や権益の獲得不足や賠償金がないことに国民の不満が爆発し，日比谷焼打ち事件という暴動が起きた。

解説

日露戦争の原因や背景・経過・結果・影響などに関する知識が求められている。

1 × 盧溝橋事件は北清事変の誤り。**北清事変**をきっかけにロシアが中国東北部の満州を事実上占領し，この地域の独占的権益を清国に承認させた。日本は韓国の権益が脅かされるため，ロシアとの協調政策を変更し始めた。

2 × フランスは**イギリス**の誤り。1902年ロシアの南下政策に対抗して日英同盟協約を締結した。両国が清国・韓国における利益の相互尊重，締約国の一方が他国と交戦した場合に他方は厳正中立を守ることなどを規定している。

3 × 日英通商航海条約は**日英同盟協約**の誤り，日本政府内には伊藤博文をはじめロシアとの「満韓交換」の交渉を行う日露協商論もあったが，当時の桂太郎内閣はイギリスと同盟を結んで韓国の権益を守る方針をとった。

4 × 清国は**アメリカ**の誤り。長期にわたる戦争により日本は戦費・兵力が限界となり，ロシアでも国内に革命運動が起こって，戦争継続が困難になった。そこでアメリカ大統領セオドア＝ローズヴェルトの斡旋によってポーツマス条約に調印した。

5 ◎ 国民は人的な損害と増税にたえこの戦争を支えたが，賠償金の規定のない講和条約に不満をつのらせ，講和条約の調印の日に開かれた講和反対国民大会が暴動化した。

確認しよう ➡日露戦争の原因・経過・結果

正答 **5**

FOCUS

日清戦争・日露戦争の原因や結果・影響に関する問題が出題される。第一次世界大戦の参戦理由・大戦中の外交，満州事変の原因・経過・結果，日中戦争の展開，太平洋戦争勃発までの経過・戦争中の国際会議などを確認しておきたい。

重要ポイント ① 明治政府の政策

明治政府の政策はよく出題される。主な政策の内容を十分に理解しておく必要がある。

五箇条の御誓文 1868年	◇由利公正（きみまさ）・福岡孝弟（たかちか）による原案を木戸孝允（たかよし）が修正 ◇新国家の基本方針（公議世論（こうぎせろん）の尊重，開国和親）
政体書 1868年	◇政治組織の制定……国家権力を太政官（だじょうかん）（中央政府）に集める 　　　　　　　　　　　　形式上の三権分立制を採用
版籍奉還 1869年	◇各藩主が版（領地）と籍（人民）を朝廷に返上 ◇藩主が知藩事となる
廃藩置県 1871年	◇藩を廃し，府県に統一　→最初は3府302県 ◇知藩事を罷免して府知事・県令を置く　→中央集権制の確立
徴兵令 1873年	◇満20歳以上の男子を徴兵（戸主・嗣子・官吏・学生や， 　代人料の上納者は免除）　→徴兵反対一揆（血税一揆）
地租改正 1873年	◇田畑永代売買の解禁（1872）　→地価を定め地券を発行 ◇近代的な税制・土地制度の確立 ・課税の基準を収穫量から地価に変更　→税率を地価の3％に ・物納を金納に変更し土地所有者が税を負担する 　　→地租改正反対一揆が起きる　→税率を2.5％に変更
四民平等	◇四民＝華族，士族，卒族（一時的に置いた），平民 ◇士族……秩禄処分（家禄などを廃止），廃刀令 　　　　　　　　→士族の困窮，「征韓論」の敗北 　　　　　　　　→不平士族の反乱……佐賀の乱，西南戦争 ◇平民……苗字の許可，華・士族との通婚，職業選択の自由
学制・ 殖産興業	◇学制（1872）→6歳以上の男女の就学をめざす ◇官営富岡製糸工場（群馬県）の設立（1872）

重要ポイント **2** **自由民権運動と憲法の制定**

自由民権運動の展開と政府の対策，憲法制定までの過程と内容，初期議会の展開などを整理しておきたい。

時期	民権派の動き	政府の動き
1874年	◇民撰議院設立の建白書 　（板垣退助，後藤象二郎ら） ◇立志社の設立（板垣退助ら）	→政府は時期尚早として無視
1875年	◇大阪で愛国社設立 　（立志社を中心に）	◇立憲政体樹立の詔 ◇讒謗律・新聞紙条例
1880年	◇国会期成同盟（愛国社が改称）	◇集会条例
1881年	◇私擬憲法が盛んに作成される 　（植木枝盛の東洋大日本国国憲 　按など） ◇自由党の結成（板垣退助） 　フランス流の民権思想 　主権在民・一院制を主張	◇開拓使官有物払下げ事件 ◇大隈重信の罷免 　（明治十四年の政変） ◇国会開設の勅諭 　→10年後の開設を公約
1882年	◇立憲改進党の結成（大隈重信） 　イギリス流の立憲君主制 　君民同治・二院制を主張	◇伊藤博文が憲法調査のため渡欧 　君主権の強いドイツの憲法を学ぶ ◇立憲帝政党の結成（福地源一郎）
1884年	◇加波山事件・秩父事件	◇華族令
1885年	◇大阪事件（大井憲太郎）	◇内閣制度発足 　（初代内閣総理大臣・伊藤博文）
1887年	◇三大事件建白運動	◇保安条例
1889年		◇大日本帝国憲法の発布
1890年		◇第1回帝国議会

重要ポイント③ 日清戦争と日露戦争

日清戦争・日露戦争の原因・結果・影響を比較する問題がよく出題される。両戦争と関連のある壬午軍乱・甲申事変・三国干渉・北清事変・日英同盟協約・日比谷焼打ち事件などにも注意。

	日清戦争（1894〜95年）	日露戦争（1904〜05年）
内容	朝鮮半島の支配権をめぐる戦い 東学党の乱（甲午農民戦争）が契機 →日本の勝利	朝鮮半島・満州をめぐる戦い 日本軍の旅順港攻撃によって開戦 →日本の勝利
講和条約	下関条約（1895年） 日本全権は伊藤博文・陸奥宗光 清国全権は李鴻章 ①清は朝鮮の独立を承認 ②遼東半島・台湾・澎湖諸島を割譲 ③賠償金2億両（テール） ④沙市・重慶・蘇州などの開港	ポーツマス条約（1905年） 日本全権は小村寿太郎，ロシア全権はヴィッテ ①韓国での日本の指導権を承認 ②旅順・大連の租借権 ③長春以南の鉄道を日本に譲渡 ④北緯50度以南の樺太の割譲 ⑤沿海州・カムチャツカの漁業権
影響	◇露・独・仏の三国干渉（1895年） 　→日本は遼東半島を返還 ◇賠償金をもとに軍備拡張 　八幡製鉄所（1901年）の建設 ◇金本位制の確立（1897年）	◇賠償金のない条約への不満 　→日比谷焼打ち事件（1905年） ◇南満州鉄道株式会社設立 　（1906年） ◇韓国併合（1910年）へ

■日清・日露戦争前後の条約改正

1891年	青木周蔵	条約改正にイギリスが同意　→大津事件で交渉挫折
1894年	陸奥宗光	日英通商航海条約 →領事裁判権の撤廃，関税自主権の一部回復
1911年	小村寿太郎	関税自主権の回復　→列強と対等の地位を獲得

重要ポイント **4** **第一次世界大戦と大正デモクラシー**

 第一次世界大戦への参戦・大戦中の外交・講和，大戦後の国際協調外交の展開，大戦景気は頻出である。また2つの護憲運動の識別にも注意したい。

■第一次世界大戦

大戦の背景	三国同盟（独・墺・伊）と三国協商（英・仏・露）の対立 サラエボにおけるオーストリア皇太子暗殺を機に開戦（1914年）
日本の参戦	1914年　日英同盟を名目に，ドイツに宣戦布告　→青島を占領 1915年　「二十一か条の要求」→山東省のドイツ権益の譲渡など 1917年　ロシア革命で誕生したソヴィエト政権に対し，干渉戦争 　　　　＝シベリア出兵　→米価高騰で米騒動（寺内内閣から原内閣へ）
戦後の条約	◇ヴェルサイユ条約（1919年）……パリ講和会議での戦後処理 　→国際連盟の設立（1920年）……日本は常任理事国に ◇ワシントン会議（1920〜21年）→・四か国条約（日英同盟廃棄）・九か国条約（日本は山東省の権益を放棄）・海軍軍縮条約

■大正デモクラシー

	第一次護憲運動(1912〜13年)	第二次護憲運動(1924年)
中心勢力	立憲国民党（犬養毅） 立憲政友会（尾崎行雄）	護憲三派 （立憲政友会・革新倶楽部・憲政会）
運動内容	「閥族打破・憲政擁護」を掲げる →第3次桂太郎内閣崩壊， 第1次山本権兵衛内閣発足	「普選断行・貴族院改革」を要求→清浦奎吾内閣崩壊，第1次加藤高明内閣発足
影　響	軍部大臣現役武官制の改正 民本主義（吉野作造）の登場	普通選挙法（1925年） 治安維持法（1925年）

重要ポイント **5** 大正・昭和初期の恐慌

金融恐慌・昭和恐慌の原因・展開・政府の対応策を整理する。

戦後恐慌 （1920年）	第一次世界大戦後，ヨーロッパが復興しアジア市場に再登場すると，貿易は輸入超過に転じた　→株式市場大暴落
金融恐慌 （1927年）	震災手形の処理をめぐり，一部銀行の不良経営が発覚 中小銀行の破産・休業が続出　→若槻礼次郎内閣の総辞職 →田中義一内閣のモラトリアム発令と日本銀行の非常貸出
昭和恐慌 （1930年）	世界恐慌のさなか，浜口雄幸内閣が金解禁。正貨の海外流出，企業の倒産，賃金引下げを招く　→労働争議の噴出

重要ポイント **6** 軍部の台頭

1931年から1945年までの主要事項と内閣を結びつける。

時期	内閣	対外関係	国内の動き
1931年	若槻礼次郎	柳条湖事件　→満州事変	
1932年	犬養　毅	満州国の成立	五・一五事件 （犬養首相暗殺）
1933年	斎藤　実	国際連盟を脱退	滝川事件
1936年	岡田啓介 広田弘毅	日独防共協定（広田内閣）	二・二六事件（岡田内閣）
1937年	近衛文麿	盧溝橋事件　→日中戦争	
1938年	近衛文麿		国家総動員法
1940年	近衛文麿	日独伊三国同盟	大政翼賛会発足
1941年	東条英機	真珠湾攻撃	
1945年	鈴木貫太郎	ポツダム宣言受諾　→敗戦	広島・長崎に原爆投下

日本史

 重要ポイント7 第二次世界大戦後の改革

政治・経済・教育を中心に戦後の民主化政策の内容，日本国憲法の内容などを理解する。

政治	◇新選挙法……選挙資格を満20歳以上とし，女性参政権を認める ◇日本国憲法……主権在民・平和主義・基本的人権尊重の3原則 ◇治安維持法・特別高等警察の廃止　→政治犯の釈放
経済	◇財閥解体　→独占禁止法　　◇農地改革……寄生地主制の解体 ◇労働三法の制定（労働組合法・労働関係調整法・労働基準法）
教育	◇教育基本法……教育の機会均等，義務教育9年制，男女共学 ◇学校教育法……六・三・三・四制の単線型学校体系の規定

 重要ポイント8 現代の日本

外交と経済の動向が問われる。内閣と結びつけることが重要。

吉田茂 内閣	1951年 1954年	サンフランシスコ平和条約・日米安全保障条約調印 自衛隊発足
鳩山一郎 内閣	1956年	日ソ共同宣言　→国交回復 国連に加盟
岸信介 内閣	1960年	日米新安保条約調印　→安保闘争
池田勇人 内閣	1960年	国民所得倍増計画　→高度経済成長へ
佐藤栄作 内閣	1965年 1971年	日韓基本条約調印 沖縄返還協定調印　→翌年，返還
田中角栄 内閣	1972年 1973年	日中共同声明　→ 1978 年日中平和友好条約（福田内閣） オイルショック

実戦問題

1 明治維新の歴史に関する記述として，妥当なのはどれか。

【東京都・令和2年度・改題】

1 明治政府は一般庶民に対し，五箇条の誓文を公布して民衆の心得を示し，キリスト教を禁じた。

2 薩摩・長州・土佐・肥後の四藩主が版籍奉還の上表を提出し，旧大名は明治政府から府知事・県令に任命され，引き続き藩の政治にあたった。

3 蝦夷地を北海道と改称して開拓使を置き，士族救済の一つの事業として屯田兵制度をもうけ，屯田兵に北海道の農地開拓と警備にあたらせた。

4 明治政府は地租改正条例を公布して地租改正に着手し，課税の基準を収穫高から地価に変更し，地価の5％相当の米を物納させた。

5 鹿児島県の士族たちが大久保利通を首領とする西南戦争を起こし，これを契機に士族による反乱が全国各地で起きた。

2 自由民権運動に関する記述として，妥当なのはどれか。

【特別区・令和2年度】

1 1874年に，江藤新平や副島種臣らは，国会の開設を要求する民撰議院設立の建白書を左院に提出した。

2 1874年に，板垣退助は，郷里の土佐に帰って片岡健吉らと愛国社を起こし，翌年これを中心に全国的組織として立志社が大阪で結成された。

3 1881年に，大隈重信を党首とする自由党が結成され，翌年に福地源一郎を党首とする立憲改進党が結成された。

4 1882年に，県令河野広中が不況下の農民を使った道路工事を強行し，それに反対する三島通庸ら自由党員が大量に検挙された福島事件が起こった。

5 1886年に，星亨らを中心に三大事件建白運動が起こり，翌年には大同団結運動が展開されたが，政府は集会条例を発し民権派を東京から追放した。

③ 日清戦争および日露戦争に関する記述として，最も妥当なのはどれか。

【地方初級・平成20年度】

1　朝鮮で起こった甲午農民戦争（東学党の乱）の際，出兵した日清両国が朝鮮の内政改革をめぐって対立を深め，日清戦争がはじまった。

2　日清戦争で清を破った日本は，下関条約によって朝鮮，遼東半島，香港の割譲や賠償金2億両の支払いなどを清に認めさせた。

3　日清戦争後，日本はロシア，フランス，イギリスの三国から遼東半島の返還を要求され，やむなくこれを承諾した。

4　清で起こった義和団事件（北清事変）を機にロシアが満州を占領すると，危機感を高めた日本はアメリカと同盟を結んで，ロシアとの開戦準備を進めた。

5　日露戦争ではイギリスが講和を斡旋し，両国間にポーツマス条約が結ばれたが，日本は賠償金を得ることができなかった。

④ 第一次世界大戦と大正デモクラシーなどに関する記述として最も妥当なのはどれか。

【国家一般職／税務／社会人・令和2年度】

1　ヨーロッパで第一次世界大戦が勃発すると，わが国は，日英同盟を根拠にフランスに宣戦布告し，フランス領インドシナと中国における租借地である大連を占領した。

2　大戦中，ヨーロッパとの貿易が途絶えたことでわが国の経済は不況となり，各地で米騒動が起きた。戦争が終結すると，貿易が再開され，海運，造船業を中心にわが国は好景気となった。

3　平民宰相と呼ばれた原敬は，25歳以上の男女に選挙権を与える普通選挙法を成立させるとともに，社会主義運動を取り締まることを目的とした治安維持法を成立させた。

4　大正時代には，大正デモクラシーと呼ばれる民主主義的，自由主義的な風潮が強まり，憲法学者の美濃部達吉は天皇機関説を唱え，政治学者の吉野作造は民本主義思想を展開した。

5　大正時代の文学では，人間性を解放し，個人の自由な感情をうたいあげるロマン主義の新体詩や小説が主流となり，樋口一葉が『みだれ髪』，石川啄木が『人間失格』などを著した。

5 わが国の大正時代に関する記述として，最も妥当なのはどれか。

【東京消防庁・平成30年度】

1 桂内閣による政治の私物化への批判を契機に，尾崎行雄や犬養毅を中心とした自由民権運動が全国的にひろまった。

2 1914年に始まった第一次世界大戦において，わが国は日英同盟条約と日露協約を理由に，三国同盟の側に立って参戦した。

3 1923年に発生した関東大震災で当時の東京市と横浜市の大部分が地震と火災により壊滅状態となった。

4 1925年に普通選挙法が制定されると，満20歳以上の男女に選挙権が認められるようになった。これにより，有権者数は一挙に4倍に増加した。

5 義務教育の普及による就学率・識字率の向上から，新聞・雑誌などのマス＝メディアが発達し，とりわけ1925年に開始されたテレビ放送は人気を呼んだ。

6 昭和初期から太平洋戦争までの歴史に関する記述として，妥当なのはどれか。

【東京都・平成26年度】

1 金融恐慌では，取付け騒ぎが起き，大銀行から中小銀行に預金が流出し，大銀行の倒産が相次いだ。

2 浜口雄幸内閣は，ニューヨーク海軍軍縮会議において軍縮条約への調印を拒否したため，軍部や右翼などから攻撃された。

3 五・一五事件で，青年将校らが首相官邸を襲撃して犬養毅首相を殺害した後，挙国一致内閣が誕生し，政党政治は終わりを告げた。

4 貴族院は，京都帝国大学教授の滝川幸辰の天皇機関説を国体に反するものとして非難したが，滝川教授は非難に屈せず貴族院議員を辞職しなかった。

5 二・二六事件では，クーデタが失敗に終わって軍部の政治的発言力が弱まり，軍部大臣現役武官制が撤廃された。

⑦ GHQによる日本の占領政策に関する記述として，妥当なのはどれか。

【警察官・平成23年度】

1 GHQは財閥解体を命じたが，独占禁止法で持株会社やカルテル・トラストを認めたので財閥は急成長した。

2 GHQの指令により，日本軍の一部は警察予備隊に編成され，国内の治安維持に当たった。

3 GHQは教育制度の自由主義的改革を指示し，義務教育を受けることを自由とし，有償とした。

4 労働組合の結成を促すGHQの政策に基づき労働組合法が制定され，労働者の団結権・団体交渉権・ストライキ権が保証された。

5 GHQの指令を受けて，政府が在村地主の小作地を没収し，これを無償で小作人に配分したことで，寄生地主制は解体した。

⑧ 第二次世界大戦後の我が国の外交に関する記述として，妥当なのはどれか。

【特別区・平成24年度】

1 第3次吉田茂内閣は，全面講和路線を進め，サンフランシスコ講和会議において，全交戦国と講和条約を結び，日本は独立国としての主権を回復した。

2 鳩山一郎内閣は，自主外交路線を掲げ，日ソ平和条約を締結してソ連との国交を回復したが，その結果，日本の国際連合加盟は実現した。

3 岸信介内閣は，日米安全保障条約を改定して日米関係をより対等にすることをめざしたが，吉田茂内閣当時に締結された同条約を改定できず，総辞職した。

4 佐藤栄作内閣は，沖縄返還協定を結び，翌年の協定発効をもって沖縄の日本復帰が実現されたが，広大なアメリカ軍基地は存続することになった。

5 田中角栄内閣は，日中共同声明によって中国との国交を正常化する一方，台湾との国交も継続した。

① 版籍奉還や地租改正など新政府の政策内容の理解を必要とする問題。士族の反乱の原因と具体的事象も重要。

1 × 五箇条の誓文は公議世論の尊重・開国和親など新政府の基本方針を示したもので，**五榜の掲示**は江戸幕府と変わらない民衆統制政策。

2 × 版籍奉還により旧藩主は**知藩事**に任命され藩政を指導した。その後，廃藩置県により知藩事は罷免，中央から府知事・県令が派遣された。

3 ◎ 正しい。蝦夷地を北海道と改称して開拓使をおき，アメリカ式大農場制度の移植を図った。屯田兵は開拓とロシアに対する警備を行った。

4 × 1873年地租改正条例を公布して，地価の3％を地租として土地所有者が金納税するとした。

5 × 1877年**西郷隆盛**を首領とする鹿児島士族を中心とした西南戦争が起るが鎮圧された。これを最後に不平士族の反乱はおさまった。

☞確認しよう ➡明治政府の諸政策・士族の反乱　　　　正答 **3**

② 自由民権運動の展開と政府の対応がポイント。自由民権運動に関った人物の行動と政府の動向の理解を必要としている。

1 ◎ 正しい。自由民権運動の口火となった民撰議院建白書は有司専制（大久保通中心の藩閥政府）を批判し，国民の立法・行政への参加を求めるものであった。

2 × 1874年に板垣退助は片岡健吉と土佐で**立志社**を設立，翌年立志社を中心に民権派の全国組織である**愛国社**を大阪に設立した。

3 × 1881年**板垣退助**が自由党，翌年に**大隈重信**が立憲改進党，福地源一郎が立憲帝政党を結成した。

4 × 福島県令三島通庸の土木工事の強行に対して農民や県会議長河野広中ら自由党員が反対したが，多数の人々が逮捕・処罰された。

5 × 星亨・後藤象二郎らが民権派を再結集した**大同団結運動**や片岡健吉らが言論の自由・地租軽減，外交失策の回復を唱えた**三大事件建白運動**が起こると，政府は保安条例を出して民権派を東京から追放した。

☞確認しよう ➡自由民権運動の展開と政府の対応策　　　　正答 **1**

③ 日清・日露戦争の原因・経過・結果・影響に関する知識の有無を試す問題。両戦争の講和条約の内容も重要。

1 ◎ 正しい。甲午農民戦争をきっかけに，日本の朝鮮の内政改革要求が清国に拒否されると宣戦布告し，広島に大本営を設置した。

2 ✕ 朝鮮の独立，遼東半島・台湾・澎湖諸島の割譲，賠償金2億両支払いなどを清国が認める下関条約を締結した。

3 ✕ ロシア・ドイツ・フランスが遼東半島の清国への還付を要請する三国干渉が起り，日本はこれを受け入れた。

4 ✕ 北清事変をきっかけに，ロシアが満州を占領すると，ロシアの南下に対抗して1902年日英同盟協約を締結した。

5 ✕ 日本・ロシア両国が戦争の継続が難しくなると，**アメリカ**大統領セオドア＝ローズヴェルトの斡旋によってポーツマス条約に調印した。

☞確認しよう ➡日清・日露戦争の講和条約の識別　　　正答 **1**

④ 第一次世界大戦への参戦と大戦景気，大正デモクラシー思想に関する知識を必要とする問題。

1 ✕ 第一次世界大戦が勃発すると，日本は日英同盟の情誼により参戦，ドイツに宣戦布告して赤道以北のドイツ領南洋諸島や中国のドイツの拠点青島を占領した。

2 ✕ 大戦中，ヨーロッパへの軍需品輸出やアメリカへの生糸輸出増加，綿糸・綿布の中国市場独占により輸出超過に転じ，空前の好景気となった（大戦景気）。

3 ✕ 第1次加藤高明内閣は1925年に男子だけの普通選挙法を成立させるとともに共産主義活動を取締る治安維持法を成立させた。

4 ◎ 正しい。美濃部達吉が天皇機関説，吉野作造が民本主義を説いたことで，民主主義的な風潮が高まった。

5 ✕ 日清戦争の前後，ロマン主義がさかんとなり，樋口一葉が『たけくらべ』を著した。石川啄木は『一握の砂』で自然主義。

☞確認しよう ➡第一次世界大戦参戦と大戦中の外交，大戦景気　　　正答 **4**

⑤ 民主的な風潮の高まった大正時代の政治や出来事に関する知識を必要とする。歴史用語・事象の時期の設定が解答のポイントになる。

1 ✕ 立憲政友会尾崎行雄・立憲国民党犬養毅が中心となり，第一次護憲運動を展開，国民運動に発展し第3次桂太郎内閣は退陣した（大正政変）。

2 ✕ 第一次世界大戦が始まると，日本は日英同盟を理由に三国協商の側（連合国側）にたって参戦した。

3 ◎ 正しい。1923年の関東大震災では，死者約10万人，行方不明者約4万人以上，被災者約340万人にのぼり，被害総額は60億円を超えた。

4 ✕ 1925年に制定された普通選挙法により，満25歳以上の男性が衆議院議員の選挙権をもつことになり，有権者は4倍に増加した。

5 ✕ 1925年に東京・大坂・名古屋でラジオ放送が開始され，翌年に日本放送協会（NHK）が設立された。テレビ放送の開始は1953年。

☞確認しよう ➡大正時代の護憲運動・各内閣の政策　　　正答 3

⑥ 昭和初期の出来事に関する出題で，金融恐慌・政党政治や協調外交の挫折・軍部の台頭などに関する知識を問うている。

1 ✕ 1927年，震災手形の処理法案審議中に片岡直温蔵相の失言から，中小銀行の経営悪化が表面化。取り付け騒ぎが起こり，中小銀行の休業が続出した。

2 ✕ 1930年，浜口雄幸内閣がロンドン海軍軍縮条約に調印すると，軍令部の同意なしに条約に調印したことが統帥権の干犯として軍部・右翼が攻撃した。

3 ◎ 正しい。五・一五事件で犬養毅首相が暗殺され，政党政治は終った。

4 ✕ 美濃部達吉の天皇機関説が貴族院で問題になると，岡田啓介首相が国体明徴声明を出し，美濃部の学説を反国体的学説としたことから，美濃部達吉は貴族院議員を辞職した。

5 ✕ 二・二六事件後，陸軍の露骨な干渉を受けて組閣した広田弘毅内閣は軍部大臣現役武官制を復活させた。

☞確認しよう ➡昭和初期の政治・外交・経済　　　正答 3

⑦ 敗戦後，GHQが日本に対して行ったさまざまな改革の内容や目的を理解しているかどうかがポイント。

1✕ 1947年制定の独占禁止法で，持株会社・カルテル・トラストの結成を**禁止**したが，冷戦の影響で対日占領政策が転換されると，独占禁止法は改正され，不況・合理化カルテルが認められた。

2✕ 日本軍は，ポツダム宣言受諾後すぐに武装解除を命じられ，解体・消滅した。警察予備隊は，1950年朝鮮戦争勃発に伴い，国内の治安維持のためマッカーサーの指示により設置された。

3✕ GHQは1945年，幣原喜重郎（しではらきじゅうろう）内閣に対して教育制度の自由主義的改革を指示したが，義務教育を自由にして有償としたことはない。

4◎ 1945年に労働組合法，1946年に労働関係調整法，1947年に労働基準法の労働三法が制定された。

5✕ 不在地主の限度を超えた小作地を国家が買収し，**小作人に適正な価格で売り渡した。**自作農が大幅に創設され，寄生地主制は解体した。

☞確認しよう ➡民主化の諸政策　　　　　　　　　　　　　正答 **4**

⑧ 対外的な戦後処理がどのようになされてきたか，条約や声明，宣言から判断する。

1✕ 第3次吉田内閣は，全面講和ではなく**単独講和**を目指し，1951年にソ連・中国などを除く48か国と講和条約を結んだ。

2✕ 日ソ平和条約は**日ソ共同宣言**の誤り。北方4島の返還を求めた日本に対し，ソ連は国後・択捉島はソ連領と主張し，平和条約の締結は持ち越され，現在に至るまで，平和条約は結ばれていない。

3✕ 岸内閣は，日米安全保障条約を改定した**日米相互協力及び安全保障条約**に調印した。新条約の批准案は参議院の議決を経ないで自然成立。その後，岸内閣は総辞職した。

4◎ 正しい。返還後も米軍は駐留し，基地問題が課題となっている。

5✕ 日中共同声明で中華人民共和国を「中国で唯一の合法政府」と認めたことから，台湾との国交は断絶した。

☞確認しよう ➡対外的な戦後処理　　　　　　　　　　　正答 **4**

重要問題

わが国の土地制度に関する記述として，最も妥当なのはどれか。

【警視庁・平成28年度】

1 墾田永年私財法とは，墾田の永久使用を認めた法令であり，これにより資力に恵まれた貴族・豪族らの土地私有がすすみ，荘園が成立していった。

2 三世一身法とは，天武天皇の在位時に発布された法であり，朝廷が三代の間まで土地を貸し出すという制度であった。

3 公地公民とは，皇族や貴族のもつ私有地・私有民を廃して朝廷の直接支配とすることであり，憲法十七条において明記された。

4 不輸・不入の権とは，国衙に与えられた権利のことであり，検田使を荘園に派遣したり大規模荘園所有者に対して租税を課すなどして，荘園領主に干渉した。

5 一地一作人の原則とは，登録した百姓に田畑・屋敷の所有を認め，年貢納入の責任を負わせるものであり，江戸時代の幕藩体制確立後に成立した。

解説

公地公民制とその崩壊，荘園の成立，太閤検地についての正しい理解が求められている。

1◎ 正しい。聖武天皇は土地国有の原則を破る墾田永年私財法を定め，開墾した田地の私有を永年にわたり保障した。貴族・寺院が原野の開墾を行い，初期荘園が成立した。

2✕ 723年元正天皇の時代に，長屋王が三世一身法を施行した。新たに灌漑施設を設けて未開地を開墾した場合は三代，旧来の灌漑施設を利用して開墾した場合は本人一代に限り田地の保有を認めた。

3✕ 646年の改新の詔で，豪族の田荘・部曲を廃止して公地公民制に移行する方針が示された。

4✕ 租税免除の特権を不輸の権といい，太政官符や民部省符によって税の免除が認められた荘園を官省符荘，国司によって税の免除が認められた荘園を国免荘という。不入の権は検田使などの国衙使者の立入を認めない権利である。

5✕ 太閤検地により一区画の土地に耕作者を，1人の名請人（百姓）に定める一地一作の原則が確立した。この結果，複雑な土地領有関係を整理し，中間搾取を否定したことにより荘園が完全に消滅した。

☞確認しよう ➡土地制度の変遷

正答 1

FOCUS

　テーマ別通史として頻度の高い土地制度史について，律令に規定されている土地制度（班田収授法），奈良時代の土地政策の修正（三世一身法・墾田永年私財法），荘園の発生と構造，太閤検地について十分に学習しておきたい。文化史では宗教史・美術史・文学史に，対外交渉史は日中関係史・鎖国・近現代の条約に注意をしたい。

要点の まとめ

重要ポイント 1 土地制度史

土地制度史では，墾田永年私財法から太閤検地までの展開が重要。江戸時代の土地に関する農民統制法令，近代の地租改正，現代の農地改革にも注意を払いたい。

律令体制	◇公地公民制 班田収授法実施 6歳以上の男女に一定額の口分田班給・死後収公 723年　三世一身法……開墾者に期限つきで土地の私有を認める 743年　墾田永年私財法……開墾した土地の永久私有を認める ◇初期荘園の成立（墾田地系荘園）
平安時代	10〜11C　荘園整理令が相次ぐ……荘園増加の防止・縮小を図る ◇寄進地系荘園の成立 　→国司らの圧迫を逃れるため，開発領主らが中央の有力貴族や寺社に所有地を名目上寄進し，自分はその荘官として実際の経営に当たった 　・不輸の権……租税が免除される 　・不入の権……国司の派遣した検田使の立ち入りを拒否 ◇国衙領（荘園以外の部分） 　→国司の私領のようになる
鎌倉時代	◇守護・地頭の設置（1185年） ◇地頭請……荘園領主が年貢の徴収を地頭に請け負わせ，代わりに荘園の経営を任せた ◇下地中分……荘園領主が地頭と荘園を折半，分割支配した
室町時代	◇半済令……荘園や公領の年貢の半分を軍費調達のために徴収し，武士に分与する権限を守護に与える ◇守護請……荘園や公領の年貢の徴収を守護に請け負わせる 　→守護大名による守護領国制
織豊政権	◇太閤検地（1582〜98年） 　→一地一作人の原則確立（中間搾取の排除），荘園制の崩壊

重要ポイント **2** **対外交渉史**

貿易を中心とした日中関係史がとくに重要。近代以降の日中関係は、戦争・条約を中心に確認しておきたい。

飛鳥時代	538年　仏教が百済より伝わる 607年　遣隋使……聖徳太子が小野妹子を派遣 630年　遣唐使（～894年）……犬上御田鍬を派遣 663年　白村江の戦い……日本が唐・新羅軍に破れる
奈良時代	◇遣唐使＝留学生・留学僧（阿倍仲麻呂，吉備真備，玄昉ら） 727年　渤海使の来日（～919年） 754年　鑑真の入京（日本到着は753年）
平安時代	◇遣唐使＝留学僧（空海，最澄ら） 894年　遣唐使の中止……菅原道真の建議→国風文化の発達 12C後半　平氏政権による日宋貿易→宋銭の流通
鎌倉時代	1325年　幕府が建長寺船を元に派遣
室町時代	1342年　足利尊氏が天竜寺船を元に派遣 ◇倭寇の活発化 1404年　勘合貿易……明への朝貢貿易→明銭の流通
織豊政権	1543年　種子島に漂着したポルトガル人が鉄砲を伝える 1549年　ザビエルがキリスト教を伝える ◇南蛮貿易が盛ん 16C後半　豊臣秀吉による朝鮮出兵
江戸時代	17C前半　朱印船貿易が盛ん→東南アジアに日本町が出来る 1604年　糸割符制度……ポルトガル商人などの利益独占を排除 1607年　朝鮮通信使の来日……将軍の代替わりに来日 1631年　海外渡航船を奉書船（老中発行の奉書を持つ船）に限定 1641年　オランダ商館を出島に移す 　　　　　→鎖国（海外交渉をオランダ，中国，朝鮮に限定） 1853年　ペリー来航

実戦問題

① 次のA〜Dの記述はわが国の租税の歴史に関するものであるが，これらを古いものから順に並べたものとして最も妥当なのはどれか。

【中途採用者・平成23年度】

A 天正の石直しでは，土地測量の基準を統一し，全国の郷村の面積と等級を定め，それに基づいて生産高（石高）を見積もり，その石高に応じて年貢を決定した。

B 全国の土地を測量してその地価を決定し，全国一律に地価の3％を地租と定め，土地所有者がこれを金納することとした。

C 農民の負担する租税は本年貢（本途物成）が中心であり，田畑の収穫から米で納めるのを原則とし，その率は石高に対して4公6民，または5公5民であった。

D 租税には，租・庸・調・雑徭などがあった。租は，口分田に課せられる税で，収穫高の約3％であり，大部分は地方財政に充てられた。

1 A→D→B→C

2 C→A→D→B

3 C→D→B→A

4 D→A→C→B

5 D→C→A→B

② わが国の外交史に関する記述として，最も妥当なのはどれか。

【警視庁・平成29年度】

1 厩戸王（聖徳太子）は，隋との対等外交を目指して遣隋使犬上御田鍬に国書を提出させたが，煬帝から無礼とされた。

2 足利尊氏が開始した日明貿易は，倭寇対策のため勘合を使用し，朝貢形式によって莫大な利益を上げたが，足利義教が明への臣礼を嫌ったため一時中断された。

3 豊臣秀吉が始めた奉書船貿易により，主に東南アジアとの貿易が行われ，各地に日本町が形成されたが，徳川家康はこれを廃止し，鎖国化をすすめた。

4 フェートン号事件後もイギリス船やアメリカ船がしばしば日本近海に出没し，幕府は異国船に薪水や食糧を与えて帰国させていたが，その方針を変えて異国船打払令を出した。

5 小村寿太郎が日英通商航海条約の調印に成功したことで，日本は関税自主権の完全回復を達成し，条約上列国と対等の地位を得た。

3 わが国における政治と宗教の歴史に関する記述として最も妥当なのはどれか。 【国家一般職／税務／社会人・平成25年度】

1 ヤマト政権において，蘇我馬子と厩戸皇子（聖徳太子）は，当時，百済から伝えられた仏教を利用し力を得ようとした物部氏を倒し，神仏分離令を出した。

2 平安時代，桓武天皇の仏教改革の姿勢に対応して仏教界に革新の動きが起こり，最澄や空海が唐から新しい仏教の教えを伝えた。空海が伝えた真言密教は現世利益を願う貴族社会に浸透した。

3 鎌倉幕府が仏教の保護に力を入れた結果，念仏の教えを広める法然，親鸞，一遍が現れた。また，日蓮が宋から伝えた禅宗である臨済宗は，歴代の北条氏が信仰したことから上層武士に広まった。

4 江戸時代，徳川家康はキリスト教の布教がスペイン・ポルトガルの侵略を招くとして禁教令を出す一方，神道を手厚く保護し，林羅山に日光東照宮を造営させた。

5 明治政府は王政復古により神道中心の国家を目指した。このため，国内に広く信仰されていた仏教との融合を図り，神社の境内に神宮寺を建てるなどした。

4 明治時代以降の我が国の外交に関する記述として最も妥当なのはどれか。 【国家一般職／税務／社会人・平成30年度】

1 北清事変を契機にロシアが満州を占領すると，警戒感を強めたわが国は，英国と日英同盟協約を締結した。

2 日露戦争では，わが国は戦争の続行が困難となったため，米国のトルーマン大統領の仲介で，下関条約を調印した。

3 第一次世界大戦後，国際連盟が発足したが，わが国は発足当初には加盟せず，米国，英国，フランス，ソ連が常任理事国となった。

4 国際連盟が満州における中国の主権を認めると，わが国は，国際連盟から脱退し，その後，満州事変が起こった。

5 第二次世界大戦後，サンフランシスコ講和会議が開かれ，佐藤栄作内閣は，米国やソ連などとの間で講和条約に調印した。

⑤ わが国の争乱に関する記述として最も妥当なのはどれか。

【国家一般職／税務／社会人・平成24年度】

1 7世紀に起こった壬申の乱で，有力豪族の蘇我氏と組んだ中大兄皇子らは中臣鎌足らを擁する天智天皇によって滅ぼされた。争乱後，天智天皇は大化の改新と呼ばれる政治改革を進めた。

2 11世紀に起こった保元の乱で，源頼朝は，平清盛を討って平氏を滅亡させた。その後，頼朝は朝廷から太政大臣に任命され，武士として初めて政権を握って鎌倉幕府をひらいた。

3 15世紀に起こった応仁の乱は，室町幕府の弱体化に伴って政権を取り戻そうとした朝廷と幕府の間の争いで，幕府が勝利したが，幕府に味方した守護大名の力が強まったため，幕府の衰退はさらに進んだ。

4 17世紀に起こった関ヶ原の戦いは，豊臣秀吉の後継を巡って徳川家康を総大将とする東軍と，豊臣秀頼を総大将とする西軍が争ったもので，これに勝利した家康は江戸に幕府をひらいた。

5 19世紀の新政府成立後の旧幕府勢力と新政府軍の争いは戊辰戦争と呼ばれ，新政府軍は京都の鳥羽・伏見や会津若松，箱館などで旧幕府勢力を破り，ほぼ国内を統一した。

6　日本の文化に関する記述として，最も妥当なのはどれか。

【警視庁・平成26年度】

1　天平文化とは，蘇我氏や王族により広められた仏教中心の文化をいい，渡来人の活躍もあって百済や高句麗，そして中国の南北朝時代の文化の影響を多く受け，当時の西アジア・インド・ギリシアともつながる特徴をもった。

2　鎌倉文化とは，貴族社会を中心に，それまでに受け入れられた大陸文化を踏まえ，これに日本人の人情・嗜好を加味し，さらに日本の風土に合うように工夫した，優雅で洗練された10～11世紀の文化をいう。

3　国風文化を生み出した背景は，地方出身の武士の素朴で質実な気風が文学や美術の中に影響を与えるようになったことと，日宋間を往来した僧侶・商人に加えて，モンゴルの中国侵入で亡命してきた僧侶らによって，南宋や元の文化がもたらされたことである。

4　足利義満は京都に壮麗な山荘をつくったが，そこに建てられた金閣の建築様式が，伝統的な寝殿造風と禅宗寺院の禅宗様を折衷したものであり，時代の特徴をよく表わしているので，この時代の文化を東山文化と呼んでいる。

5　16世紀末から17世紀初頭にかけての文化を桃山文化と呼び，この文化を象徴するのが城郭建築である。この時代の城郭は平地につくられ，重層の天守閣をもつ本丸をはじめ，石垣で築かれ，土塁や濠で囲まれた複数の郭をもつようになった。

① 各短文の中にあるキーワードを見つけて時期を設定する。各時代の土地制度の特徴をつかんでおきたい。

A 豊臣秀吉が16世紀に実施した太閤検地（天正の石直し）は，村ごとに田畑・屋敷地の面積・等級を調査して，土地の生産高を米の収穫量で示す石高を定めた。

B 明治政府は安定した税収入を確保するために地租改正を実施，地価の3％を地租として土地所有者が金納税するとした。

C 江戸時代の本百姓の負担の中心は，田畑・屋敷地に課せられる本途物成で，石高の4割（四公六民）から5割（五公五民）を米穀で領主に納入した。

D 律令制下の農民負担は，租・庸・調・雑徭である。租は口分田の収穫の約3％の稲を納める土地税で地方の財源とされた。庸・調は成年男子に課せられる人頭税で，庸は都の労役（歳役）に代えて布を，調は郷土の特産物を納入し中央政府の財源となった。

したがって，正答は **4** である。

☞確認しよう ➡租税の歴史　　　　　　　　　　　　　　　　正答 **4**

② 人物・事件・法令・条約などの用語に着目し，それぞれが正しく用いられているかを検討する。

1 ✕ 小野妹子が遣隋使として派遣され，対等な立場を主張する国書を持参したが，煬帝から無礼とされた。

2 ✕ 足利義満が開始した日明貿易は朝貢形式の貿易であったため，これを嫌った**足利義持**が中断し，足利義教が再開した。

3 ✕ 1631年徳川家光は奉書船制度（朱印状＋老中奉書）を開始したが，1633年奉書船以外の海外渡航を禁止，1635年日本人の海外渡航を全面禁止した。

4 ◎ 正しい。フェートン号事件をきっかけにイギリスが日本近海に出没したので，文化の撫恤令をやめて異国船打払令を出した。

5 ✕ 陸奥宗光外相は日英通商航海条約で領事裁判権の撤廃に，小村寿太郎外相は日米通商航海条約で関税自主権の完全回復に成功した。

☞確認しよう ➡条約改正交渉の過程　　　　　　　　　　　　正答 **4**

③ 各時代の宗教と政治がどのように関っていたかを考えさせる問題。特に政治と仏教のつながりは重要である。

1✕ 崇仏派の蘇我馬子は排仏派の物部守屋を滅ぼし政治権力をにぎり，聖徳太子とともに仏教興隆政策をとった。

2◎ 最澄は天台宗を開き，空海は真言宗を開いた。

3✕ 鎌倉新仏教のうち，鎌倉幕府が保護したのは，栄西が開いた**臨済宗**である。浄土宗を開いた法然は専修念仏を停止され四国に流されている。

4✕ 2代将軍**徳川秀忠**の時代，禁教令を出して信者の改宗を強制した。日光東照宮は家康を東照大権現として祭る神社。天海の建議で，久能山から日光山に改葬した。

5✕ 明治政府は**神仏分離令**を出し，神仏習合を禁じた。そのため廃仏毀釈が起き，全国の寺院・仏像が壊された。

⎯☞確認しよう ➡宗教と政権とのかかわり　　　　　**正答** 2

④ 人名や国名がポイント。日露戦争・第一次世界大戦・満州事変などの史実を正確にとらえておきたい。

1◎ 正しい。南下するロシアに対抗するために，1902年日英同盟協約を締結した。

2✕ 日本は国力の限界，ロシアは革命的気運の高揚により，戦争継続が困難になると，アメリカ大統領**セオドア＝ローズヴェルト**の仲介でポーツマス条約に調印した。

3✕ 国際連盟が発足すると日本は加盟し，**イギリス・フランス・イタリア**とともに常任理事国となった。国際連盟設立を提案した**アメリカは**議会の反対で加盟していない。

4✕ 1931年柳条湖事件をきっかけに満州を占領し満州国を建国した。**1933年リットン報告書**に基づく対日勧告案が採択されると日本は国際連盟から脱退した。

5✕ 第3次**吉田茂**内閣は，ソ連などを除く48カ国とサンフランシスコ講和条約を結んだ。

⎯☞確認しよう ➡近現代の戦争　　　　　**正答** 1

⑤ 事件・争乱は人物関係・原因・経過・結果についての知識を必要とする問題が多い。

1 ✕ 天智天皇の死後，**大友皇子と大海人皇子の皇位継承争いである壬申の乱**が起こった。勝利をおさめた大海人皇子は即位して天武天皇となり，皇親政治を推し進めた。

2 ✕ 1159年平治の乱で源義朝を破った平清盛は，1167年に武家としてはじめて太政大臣となり，平氏政権を成立させた。

3 ✕ 将軍家・管領家の家督争いに，**管領細川勝元と侍所司山名持豊の対立**が結びついて1457年に応仁の乱が起こった。

4 ✕ 1600年，徳川家康を総大将とする東軍と**毛利輝元を総大将とする西軍**が関ヶ原で激突，東軍が勝利をおさめて家康は江戸に幕府を開いた。

5 ◎ 正しい。鳥羽・伏見の戦いから始まった戊辰戦争は箱館五稜郭の戦いで終わり，国内は新政府によりほぼ統一された。

☞確認しよう ➡事件・争乱史　　　　　　　　　　　正答 **5**

⑥ 各時代の文化の特色に関するキーワードに着目して考える。

1 ✕ **飛鳥文化**は7世紀前半推古朝の時代，中国南北朝時代の影響を受けた最初の仏教文化。

2 ✕ **国風文化**は唐文化を十分に吸収・消化した上で日本独自の要素を加味して成立した優雅で洗練された貴族文化。

3 ✕ 伝統的な公家文化に新興の武家文化が加味され，さらに禅宗の影響を受けた**鎌倉時代の文化**。

4 ✕ 室町時代の文化は南北朝文化，足利義満が建てた金閣に代表される**北山文化**，足利義政が建てた銀閣に代表される**東山文化**，戦国期の文化に区分できる。

5 ◎ 正しい。桃山文化は豪商や新興大名を担い手とする新鮮味あふれる豪華・壮大な文化。

☞確認しよう ➡各時代の文化の特徴　　　　　　　　正答 **5**

第2章

世界史

重要問題

中世ヨーロッパに関する記述として最も妥当なものはどれか。

【国家一般職／税務／社会人・平成26年度】

1 教皇インノケンティウス3世はクレルモン公会議を開き，十字軍を提唱した。13世紀初頭の第4回十字軍はイスラーム勢力からイェルサレムを奪回し，イェルサレム王国を建国した。

2 十字軍をきっかけに，イタリアが東方貿易の拠点となり，ヴェネツィアなどの地中海の海港都市が栄えた一方で，北海・バルト海沿岸のハンブルクなどの都市は衰退した。

3 13世紀のイギリスでは，ジョン王が財政の窮乏を重税で賄おうとしたが，これに不満を持つ貴族らが国王に反抗し，大憲章を認めさせ，国王の課税権を制限した。

4 14世紀のスペインでは，ペストの流行による労働力の減少を補うため，国王が賦役を重くしたことに対し，諸侯や騎士がワット＝タイラーの乱を起こして反抗し，国王の権力は弱まった。

5 14世紀のフランスでは，教皇が，聖職者への課税を主張したフィリップ4世を破門する一方，貴族・商人・平民の三身分を代表する三部会は，聖職者への課税を決めた。

解説

中世ヨーロッパの広範な事項に関する出題である。それぞれ，十字軍の遠征とその影響，大憲章，封建制・教皇権の衰退がポイントである。

1✕ クレルモン公会議（1095年）を開いて十字軍を提唱したのはウルバヌス2世である。また，第4回十字軍は，ヴェネツィア商人の要求でビザンツ帝国の首都コンスタンチノープルを占領してラテン帝国を建てた（1204年）。イェルサレム王国を建てたのは第1回十字軍である（1099年）。

2✕ 十字軍の遠征は失敗に終わったと言ってよいが，それにより東西の交流は盛んになった。ヴェネツィアなどのイタリアの海港都市だけでなく，内陸都市も栄えた。さらにハンブルクなどの**北ドイツ諸都市**や**フランドル地方の都市**も繁栄した。

3◎ 正しい。ジョン王は1215年に大憲章（**マグナ=カルタ**）を認めた。

4✕ スペインではなく，14世紀の**イギリス**についての記述である。黒死病（ペスト）の流行による労働力不足を解消するため，領主は農民を束縛から解放するようになる。しかし，領主は経済的に落ち込むと再び農民の賦役を重くした。それに対し農民が**ワット=タイラーの乱**（1381年）を起こしたのである。

5✕ 14世紀のフランスでは，**フィリップ4世**が1303年に聖職者への課税に反対する**教皇ボニファティウス8世**を捕え，やがて釈放するが，教皇は憤死した（アナーニ事件）。この事件に際して，フィリップ4世は聖職者・貴族・平民の代表者からなる三部会を開いて，その支持を得ていた。最初の三部会である。

☞確認しよう ➡中世ヨーロッパの出来事　　　　　　　　　　正答 3

FOCUS

　古代文明・西洋中世に関しては，「四大文明の比較」「ギリシア・ローマ史」「十字軍」の出題が多い。「十字軍」については，第1回十字軍遠征に至る経緯と，その後第7回までの遠征による教皇や国王の権威の消長や，遠隔地貿易による諸都市の繁栄を押さえておくこと。また，中世の西ヨーロッパに特有の封建社会の成立と衰退に関してもよく出題される。

要点の まとめ

 重要ポイント 1 四大文明

各文明で使われていた文字の種類，エジプトの太陽暦，メソポタミアの太陰暦，インダスの都市計画が重要。

エジプト文明	ナイル川。象形文字（神聖文字）。ピラミッド，スフィンクス，ミイラ，「死者の書」，太陽暦，10進法，パピルス
メソポタミア文明	ティグリス・ユーフラテス川。楔形文字。シュメール→アッカド（サルゴン1世）→古バビロニア王国（バビロン第1王朝）。ハンムラビ法典，太陰暦，60進法
インダス文明	インダス川。象形文字。ドラヴィダ人の文明。都市計画に基づくハラッパー，モヘンジョ＝ダーロ。青銅器，彩色土器
黄河文明	黄河。甲骨文字（殷代）。彩陶文化（さいとう）→黒陶文化（こくとう）→殷（いん）（前1500年頃，青銅器）

 重要ポイント 2 古代ギリシア・ローマ

政体の変遷は歴史的事件・人名と関連づけて出題される。ギリシアではペルシア戦争前後，ローマではポエニ戦争後の動きに注目。

■ギリシア

貴族政治	前800年頃	ポリスの形成……アクロポリス（城山）とアゴラ（広場）を中心に人々が集住する都市国家 ◇貴族出身のアルコン（執政官）が統治
財産政治	前594年	ソロンの改革……貴族と平民の調停。負債の帳消し，債務奴隷の禁止。市民を財産額によって4階級に分け，それぞれに参政権・軍務を定めた
僭主政治（せんしゅ）	前561年	ペイシストラトスの登場……無産市民の不満を利用し，武力などで政権を握る
民主政治	前508年	クレイステネスの改革……僭主（せんしゅ）の出現を防止するため，オストラシズム（陶片追放）（とうへん）という投票制度を設ける
	前500年	ペルシア戦争（～前449年）……アテネとその同盟市がペルシアに勝利→デロス同盟……ペルシア再攻に備えるアテネ中心の軍事同盟 ◇ペリクレスの直接民主政
	前431年	ペロポネソス戦争（～前404年）……デロス同盟（アテネ）がペロポネソス同盟（スパルタ）に敗れる →ポリス衰退の契機
ヘレニズム	前334年	アレクサンドロス大王の東方遠征（～前324年）

第
2
章

世界史

■ローマ

共和政	前494年	護民官の設置……平民の権利を守る官職。元老院やコンスル（執政官）の決定に対し拒否権を持つ
	前264年	ポエニ戦争（〜前146年）……カルタゴを破り，地中海世界を支配
	前60年	第1回三頭政治（ポンペイウス，クラッスス，カエサル）
	前43年	第2回三頭政治（アントニウス，オクタウィアヌス，レピドゥス）　→アントニウス，オクタウィアヌスの対立
帝政	前27年	オクタウィアヌスにアウグストゥスの称号　→元首政を開始
	後96年	五賢帝時代（〜180年）……ローマの黄金時代
	235年	軍人皇帝時代（〜284年）
	284年	専制君主政時代（〜395年，ディオクレティアヌスに始まる）
	313年	コンスタンティヌス，キリスト教を公認（ミラノ勅令）
	395年	ローマ帝国，東西に分裂
		東ローマ帝国＝ビザンツ帝国（〜1453年）
		西ローマ帝国　→ゲルマン人により滅亡（476年）
		→フランク王国（メロヴィング朝→カロリング朝）の誕生

重要ポイント **3** **十字軍**

十字軍の遠征がもたらした影響について問われることが多い。第4回遠征のころ教皇権が絶頂に達しながら，その後失墜していったことを確認しておこう。

前史	11世紀後半，聖地イェルサレムがセルジューク朝に占領されたため，ビザンツ皇帝がローマ教皇ウルバヌス2世に救援を要請。教皇はクレルモン公会議を開催し，遠征を提唱した
経過	第1回（1096〜99年）＝聖地を奪回，イェルサレム王国を建設 第2回（1147〜49年）＝失敗 第3回（1189〜92年）＝失敗 第4回（1202〜04年）＝コンスタンティノープル占領，ラテン帝国を建国 第5回（1228〜29年）＝聖地の一時回復（永続せず） 第6回（1248〜54年）＝失敗 第7回（1270年）＝失敗
影響	①聖地回復失敗による教皇権の失墜 ②諸侯・騎士の没落と王権の伸張 ③東方貿易の繁栄　→イタリアの海港都市の成長 ④イスラム文化・ビザンツ文化が西欧に流入

実戦問題

① メソポタミア文明に関する記述として，妥当なのはどれか。

【地方初級・令和2年度】

1 ハラッパーやモエンジョ＝ダーロ等の都市文明が栄え，これらの遺跡からは，青銅器，彩文土器および印章が発見された。

2 象形文字のヒエログリフが発明され，墓等に刻まれるとともに，1年を365日とする太陽暦や，測地術が発達した。

3 複雑な構造をもつ大宮殿がクノッソスに建設され，オリエントの影響を受けて，青銅器文明が誕生した。

4 石造建築の都市が数多く建設され，高度な天文観測による精密な暦法や二十進法を用いた数学等が発達した。

5 シュメール人がウル・ウルク等の都市国家をたて，楔形文字が発明されて粘土板に刻まれるとともに，六十進法や太陰暦が用いられた。

② 古代ギリシアに関する記述として，妥当なのはどれか。

【東京都・平成24年度】

1 ポリスは，貴族の指導のもとにアクロポリスを中心に人々が集住してできた都市国家で，住民は貴族と平民からなり，奴隷はいなかった。

2 アテネでは，ヘイロータイの反乱にそなえ軍国主義が採用され，他国からの影響を避けるため鎖国政策がとられた。

3 スパルタでは，ペリクレスの指導のもとで民主政治が行われ，民会の多数決で国家の政策が決定された。

4 ペルシア戦争は，イオニア地方のギリシアの植民市がペルシアに反乱を起こして始まり，ポリスの連合軍は，ペルシアの遠征軍を撃破して勝利した。

5 ペロポネソス戦争は，マケドニアのアレクサンドロス大王がアテネに対して起こしたもので，アテネは，壊滅的な打撃を受けて滅亡した。

3 古代ローマに関する記述として最も妥当なのはどれか。

【社会人・平成24年度】

1 紀元前5世紀，ゲルマニアからイタリア半島に侵入したゲルマン人は，ローマ帝国の基礎となる都市国家ネアポリスを建設し，共和政を実現するとともにイタリア半島を統一した。

2 紀元前1世紀のオクタウィアヌスの時代から，ローマでは共和政の伝統を残しながら事実上の帝政を行う元首政が始まり，以後約200年の間，「ローマの平和」と呼ばれる繁栄が保たれた。

3 1世紀末，ポンペイウスの養子であるカエサル（シーザー）は，ガリア地方を征服した功績により，元老院からアウグストゥス（尊厳者）の称号を受けた。

4 2世紀初めのユスティニアヌス帝のとき，ローマ帝国の領土は最大となった。彼は広大な帝国の統治を安定させるため，キリスト教を国教とした。

5 4世紀末，ローマ帝国は衰退し，東西の二帝国に分裂した。そのうちの東ローマ帝国は，神聖ローマ帝国とも呼ばれ，カール大帝のときに旧ローマ帝国領を回復し，最盛期を迎えた。

4 10～13世紀におけるローマ＝カトリック教会に関する記述として，妥当なものはどれか。

【警視庁・平成22年度】

1 聖職者の中には，聖職を売買したり，妻帯するなど教えに反する堕落行為を行う者が現れ，その象徴とされたのがクリュニー修道院であった。

2 教皇グレゴリウス7世は聖職売買を認める代わりに，司教・修道院の院長などの聖職者を任命する権利（聖職叙任権）を世俗支配者から取り戻した。

3 カノッサの屈辱とは，神聖ローマ皇帝のハインリヒ4世と教皇との間に起こった抗争の結果，諸侯が皇帝側につき，ローマ教会を謝罪させた事件である。

4 教皇と皇帝との対立は，カノッサの屈辱後も続いたが，教皇インノケンティウス3世の時にヴォルムス協約が交わされ，妥協が成立した。

5 教皇の権威は，インノケンティウス3世の時に絶頂に達し，イギリスのジョン王を破門するなど，宗教的にもいっそうの権威を確立した。

実戦問題●**解説**

1 いわゆる四大文明だけでなく，エーゲ文明やメソアメリカ文明などについても，その特徴をよく整理しておきたい。

1 ✕ インダス文明である。ハラッパーやモエンジョ＝ダーロのレンガ作りの都市遺跡で代表され，彩文土器やインダス文字を刻んだ牛をモチーフにした印章が発見された。

2 ✕ エジプト文明である。ヒエログリフ（神聖文字）は墓や碑文，石棺などに刻まれた。パピルスに書かれた文字はデモティック（民用文字）である。

3 ✕ エーゲ文明である。オリエント文明の影響を受けて，まずクレタ島のクノッソス宮殿を中心に栄えた青銅器文明である（クレタ文明）。

4 ✕ マヤ文明である。ユカタン半島で紀元前1000年頃から16世紀にかけて存在した文明で，ピラミッド状の神殿を中心に都市が造られ，天文学が発達し，ゼロが記号化されて二十進法が用いられた。

5 ◎ 正しい。

☞確認しよう ➡メソポタミア文明とエジプト文明の特徴 　　　　　**正答 5**

2 古代ギリシアに関する問い。ポリスの実態と，アテネを中心とするポリスとペルシア，マケドニアとの関係に注意。

1 ✕ ポリスの住民は，自由人の**市民と奴隷**からなっていた。市民は貴族と平民に分かれ，少数の貴族が政治を独占。貴族も平民も奴隷を所有し，その数はアテネでは全人口の約3分の1を占めた。

2 ✕ 「アテネ」は**スパルタ**の誤り。

3 ✕ 「スパルタ」は**アテネ**の誤り。なお，「民会」は成年男子市民の全体集会である。

4 ◎ 正しい。

5 ✕ ペロポネソス戦争は，**アテネ**を中心とするポリスと**スパルタ**を中心とするポリスの戦い。アテネは敗れるが，その後急速に立ち直る。アレクサンドロス大王は，全ギリシアのポリスを支配下に置いたフィリッポス2世の子。ペルシアを滅ぼし，大帝国を築いた。

☞確認しよう ➡ポリスの実態とポリス間の戦争・対外戦争 　　　　　**正答 4**

③ ローマ帝国に関する基本的な知識が問われている。皇帝の名，事績などを正しく覚えておくこと。

1 ✕ ローマ帝国の基礎となる都市国家は，「ネアポリス（ナポリ）」ではなくローマ。建設したのは，「ゲルマン人」ではなく古代イタリア人の中のラテン人である。

2 ◎ 正しい。

3 ✕ 元老院からアウグストゥスの称号を受けたのは，カエサルの養子の**オクタウィアヌス**である。オクタウィアヌスはアクティウムの海戦で勝利し，プトレマイオス朝エジプトをローマの属州とした。

4 ✕ 「ユスティニアヌス帝」はトラヤヌス帝の誤り。キリスト教を国教としたのは**テオドシウス帝**のときである（392年）。

5 ✕ ローマ帝国が東西の二帝国に分裂し（395年），そのうちの東ローマ帝国は神聖ローマ帝国ではなくビザンツ帝国とも呼ばれ，カール大帝ではなくユスティニアヌス大帝（在位：527〜565年）の時に旧ローマ帝国領を一時的に回復し，最盛期を迎えた。

✎確認しよう ➡ローマ帝政300年の変遷　　　　　　　　　　**正答 2**

④ 中世のローマ＝カトリック教会に関する問いである。教会と世俗権力との関係を押さえておくこと。

1 ✕ フランス中東部のクリュニー修道院は，聖職売買など世俗化した教会を批判し，10世紀以降の**教会改革運動の中心**となった。

2 ✕ 教皇グレゴリウス7世（在位1073〜85年）は，**聖職売買**や聖職者の妻帯を禁止した。また世俗権力による**聖職叙任**も禁じた。

3 ✕ カノッサの屈辱とは，聖職叙任権をめぐる対立で教皇グレゴリウス7世に破門された**神聖ローマ皇帝ハインリヒ4世**が，1077年にイタリアのカノッサで教皇に謝罪して許された事件をいう。

4 ✕ ヴォルムス協約は，1122年，**教皇カリストゥス2世**と**皇帝ハインリヒ5世**の間で結ばれたもの。これにより，聖職叙任権をめぐる教皇と皇帝の対立に妥協が成立して，叙任権闘争は終結した。

5 ◎ 正しい。**インノケンティウス3世**の在位は1198〜1216年。

✎確認しよう ➡10〜13世紀のローマ＝カトリック教会の権威　　**正答 5**

テーマ **2** 西洋近代

重要度

重要問題

16世紀以降のヨーロッパにおけるキリスト教に関する記述として最も妥当なのはどれか。　【国家一般職／税務／社会人・平成28年度】

1　16世紀初め，教皇が唱える予定説に反対したルターが，ドイツで95か条の論題を発表し，農民戦争を起こすと，宗教改革の動きはヨーロッパ全土に広がった。

2　16世紀中頃，スイスではルターの影響を受けたカルヴァンが改革運動を開始し，イエズス会を結成して，世界各地で布教活動を行った。

3　16世紀前半のイギリスでは，国の宗派がカトリックからプロテスタントに改められたことに国民が反発し，ピューリタン革命が起きて，イギリス国教会が成立した。

4　16世紀後半のフランスでは，ユグノーと呼ばれたカルヴァン派とカトリックが対立し，ユグノー戦争が起きたが，ナントの王令（勅令）で信仰の自由が認められ，内戦は終結した。

5　17世紀には，ヨーロッパ内で新教国と旧教国が対立した三十年戦争が起きた。戦争はフランスなどの新教国側が勝利し，旧教国である神聖ローマ帝国は崩壊した。

解説

宗教改革は，主権国家成立期のヨーロッパに複雑な対立をもたらした。各国が国内の宗教対立をどう乗り越えて主権国家体制を確立していくかが焦点である。

1 × ルターは教皇レオ10世による贖宥状（免罪符）の販売を批判して，1517年，ヴィッテンベルクで「95か条の論題」を発表したのである。予定説は，「魂が救われるかどうかは，あらかじめ神によって決定されている」というカルヴァンの説である。ドイツ農民戦争（1524～25年）を起こしたのはルターの影響を受けたミュンツァーである。

2 × カルヴァンが，スイスで独自の宗教改革運動を行ったのは正しいが，イエズス会はカトリック側の対抗宗教改革（反宗教改革）の中心となった修道会で，イグナティウス＝ロヨラらによって，1534年，パリで創設された。

3 × イギリス国教会は，離婚問題で教皇と対立したヘンリ8世が，1534年に国王至上法（首長法）によって，イギリス国王がイギリス国内の教会の首長である事を宣言して，カトリックから分離して成立した。ピューリタン革命は17世紀に起こった市民革命である（1640～53年）。

4 ◎ 正しい。アンリ4世は即位すると，自ら新教から旧教に改宗して，ユグノーに大幅な信仰の自由を認めて国家の分裂を避けたのである。

5 × フランスは旧教国であるが，三十年戦争（1618～48年）では新教国側に立って参戦した。戦争はオーストリアの属領ベーメンの新教徒が，ハプスブルク家によるカトリック信仰の強制に反発して始まったが，新教国対旧教国の対立を超えて，ハプスブルク家対フランスの戦争となり，ウェストファリア条約で戦争は終結した。神聖ローマ帝国の崩壊は1806年である。

☞確認しよう ➡16，17世紀のヨーロッパ各国とキリスト教　　**正答 4**

FOCUS

宗教改革は，キリスト教会や神聖ローマ帝国が持っていた普遍的権威を打ち壊し，ヨーロッパに混乱をもたらした。その中から，スペイン，イギリス，フランス，ドイツなどがどのような国家体制を形成していったか問われることが多い。

要点の まとめ

ルネサンスは14世紀のイタリアに始まり，15世紀に西欧各地に広まった。その背景と特徴，各国の主要な人物名を押さえておこう。

背　　景	①東方交易の発達　→自由都市の発達 ②教皇や上層市民（メディチ家など）による文芸保護 ③古典文化の研究
特　　徴	①古代ギリシア・ローマ文化の「再生」 ②人文主義……個性の重視，現実肯定
イタリア	文学……ダンテ『神曲』，ペトラルカの叙情詩 　　　　　　ボッカチオ『デカメロン』 思想……マキャヴェリ『君主論』 美術……ジョット，ボッティチェリ，レオナルド＝ダ＝ヴィンチ， 　　　　　　ミケランジェロ，ラファエロ 建築……サン・ピエトロ大聖堂（ブラマンテほか）
ネーデル ラント	エラスムス『愚神礼賛（ぐしんらいさん）』，ファン＝アイク兄弟の油絵技法の改良
ドイツ	デューラーの版画・絵画，グーテンベルクの活版印刷術
フランス	ラブレー『ガルガンチュアとパンタグリュエルの物語』 モンテーニュ『随想録』
イギリス	チョーサー『カンタベリ物語』，トマス・モア『ユートピア』 シェークスピアの戯曲
スペイン	セルバンテス『ドン＝キホーテ』

86

重要ポイント② 大航海時代

> 背景・探検史とも，よく出題される。89ページの「重要ポイント⑤」を見ながら，その後の植民活動を含めて整理しておきたい。

背　景	①スペイン・ポルトガルの中央集権化（エンリケ航海王子など）
	②東方貿易（香辛料など）のための航路開拓の要求
	③マルコ=ポーロ『世界の記述』（『東方見聞録』）などによる東方への関心
	④羅針盤の改良など，航海術の発達
探検史	1488年　バルトロメウ=ディアス（ポルトガル），喜望峰に到達
	1492年　コロンブス（ジェノヴァ），スペイン女王イサベルの後援で，サン・サルバドル島に到達　→新大陸の「発見」
	1498年　ヴァスコ=ダ=ガマ（ポルトガル），喜望峰経由でインドのカリカットに到達　→インド航路の開拓
	1499年　アメリゴ=ヴェスプッチ（フィレンツェ），南米を探検　→アメリカの名の由来
	1519年　マゼラン（ポルトガル），スペイン宮廷の命で世界周航へ

重要ポイント③ 宗教改革

> ルターとカルヴァンについては，それぞれの主張を教科書で確認しておこう。宗教改革に対する教皇=カトリックの動きも重要。

- **ルター（ドイツ）**……1517年，贖宥状（免罪符）の販売に対し九十五か条の論題を発表。［主張］＝「人は信仰によってのみ義とされる」，聖書第一主義
- **カルヴァン（フランス）**……ジュネーブで宗教改革，神権政治。［主張］＝救済予定説，司教を排し長老主義へ　→ピューリタン，ユグノー
- **イギリス国教会**……1534年，ヘンリ8世の首長法によって成立。1559年，エリザベス1世の統一法で確立
- **対抗宗教改革（反宗教改革）**……イエズス会の結成（1534年）とトリエント公会議（1545〜63年）

重要ポイント **4** **絶対主義下の戦争**

各戦争の当事国および支配者，同時代の植民地争奪の様子を頭に入れておくと，さまざまな問題に対応できる。

16世紀

●ユグノー戦争（1562～98年）……フランスの宗教戦争。カトリックをスペイン，プロテスタントをイギリスが支援　→アンリ4世による「ナントの勅令」で終結

●オランダ独立戦争（1568～1609年）……スペイン（フェリペ2世）の支配強化にプロテスタントが反抗。北部7州がユトレヒト同盟を結成。イギリス（エリザベス1世）が独立運動を支援

●レパントの海戦（1571年）……スペイン（フェリペ2世）の無敵艦隊がトルコを破る　→1588年，無敵艦隊がイギリスに敗れる

17世紀

●三十年戦争（1618～48年）……ドイツにおけるプロテスタントと神聖ローマ皇帝の戦い。前者をデンマーク・スウェーデン・フランス，後者をスペインが支援　→ウェストファリア条約

●英蘭戦争（1652～54，1665～67，1672～74年の計3回）……イギリスが制定した航海法をめぐる戦争　→戦後，イギリスが海上覇権を握る

18世紀

●北方戦争（1700～21年）……スウェーデン対ロシア（ピョートル1世）・デンマーク・ポーランドの戦い　→ロシアの台頭

●スペイン継承戦争（1701～13年）……フランス（ルイ14世）対オーストリア・イギリス・オランダの戦い　→ユトレヒト条約

●オーストリア継承戦争（1740～48年）……シュレジエンをめぐるマリア・テレジア（オーストリア）とフリードリヒ2世（プロイセン）の対立。オーストリア・イギリス対プロイセン・フランス・スペイン

●七年戦争（1756～63年）……シュレジエン奪回戦争。オーストリア・フランス・ロシア対イギリス・プロイセン

第2章

世界史

重要ポイント⑤ ヨーロッパ列強の植民活動

 無敵艦隊がイギリスに敗北して以来，ポルトガル・スペインによる植民地独占時代は終わり，代わって重商主義政策をとるオランダ・フランス・イギリスが進出する。3国による植民地争奪の関係を整理しておこう。

ポルトガル	【アジア】インドのゴア，中国のマカオを拠点に香辛料貿易 →スペインに併合（1580年～1640年）。
スペイン	【アジア】フィリピンにマニラを建設（1571年） →無敵艦隊の敗北（1588年）以降，衰退 【新大陸】ポトシ銀山の開発など →金銀の独占
オランダ	【アジア】東インド会社設立（1602年） →バタヴィア（現ジャカルタ）を拠点に東南アジアの香辛料貿易を独占 →アジアへの中継地として南アフリカにケープ植民地 【新大陸】西インド会社設立（1621年） →ニューアムステルダムを建設（1664年にイギリス領，ニューヨーク）
フランス	【アジア】東インド会社設立（1604年） →インドのポンディシェリ，シャンデルナゴルを拠点 →プラッシーの戦い（1757年）でイギリスに敗退 【新大陸】カナダに植民 →ルイジアナに進出 →七年戦争の敗北後，パリ条約（1763年）で領土を失う
イギリス	【アジア】東インド会社設立（1600年） →マドラス，ボンベイ，カルカッタを拠点 →プラッシーの戦いでインド支配確立 【新大陸】ヴァージニアに植民 →ピューリタンによるニューイングランド植民地の形成 →13植民地の成立

重要ポイント❻ 市民革命

頻出テーマの1つ。特にイギリスとフランスの革命は，展開が複雑なので，教科書をよく読んで流れをつかんでおきたい。

イギリス	【背景】権利の請願（1628年）を無視したチャールズ1世が専制政治を強行。王党派と議会派（中産階級）の内戦へ ●ピューリタン革命（1642～49年）……クロムウェルの主導でチャールズ1世を処刑，共和政を樹立 →クロムウェルの独裁（護国卿） →穏健派議会による王政復古（1660年） ●名誉革命（1688～89年）……新王（ジェームズ2世）による絶対主義再建とカトリック復活の動きに議会が反発。メアリ2世とウィリアム3世を擁立 →権利の章典（立憲政治の基礎確立）
アメリカ	【背景】本国イギリスの重商主義政策に植民地人が反発（印紙法反対運動，茶法をめぐるボストン茶会事件など） ●アメリカ独立戦争（1775～83年）……独立宣言（1776年，ジェファソンらが起草） →パリ条約（1783年）でイギリスが独立を認める →三権分立・連邦制の合衆国憲法制定（1787年）。初代大統領にワシントン
フランス	【背景】旧体制の矛盾，財政危機，啓蒙思想の普及 ●フランス革命の勃発（1789年）……三部会招集　→国民議会結成（テニスコートの誓い）　→バスティーユ牢獄襲撃　→封建的特権の廃止　→人権宣言 ●革命の激化……国民公会の成立（1792年，第一共和制） →ジャコバン派によるルイ16世の処刑（1793年），恐怖政治へ →テルミドールのクーデタでロベスピエール処刑（1794年） →1795年憲法で総裁政府成立 →ナポレオンによるブリュメール18日のクーデタ（1799年，革命終結）

第2章

世界史

イギリスが産業革命に成功した理由，生産力を増大させた発明，その後の歴史に与えた影響を整理しておこう。

背 景	①広大な海外市場 ②農地囲い込みによる労働力の増大 ③豊かな資源（石炭・鉄） ④マニュファクチュアの発達による資本蓄積
内 容	①木綿工業から発達 ②発明……ジョン・ケイの飛び杼，ハーグリーヴズのジェニー紡績機，アークライトの水力紡績機，クロンプトンのミュール紡績機，カートライトの力織機 →ワットの蒸気機関 ③交通……スティーヴンソンの蒸気機関車，フルトン（アメリカ）の蒸気船
影 響	①生産力増大 →機械制工場の出現。イギリスは「世界の工場」に ②資本家の優勢 →資本主義体制の確立 ③人口の都市集中，労働問題・社会問題の発生 →工場法（1833年）

ウィーン体制の狙いと崩壊の原因を確認しておこう。

● **ウィーン会議**……ナポレオン1世がライプチヒの戦い（諸国民戦争）に敗北し，流刑に処されると，戦後の国際秩序を再建するために，ウィーン会議が開かれた（1814～15年）。
→オーストリア外相（のち宰相）メッテルニヒが主宰，フランス外相タレーランの正統主義（フランス革命以前の王朝と制度の復活）を基本原則とする →ウィーン議定書締結 →ウィーン体制成立 →神聖同盟・四国同盟（五国同盟）の補強 →自由主義・国民主義と対立
● **ウィーン体制の崩壊**……ラテンアメリカ諸国・ギリシアの独立，イギリスの自由主義化，フランスの七月革命（1830年）・二月革命（1848年）

実戦問題

1 ルネサンス・宗教改革に関する記述として，妥当なのはどれか。

【地方初級・平成23年度】

1 ルネサンスは，イベリア半島からイスラーム勢力を追放することに成功したスペインで始まり，イタリアへと波及した。

2 ルネサンスは，古代ギリシャ・ローマの古典文化の研究を通じて，神や教会を中心とした生活をあらためて復興しようとする文化運動である。

3 ルネサンスでは，中国で発明された羅針盤，火薬，活版印刷術などの技術が改良され，ヨーロッパ社会に大きな影響を与えた。

4 ルターは，免罪符の販売を批判したことからカトリック教会から破門されたが，神聖ローマ皇帝によって保護され，聖書のドイツ語訳を完成した。

5 イエズス会は，ヨーロッパだけでなく海外でもカトリックの布教活動を行ったが，中国では宣教師の来航は一切禁じられた。

2 次は，大航海時代に関する記述であるが，A～Dに当てはまるものの組合せとして最も妥当なのはどれか。 【国家Ⅲ種・中途採用者・平成22年度】

ジェノヴァ出身の **A** は， **B** の女王イサベルの援助を得て大西洋を横断し，1492年，カリブ海の島々に到達した。そこをインドと信じた彼は島民をインディオと呼び，後にこれらの島々は西インド諸島と呼ばれるようになった。その後，イタリア人の **C** が南アメリカ大陸の沿岸を探検して，この地を新大陸であると報告した。

この地がアジアとは別の大陸であるとわかると， **B** はマゼランを援助して，西回りのインド航路を求めさせた。マゼランは， **D** を経て太平洋に出て，1521年，フィリピンで戦死したが，部下が帰還し，史上初の世界一周が実現された。

	A	B	C	D
1	ヴァスコ=ダ=ガマ	スペイン	バルトロメウ=ディアス	アフリカ大陸南端
2	ヴァスコ=ダ=ガマ	ポルトガル	バルトロメウ=ディアス	南アメリカ南端の海峡
3	コロンブス	スペイン	アメリゴ=ヴェスプッチ	南アメリカ南端の海峡
4	コロンブス	ポルトガル	アメリゴ=ヴェスプッチ	アフリカ大陸南端
5	コロンブス	ポルトガル	バルトロメウ=ディアス	南アメリカ南端の海峡

3 17世紀以降のヨーロッパに関する記述として，妥当なのはどれか。

【特別区・平成22年度】

1 クロムウェルは，ピューリタン革命の中心人物で，王党派と議会派の内乱のなかで，議会派を指揮して共和政を実現した。

2 カトリックとプロテスタントの宗教的対立から起こった三十年戦争は，パリ条約の締結により終結した。

3 太陽王と呼ばれたルイ16世は，王権神授説をとり，「朕は国家なり」と唱え，絶対王政の頂点に立ち，パリ郊外にヴェルサイユ宮殿をつくった。

4 3次に渡った英蘭戦争でオランダに敗れたイギリスは，アメリカにおける植民地を奪われることとなった。

5 ハプスブルク家が支配していたオーストリアは，オスマン帝国のウィーン包囲を破り，ユトレヒト条約によりポーランドを獲得した。

4 市民革命に関する記述として，最も妥当なのはどれか。

【東京消防庁・平成18年度】

1 ピューリタン革命後，議会派のクロムウェルが中心となり国王に対して権利の請願を認めさせ，共和政を樹立した。

2 ジェームズ2世はカトリックの復活を図ったため，名誉革命に至った。1689年，議会は権利の章典を制定した。

3 レキシントンでの武力衝突が発端となり，アメリカ独立革命（戦争）が起こった。革命中にトマス＝ジェファソンが人権宣言を起草し，1776年に発表した。

4 フランスでは財政が悪化したため，テュルゴーやアベ＝シェイエスらが蔵相に任命され改革を試みたが，特権身分の抵抗により失敗に終わった。

5 フランスの第三身分の代表は，模範議会より分離，三部会の結成を宣言し，第一身分，第二身分の中から合流する者もいた。

⑤ イギリスの産業革命に関する記述として，妥当なのはどれか。

【東京都・平成25年度】

1 イギリスの産業革命は，蒸気機関を利用した力織機をフルトンが発明したことにより，綿織物工業から始まった。

2 多くの農民が都市に移動して工場労働者となり，都市の人口が急増したが，都市の治安や衛生状態は良好で，労働者の生活環境は快適であった。

3 産業革命が始まると，工場の機械化により，工場で働く女性や子どもは，低賃金で長時間の労働からすべて解放された。

4 産業革命の進行に伴って交通も発達し，スティーヴンソンが蒸気機関車を実用化すると，その後，主要都市を結ぶ鉄道網が整備された。

5 貿易で利益を得ていた商人や大農場を経営する地主たちは，急激な工業化の進行に反対し，機械を打ちこわす，ラダイト運動を展開した。

⑥ 17世紀から19世紀にかけてのフランスに関する記述として最も妥当なのはどれか。

【国家一般職／税務／社会人・令和元年度】

1 ルイ14世は，王権神授説に従い，「君臨すれども統治せず」と称し，コルベールを首相に任命して立憲君主制を実現させ，メートル法の普及やフランス語の統一に取り組んだ。

2 フランス人権宣言は，基本的人権，国民主権，積極的平和主義を内容としており，これを受けて，パリの民衆がバスティーユ牢獄を襲撃し，フランス革命が始まった。

3 ナポレオン＝ボナパルトは，英国による大陸封鎖令に対抗するため出兵し，ロンドンを一時占領したものの，厳しい寒さのために撤兵を余儀なくされた。

4 ナポレオン3世は，産業革命を推進し，パリ市街の改造や社会政策に取り組んだが，普仏戦争でプロイセン軍に敗れ，捕虜となった。

5 普仏戦争での敗北により，フランスは，ルイジアナ，アルジェリア，マダガスカル島などの海外植民地を失い，その後，第三共和政の下での経済の低迷が続いた。

⑦ アメリカの独立に関する記述として，最も妥当なのはどれか。

【警視庁・平成30年度】

1 　北アメリカ大陸の太平洋岸にイギリス人が建設した17世紀初頭の13植民地では，一切自治も認められず，議会も開催されなかった。

2 　イギリス本国の重商主義政策への不満が高まり，イギリスが制定した茶法に対して植民地側は「代表なくして課税なし」と主張し，撤回を要求した。

3 　植民地側は大陸会議を開いて本国に自治の尊重を要求したが，ヨークタウンで武力衝突が起こり，独立戦争が始まった。

4 　13植民地の代表はフィラデルフィアにおいて，ロックらの思想を参考にしてトマス＝ジェファソンらが起草した独立宣言を発表した。

5 　独立戦争では，フランスやスペインがイギリスを支援したため当初は植民地側が苦戦したが，ロシアの支援により優勢となり，パリ条約で独立が承認された。

⑧ ウィーン会議に関する記述として，最も妥当なのはどれか。

【東京消防庁・平成20年度】

1 　この会議は，オーストリア外相メッテルニヒが議長として，対立する各国の利害を調整したが，基本的には列強間の合意によって決定された。

2 　この会議は，フランス革命・ナポレオン戦争の戦後処理のため，オスマン帝国も含め全ヨーロッパの支配者が参加した国際会議である。

3 　この会議でフランス外相タレーランは，正統主義を唱えフランス革命前の王朝と旧制度の復活をめざしたが，各国の反対もあり実現できなかった。

4 　この会議によってドイツ地域は，神聖ローマ帝国を中心とした復興政策が決定し，プロイセンやオーストリアは権限を弱めていった。

5 　この会議以降の国際体制をウィーン体制と呼び，イギリスが中心となって積極的な自由主義とナショナリズムの拡大を進めていった。

1 ルネサンスの始まりとその思想，宗教改革と対抗宗教改革（反宗教改革）の動きを大きく確認しておくこと。

1 ✕ ルネサンスは，東方貿易で繁栄した**イタリア**で始まり，ヨーロッパ各地に広まった。

2 ✕ 「神や教会を中心とした生活」が誤り。ルネサンスは，人間性の解放をめざした文化運動である。それをヒューマニズムが支えた。

3 ◎ 正しい。

4 ✕ ルターを保護したのは，**ザクセン選帝侯**である。神聖ローマ皇帝はルターをヴォルムスの帝国議会に呼び出し，自説を撤回させようとした。しかしルターは自説を曲げなかった。

5 ✕ 明末にはイエズス会の**マテオ=リッチ**らが布教。清朝もイエズス会の宣教師を受け入れたが，典礼問題が起こると，宣教師を国外に追放し，布教を禁じた（1724年）。

☞確認しよう ➡ルネサンス期の出来事　　　　　　　　**正答 3**

2 各航海者が通った航路は，地図でたどっておくこと。出身国と後援者にも注意を払うこと。

A イタリアのジェノヴァ出身の航海者は**コロンブス**である。大西洋を西へ進み，インドに向かった。ヴァスコ=ダ=ガマはポルトガルの航海者で，1498年，喜望峰を回ってインドのカリカットに到達した。

B イサベルは**スペイン**の女王である。カスティリアの王女だったが，アラゴンの王子と結婚。両国は統合してスペイン王国となった（1479年）。ポルトガルはいち早く海外に進出。アフリカ西岸の探検航路事業に力を注いだ。

C 南アメリカ沿岸を探検して新大陸だと報告したのは**アメリゴ=ヴェスプッチ**である。バルトロメウ=ディアスはポルトガル人で，アフリカ南端の喜望峰に到達した。

D マゼランは，スペインから**南アメリカ南端の海峡**（マゼラン海峡）を経て太平洋に出，フィリピンに到達した。アフリカ大陸南端は喜望峰である。したがって**3**が正しい。

☞確認しよう ➡大航海時代の新航路の発見と発見した人物，後援者　　**正答 3**

3 17世紀以降のヨーロッパは，主権国家体制が形成される時代である。絶対王政にも注意。

1 ◎ 正しい。クロムウェルは議会派の中の独立派を指揮した。共和政の実現は1649年。

2 × 三十年戦争（1618〜48年）は，**ウェストファリア条約**によって終結した。

3 × ルイ16世はルイ14世の誤り。**ルイ14世**の在位は1643〜1715年だが，親政は1661年から。

4 × 英蘭戦争は1652〜74年の間に3度起こり，**イギリス優勢**のうちに終結。これによってオランダは，制海権を失うことになった。

5 × オーストリアは，1683年にオスマン帝国のウィーン包囲（第2次）を破り，カルロヴィッツ条約（1699年）で，ポーランドではなく**ハンガリー**を得た。ユトレヒト条約（1713年）は，スペイン継承戦争の講和条約の総称である。

☞確認しよう ➡ヨーロッパ国家間と各国家内の対立　　　　　正答 **1**

4 封建社会から近代社会へ移る際に起こった社会的変革を市民革命という。4つの革命の大筋をつかんでおくこと。

1 × 権利の請願は，国王の専制政治を批判した文書で議会で可決された（1628年）。その後**1640年に始まるピューリタン革命**で，クロムウェルは王党派と議会派の内戦を終結させ，国王を処刑して共和政を樹立した。

2 ◎ 正しい。

3 × 「人権宣言」は独立宣言の誤り。人権宣言は**フランス革命**時に国民議会が採択したもの。

4 × 「アベ＝シェイエス」はネッケルの誤り。シェイエスはフランス革命直前に『**第三身分とは何か**』を発表し，第三身分（平民）こそが真の国民であると説いた。

5 × 「模範議会」（1295年）は**イギリスの身分制議会**。三部会は聖職者，貴族，平民の代表者によるフランスの身分制議会。1789年に開かれた三部会では，平民の議員が自分たちこそ国民議会だと宣言した。

☞確認しよう ➡3地域の4つの市民革命の実態　　　　　　正答 **2**

⑤ 産業革命は綿織物工業から始まる機械化であり，それにより資本主義体制が確立した。経過とそれに伴う諸問題に注意。

1 × イギリスの産業革命のきっかけは，**ジョン＝ケイ**が1733年に飛び杼を発明したことである。力織機は，フルトンではなくカートライトが発明した蒸気機関を使った織機である。

2 × 前半は正しいが，都市の治安や衛生状態は悪く，労働者の生活環境は**長時間労働と低賃金**が強制され劣悪であった。

3 × 女性や子どもは，工場の機械化によって，逆に，単純作業による低賃金・長時間労働が可能となったのである。

4 ◎ 正しい。

5 × 1810年代にラダイト運動（機械打ちこわし運動）を起こしたのは，機械化によって生活をおびやかされた**手工業者**たちであった。

☞確認しよう ➡イギリスの産業革命の始まりとその経過　　　　正答 **4**

⑥ ルイ14世，フランス革命，ナポレオン，ナポレオン3世について，それぞれの事績をよく整理しておきたい。

1 × ルイ14世は「朕は国家なり」と称して絶対王政を確立した。「君臨すれども統治せず」はイギリスのジョージ1世の言葉。コルベールは財務総監で重商主義政策（コルベルティズム）を推進した。メートル法はフランス革命期に始められた計量単位。フランス語の統一はルイ13世の時に始められた文化事業である。

2 × 人権宣言は1789年8月26日，バスティーユ襲撃は同年7月14日で前後関係が逆である。また，人権宣言に積極的平和主義は入っていない。

3 × 大陸封鎖令（1806年）を出したのはナポレオンである。彼はトラファルガー海戦（1805年）に敗れて，イギリス上陸はできなかった。

4 ◎ 正しい。ナポレオン3世はナポレオン1世の甥。1852年に国民投票で皇帝となり第二帝政を始めた（1852 ～ 70年）

5 × 普仏戦争に敗れて第二帝政は崩壊したが，海外植民地を失っていない。ただ，第三共和政下での経済の低迷が続いたことは事実である。

☞確認しよう ➡ナポレオン（ナポレオン1世）とナポレオン3世　　　正答 **4**

⑦ 13植民地の多様性と，独立戦争に至る経緯，戦争をめぐるヨーロッパ諸国の対応に注意したい。

1✕ 13植民地では，それぞれ住民代表による植民地議会を持ち，大幅な自治が認められていた。

2✕ 植民地側が「代表なくして課税なし」をスローガンにして抵抗したのは茶法ではなく印紙法である（1765年）。印紙法が直接課税（内国税）であることに反発したのである。

3✕ 独立戦争はレキシントンとコンコードの戦いで始まった（1775年）。ヨークタウンの戦いは植民地側の勝利を決定づけた戦いである（1781年）。

4◎ 正しい。ロックの自然法に基づく革命権（『統治二論』）を主張した。

5✕ サラトガの戦い（1777年）における植民地側の勝利を見て，フランス，スペインは植民地側に立って参戦した。ロシアは武装中立同盟を結成し，中立国の船の自由航行を主張して植民地側を支援した。

☞確認しよう ➡独立戦争に対するヨーロッパ各国の対応　　**正答 4**

⑧ ウィーン会議およびその前後のヨーロッパは，頻出事項である。復古主義を原則として，自由主義やナショナリズムは抑え込まれ，ウィーン体制と呼ばれる反動的体制ができた。

1◎ 正しい。ウィーン会議は1814年から翌年にかけて開かれた。各国の利害が対立し，「会議は踊る，されど進まず」と言われた。

2✕ オスマン帝国を除く全ヨーロッパの支配者が参加した。

3✕ 「各国の反対もあり実現できなかった」は誤り。フランスやスペインではブルボン王家が復活した。

4✕ ドイツ地域では，神聖ローマ帝国は復活せずに，35の君主国と4自由市からなるドイツ連邦が組織された。また，プロイセン，オーストリアは，それぞれ領土を拡大した。

5✕ イギリスはラテンアメリカ市場の開放をねらって独立を支持するなど，メッテルニヒの主導する復古的なウィーン体制からは距離をおいていた。

☞確認しよう ➡ウィーン会議　　**正答 1**

重要問題

　第二次世界大戦後のヨーロッパ諸国に関する記述として最も妥当なのはどれか。　　　　　　【国家一般職／税務／社会人・平成30年度】

1　フランスでは，ミッテラン大統領が第五共和制を発足させ，北大西洋条約機構（NATO）への加盟など，米国との連携を強める外交を行った。

2　英国では，戦後間もなく保守党のサッチャー首相の下で，英国の植民地であったバングラデシュの独立が承認された。

3　ハンガリーでは，ワレサが率いる自主管理労働組合を中心として，「プラハの春」と呼ばれる民主化運動が起こった。

4　ドイツは，戦後間もなく，米・英・仏・ソの4か国に分割占領され，その後，西ドイツと東ドイツに分断された。

5　オランダ，ベルギーなど6か国は，1950年代にNATOを結成し，後にこれをヨーロッパ共同体（EC）へと発展させた。

解説

冷戦という米ソ対立下でのヨーロッパ各国独自の動きと，ヨーロッパの統合をめざす動きに注意したい。

1 ✕ 第五共和制（1958年〜）を発足させたのはド＝ゴールである。ド＝ゴール大統領（在任1959〜69年）は，冷戦下で核兵器を保有し（1960年），NATOを脱退する（1966年）など，反アメリカ的な独自外交を展開した。ミッテランは第五共和制下で初めての社会党出身の大統領（在任1981〜95年）である。

2 ✕ 労働党のアトリーの下で，1947年，植民地のインドはヒンドゥー教徒を中心とするインド連邦と，イスラーム教徒を中心とするパキスタン共和国に分かれて独立した。バングラデシュは，1971年，主にベンガル語を使用するパキスタン共和国の東部州（東パキスタン）が，インドの支持を得て独立したのである。サッチャーは保守党出身で初めての女性首相（在任1971〜90年）。

3 ✕ ワレサはポーランドの自主管理労組「連帯」の指導者で，後に大統領。「プラハの春」はチェコスロヴァキアで起こった民主化運動（1968年）で，いずれもハンガリーの出来事ではない。

4 ◎ 正しい。1949年，西側占領地域に成立したのがドイツ連邦共和国（西ドイツ，首都はボン），ソ連占領地域に成立したのがドイツ民主共和国（東ドイツ，首都はベルリン）である。東西ドイツの統一は1990年である。

5 ✕ NATO（北大西洋条約機構）は1949年に成立した西側の集団安全保障機構で，地域統合であるヨーロッパ共同体（EC）とは関連がない。ECのさきがけとなったのは，1952年にオランダ・ベルギーなど6か国で結成されたヨーロッパ石炭鉄鋼共同体（ECSC）である。

☞確認しよう ➡ NATO,EEC,EC,EUなどの略号　　　　　　　**正答 4**

FOCUS

東西冷戦は，1989年，ベルリンの壁が撤去され，米ソ両首脳がマルタ会談で冷戦終結声明を出して終わりを告げた。翌90年にドイツ統一，91年にはワルシャワ条約機構解散，ソ連共産党の解散・独立国家共同体結成・ソ連消滅と続く。

要点の まとめ

重要ポイント ① ヨーロッパ諸国のアジア進出

アヘン戦争についての出題が多い。その背景となったイギリスの三角貿易の構造などを確認しておきたい。

イ ン ド	●イギリスはプラッシーの戦い（1757年）でフランス勢力を追放したのち，マラータ戦争やシク戦争を経てインド全域を支配 ▶セポイ（シパーヒー）の反乱（1857〜59年，東インド会社が組織したインド人傭兵の反乱）　→ムガル帝国の滅亡（1858年），東インド会社の解散（1858年）　→インド帝国の成立（1877年，ヴィクトリア女王がインド皇帝を兼任）
中 国	●イギリスによる三角貿易（中国からイギリスへ茶，イギリスからインドへ綿製品，インドから中国へアヘン） ▶アヘン戦争（1840〜42年，清のアヘン取締りに対するイギリスの侵略戦争）　→南京条約（上海など5港の開港，公行の廃止，香港割譲） ▶アロー戦争（1856〜60年，第2次アヘン戦争）　→天津条約　→批准書交換の使節の入京を阻止され再戦　→北京条約（キリスト教布教の自由，開港場の増加，外国公使の北京駐在，九竜半島南部をイギリスに割譲）
東南アジア	●オランダ →オランダ領東インド（インドネシア） ●イギリス →ペナン島・マラッカ・シンガポールを海峡植民地化，さらに北ボルネオを領有してマレー連合州を結成。ミャンマーを征服してインド帝国に併合 ●フランス →ベトナムの宗主権をめぐる清仏戦争（1884〜85年）を経て，仏領インドシナ連邦成立

重要ポイント **2** **アフリカ分割**

アフリカを縦断するイギリスと，横断するフランス。両国の侵略経路を地図などで把握しておこう。

- **イギリス**…①スエズ運河の株の大半を獲得　→アラービーの反乱を鎮圧してエジプトを保護国化　→スーダンを占領

②ケープ植民地首相セシル・ローズの進出　→ブール（ボーア）人との南ア戦争でトランスヴァールとオレンジの両国を征服

③3C政策（アフリカの南北を押さえ，カイロ，ケープタウン，カルカッタを結びつける政策），アフリカ縦断政策

- **フランス**…①アフリカ横断政策　→アルジェリア占領　→チュニジア占領　→サハラ砂漠占領　→マダガスカル占領

②ファショダ事件（スーダンでイギリスと衝突）→フランスが譲歩　→英仏協商（英＝エジプト，仏＝モロッコ）

- **ドイツ**……①トーゴ・カメルーン・西南アフリカ・東アフリカなどを占領

②モロッコ事件でフランスと対立

重要ポイント **3** **第一次世界大戦**

戦争の経過そのものよりも，背景となる列強間の関係が重要である。大戦中に起きたドイツ革命とロシア革命の影響についても確認しておくこと。

背　　景	①三国協商（イギリス・フランス・ロシア）と三国同盟（ドイツ・オーストリア・イタリア）の対立　→イタリアは後に離脱 ②バルカンをめぐる争い……セルビア（ロシア）のパン・スラブ主義とオーストリア（ドイツ）のパン・ゲルマン主義の対立　→サライェヴォ事件（セルビア人がオーストリア皇太子を暗殺）　→開戦
結　　果	連合国（イギリス・フランス・ロシア・日本・アメリカなど27か国）が同盟国（ドイツ・オーストリア＝ハンガリー・トルコ・ブルガリア）に勝利

重要ポイント ④ ロシア革命

この革命が第一次世界大戦中に起こったことに注意しよう。

1898	ロシア社会民主労働党結成
	→ボリシェヴィキとメンシェヴィキに分裂（1903年）
1905	血の日曜日事件　→第1次革命
1906	ストルイピンが首相に　→弾圧政策，農村共同体（ミール）の解体
1917	三月革命……ペトログラードのストライキを機に各地でソヴィエト結成
	→ニコライ2世退位（ロマノフ朝滅亡）　→臨時革命政府
	（社会革命党，メンシェヴィキ）　→ケレンスキー内閣
	十一月革命…レーニン，トロツキーのボリシェヴィキが武装蜂起
	→ケレンスキー内閣の崩壊（ボリシェヴィキの一党独裁）

 重要ポイント ⑤ 第一次世界大戦の戦後処理

アメリカが主導権を握っていることに注意し，国際連盟の問題点などを整理しておこう。

- ●ヴェルサイユ体制
  - ・パリ講和会議（1919年）……米大統領ウィルソンの十四か条を基本理念に
  - ・ヴェルサイユ条約（1919年）……ドイツは全植民地を失い，アルザス，ロレーヌなどを割譲。軍備制限，巨額の賠償金支払いを受け入れる
  - ・国際連盟の発足（1920年）……ジュネーブに本部。イギリス，フランスが主導。ソ連とドイツは排除され，アメリカは不参加
- ●ワシントン体制
  - ・ワシントン会議（1921～22年）……各国の主力艦保有率を決定
  - →九か国条約……中国の主権尊重・領土保全を約束
  - →四か国条約……米・英・日・仏が太平洋諸島の現状維持を決める
- ●世界恐慌への対応
  - ・アメリカ……フランクリン＝ローズヴェルトによるニューディール政策
  - ・イギリス……ブロック経済政策
  - ・ドイツ・イタリア……ファシズムの台頭　→ヴェルサイユ体制崩壊へ

第
2
章

世界史

第二次世界大戦の流れは，ドイツの動きを中心に把握しておく。
冷戦時代では，戦後の東西両陣営の動きを覚えておこう。

■第二次世界大戦

1938	ドイツ，オーストリアを併合。独・伊・英・仏の首脳によるミュンヘン会談（宥和政策）
1939	ドイツ，チェコスロバキア解体を強行
	独ソ不可侵条約。ドイツ，ポーランドに侵攻。
	英仏，ドイツに宣戦布告（第二次世界大戦勃発）
1940	ドイツ，北欧を占領。フランス降伏。日独伊三国同盟
1941	ドイツ，対ソ開戦。日本，真珠湾を攻撃（太平洋戦争勃発）
	大西洋憲章（イギリス，アメリカ）
1943	イタリア降伏。カイロ会談（アメリカ，イギリス，中国）
1944	連合軍，ノルマンディー上陸
1945	ヤルタ会談（アメリカ，イギリス，ソ連）
	→ドイツ無条件降伏
	→日本，ポツダム宣言を受諾（終戦）
	サンフランシスコ会議　→国際連合発足

■冷戦時代

1946	チャーチルの「鉄のカーテン」演説
1947	アメリカの対ソ封じ込め政策（トルーマン・ドクトリン），マーシャル・プラン発表。コミンフォルム結成
1948	ソ連，ベルリン封鎖
1949	コメコン（経済相互援助会議）成立。北大西洋条約機構（NATO）成立。東西ドイツ分裂。中華人民共和国の誕生。ソ連の核保有
1950	朝鮮戦争（～1953年）
1955	ワルシャワ条約機構成立
1961	ベルリンの壁
1962	キューバ危機
1965	ベトナム戦争激化

※冷戦は，1989年のベルリンの壁撤去，米ソ首脳による冷戦終結声明（マルタ会談）で終結。1990年にはドイツ統一がなされた。

実戦問題

1 第一次世界大戦に関する記述として，妥当なのはどれか。

【地方初級・平成27年度】

1 第一次世界大戦は，ドイツを中心とする三国協商と，イギリスを中心とする三国同盟の対立を原因として始まった。

2 大戦中，交戦国は互いに中立国や諸民族に対して，戦後の独立や自治を約束する秘密条約を結んで味方につけようとした。

3 大戦が始まると日本は中国に対して二十一か条の要求を行ったが，国際的非難を浴びてすべて撤回した。

4 アメリカは大戦が始まると直ちに参戦して，イギリスやフランスに物資や資金を提供した。

5 大戦後，ヴェルサイユ条約によって国際連盟が成立し，民族自決の下でアフリカの国々が相次いで独立した。

2 近代以降のドイツに関する記述として最も妥当なのはどれか。

【国家Ⅲ種・中途採用者・平成22年度】

1 1862年，社会主義政党出身のビスマルクが首相に就くと，議会制民主主義を採用したヴァイマル憲法が制定され，政局は一時的に安定したが，対外政策の失敗によりビスマルクは失脚した。

2 ビスマルクが辞任した後，ヴィルヘルム2世のもとで，3C政策と呼ばれる積極的な植民地の拡大が行われ，フランス，ロシアとともにイギリスを包囲する三国協商を成立させた。

3 1919年，第一次世界大戦の講和会議がベルリンで開かれた。戦勝国であったドイツは，イタリアからアルザス・ロレーヌ地方を取り戻すなどして，国力を蓄えた。

4 1933年に成立したヒトラー率いるナチス政権は，軍需経済や公共事業で失業者を減らす一方，言論の自由を抑圧するなどし，ドイツ民族の優秀性を主張してユダヤ人を迫害した。

5 第二次世界大戦後，東西の冷戦の焦点となったドイツは，1949年，ドイツ連邦共和国とドイツ民主共和国に分断されると同時に，その国境に沿って，バルト海から始まる「ベルリンの壁」が築かれた。

3 世界恐慌とその後の世界の動きに関する記述として，最も妥当なものはどれ
か。　【警視庁・平成21年度】

1 　過剰生産と異常な投機熱をもたらしたアメリカ経済は，1929年秋，ニュー
ヨーク株式取引所での株価暴落をきっかけに大恐慌に突入した。

2 　アメリカの大恐慌はたちまち全世界にひろがり，かつてない世界恐慌になった
が，賠償の重荷を負い，アメリカ資本にたよるフランス経済は，特に深刻な打撃
を受けた。

3 　アメリカ大統領フーバーはニューディールの実施を宣言し，大規模な公共事業
をおこして失業者の救済をはかるなどした。

4 　イギリスのマクドナルドは，保守党を中心に挙国一致内閣をつくり，金本位制
を停止したほか，保護関税を撤廃した。

5 　ドイツでは恐慌がはじまると，深刻な経済混乱にみまわれ，臨時政府による民
主主義も機能を停止し，ビスマルクの率いるヴァイマル共和国の台頭につながっ
ていった。

4 第二次世界大戦以降のアジア諸国に関する記述として最も妥当なのはどれ
か。　【国家一般職／税務／社会人・平成28年度】

1 　中国では，第二次世界大戦中から国民党と共産党との内戦が続いていたが，大
戦後に周恩来が主席となって中華人民共和国を建国すると，直ちに米国は同国を
承認した。

2 　朝鮮半島では，朝鮮民主主義人民共和国が大韓民国に侵攻して朝鮮戦争が起き
た。後に北緯38度線を挟んで，戦局が膠着し，休戦協定が結ばれた。

3 　ベトナムでは，米国の支援を受けた北ベトナムが南ベトナムに侵攻してベトナ
ム戦争が起きた。これに対し，ソ連による北爆が始まり，米国が撤退したことで
南北が統一された。

4 　カンボジアでは，ベトナムの支援を受けたポル=ポト政権が成立したが，中国
の介入によって政権が倒された。その後，これに反発したベトナムが中国に侵攻
し，中越戦争が起きた。

5 　南アジアでは，仏教徒を主体とするインドとイスラーム教徒を主体とするパキ
スタンが成立した。その後，パキスタンの支援により，インドの西部がバングラ
デシュとして独立した。

① 第一次世界大戦はイギリスとドイツの覇権争いに原因があったと言える。それがどのような経緯をたどるのか確認しよう。

1 ✕ ドイツを中心とするのは**三国同盟**である（1882年，ドイツ，オーストリア，イタリア間で締結）。イギリスを中心とするのは**三国協商**である（露仏同盟，英仏協商，英露協商の提携関係をいう）。第一次世界大戦は，双方の対立が原因である。

2 ◎ 正しい。

3 ✕ 日本は協商国側（連合国側）で参戦。1915年に中国に対して二十一か条の要求を行い，その大部分を**認め**させた。

4 ✕ アメリカは，初めは「厳正なる中立政策」をとって参戦しなかったが，大戦後期に**連合国側**に加わった。

5 ✕ 記述の前半は正しいが，後半は誤り。民族自決は，アメリカ大統領ウィルソンの14か条で表明された権利だが，旧ロシア，オーストリア，オスマン帝国支配下の民族の独立に対してしか適用されなかった。

☞確認しよう ➡第一次世界大戦の交戦国と戦中・戦後の動き　　**正答** 2

② ビスマルク，ヴィルヘルム２世の政策と２つの大戦後のドイツの状況を押さえておこう。

1 ✕ ビスマルクは「社会主義政党」ではなく**ユンカー**出身。鉄血政策によって軍備を拡張したが，ヴィルヘルム２世によって辞職させられた（1890年）。ヴァイマル憲法は1919年に制定。

2 ✕ 「3C政策」は**3B政策**の誤り。ヴィルヘルム２世は帝国主義政策を進めた。三国協商はイギリスがフランス，ロシアと結んだ提携関係である。

3 ✕ 「ベルリン」は**パリ**の誤り。ドイツは敗戦国。**ヴェルサイユ条約**で，ドイツはフランスにアルザス・ロレーヌ地方を返還した。

4 ◎ 正しい。

5 ✕ ベルリンの壁は，東西ドイツの国境に沿ってではなく，**ベルリン市内**に築かれた。1949年ではなく，**1961年**のことである。

☞確認しよう ➡19世紀後半からのドイツの歴史　　**正答** 4

3 世界恐慌後は，ブロック経済の出現とファシズムの台頭へとつながっていったことをつかむ。

1 ◎ 正しい。

2 × フランスは第一次世界大戦の戦勝国なので，「賠償の重荷」を負ってはいなかった。友好国や植民地と通貨フランを基軸に経済圏（フラン・ブロック）をつくって経済を安定させようとした。

3 × ニューディールを実施したのはフランクリン=ローズヴェルトである。フーバーは世界恐慌発生時の大統領。ローズヴェルトはその後任。

4 × マクドナルドは労働党党首。マクドナルドはオタワ連邦会議を主宰し，連邦内の関税を下げ，連邦外に対しては高関税を課すという保護関税政策をとった。

5 × ドイツは世界恐慌によって破滅的な経済状況に陥り，ヒトラーの率いるナチ党の台頭につながっていった。

確認しよう ➡世界恐慌の乗り切り策と，その後の国家像　　**正答 1**

4 第二次世界大戦後のアジアは，国内の勢力争い，大国の介入，宗教的対立など，さまざまな要因によって激動する。

2 × 1949年に中華人民共和国の成立を宣言した時の主席は毛沢東である。周恩来は首相。アメリカは台湾の中華民国を中国の正式代表として，長年承認しなかった。

2 ◎ 正しい。

3 × ベトナム戦争は，ベトナム統一をめざす諸勢力と，これを共産主義勢力の拡大と捉えるアメリカとの間の戦争である。記述の前半では，北ベトナムと南ベトナムが入れかわっている。後半では，ソ連は米国の誤り。

4 × ポル=ポト政権は中国の支援を受けて成立。これに対し，ベトナムは軍を派遣して，カンボジア人民共和国を樹立させた。これに中国が反発してベトナムに侵攻，中越戦争が起きた。

5 × 仏教徒はヒンドゥー教徒の誤り。バングラデシュは，1971年に，主にベンガル語を使用するパキスタン共和国の東部州（東パキスタン）が，インドの支援を得て独立したのである。

確認しよう ➡第二次世界大戦後のアジアの動き　　**正答 2**

重要度

重要問題

中国の王朝に関する記述として，最も妥当なのはどれか。

【警視庁・平成29年度】

1 秦は漢人の王朝であり，南京を都とし，人口調査をもとに里甲制をしき，土地台帳や租税台帳を整備した。また朱子学を官学として科挙制を整備した。

2 隋は文帝と煬帝の2代のみで滅んだが，その間に大運河の建設を行い，高等官僚資格試験である科挙を開始した。

3 唐では官吏登用の制度として科挙が定着し，初期の頃には皇帝が自ら試験官となる殿試がはじめられ，皇帝独裁が確立した。

4 宋では均田制，租庸調制，府兵制が整えられた。また次第に財政状態が悪化すると，租庸調制にかわって両税法が施行された。

5 明は度量衡や貨幣，文字を統一し，北方の匈奴の侵攻をふせぐために万里の長城を修復した。また皇帝が任命した官僚を派遣する郡県制を進めたが，陳勝・呉広の乱で滅亡した。

解説

中国諸王朝の興亡や諸制度の変遷は頻出事項であり，中央官制，地方制度，官吏登用法，兵制，税制等に注意したい。

1 ✕ 秦ではなく明の記述である。明は朱元璋が南京に樹立した漢人王朝。里甲制（りこうせい）は1381年から実施された地方行政制度。土地台帳を「魚鱗図冊（ぎょりんずさつ）」，租税台帳を「賦役黄冊（ふえきこうさつ）」という。朱子学は洪武帝により官学とされ，科挙制の整備により儒学の正統となった。

2 ◎ 正しい。

3 ✕ 唐ではなく宋の記述である。科挙は宋代で唯一の官吏登用法となり，科挙によって登用された官僚が皇帝独裁政治を支えた。なお殿試（でんし）は北宋の太祖趙匡胤（ちょうきょういん）によって始められた。

4 ✕ 宋ではなく唐の記述である。唐の支配は，成人男子に土地を均等に支給して（均田制），彼らから税や兵役を徴収する制度（租庸調制，府兵制）であった。しかし，8世紀になり没落する農民が増えると制度が維持できなくなり，傭兵による募兵制となった（740年）。また租庸調制も，農民の土地所有を公認し，所有する土地に対して課税し，夏・秋に徴収する両税法にかわった（780年）。

5 ✕ 明ではなく秦の記述である。前221年に中国を統一した秦は，度量衡や貨幣，文字などを統一し，長城を修復し，郡県制を施行するなど急速な中央集権化を図ったため，陳勝・呉広の乱（前209年）をきっかけに反乱が勃発し，前206年，劉邦によって滅ぼされた。

☞確認しよう ➡農民反乱と王朝の崩壊

正答 2

東洋史では，中国の歴史が出題の大半を占める。各時代，ほぼ万遍なく出題されると考えてよく，繰り返し学習しておきたい。重要事項や人物を時代や王朝ごとに整理して，歴史地図でその勢力範囲を確認しておくこと。

要点の **まとめ**

重要ポイント **1** **古代中国**

重要事項や主要人物が問われる。どの時代に属するかを整理しておこう。

王朝	重要事項	人物	都
春秋戦国 前770〜 前221	戦国の七雄（秦・楚・燕・斉・韓・魏・趙） 諸子百家 鉄器の使用　→牛耕農法	孔子・孟子・荀子 墨家（墨子） 道家（荘子） 法家（商鞅・韓非）	洛邑
秦 前221〜 前206	始皇帝による統一 郡県制による中央集権 焚書坑儒，法家思想の採用 貨幣・度量衡・文字の統一 万里の長城の修築，匈奴討伐	李斯 項羽（楚の武将） 劉邦（漢の高祖）	咸陽
前漢 前202〜 後8	劉邦（高祖）による建国 郡国制の採用 呉楚七国の乱を平定 武帝の政治（大月氏に張騫を派遣，朝鮮を滅ぼし楽浪郡など設置，均輸法・平準法，酒・塩・鉄の専売） 王莽による新の建国（8〜23）	董仲舒 張騫 司馬遷『史記』	長安
後漢 25〜250	劉秀（光武帝）による建国 蔡倫による紙の「発明」 黄巾の乱（184）　→漢の崩壊	班固『漢書』 班超 甘英	洛陽

重要ポイント 2 分裂から隋・唐時代へ

 隋・唐の時代は特に重要である。隋が滅びた原因，唐の制度のほか，この時代の文化についても把握しておきたい。

220	曹丕（曹操の子）が魏をおこし，三国時代が始まる
	○魏……華北を支配，都は洛陽，九品中正，屯田制
	○呉……長江下流域を支配，都は建業（南京），孫権が建国
	○蜀……四川を支配，都は成都，劉備・諸葛孔明・関羽
265	魏の司馬炎が蜀を滅ぼし，晋（西晋）を建国
280	晋が呉を滅ぼし，中国を統一
316	匈奴が晋を滅ぼす　→五胡十六国の時代へ
317	司馬睿が建康（南京）に都を置き，東晋をおこす
386	五胡十六国の鮮卑の拓跋氏が北魏を建国
439	南北朝時代が始まる
	○北朝（北魏）……均田制の実施。6世紀，東西に分裂
	○南朝……東晋の滅亡後，宋→斉→梁→陳へ

隋	589	隋の楊堅（文帝）が南朝の陳を滅ぼし中国を統一。都は長安
		均田制，租庸調制，府兵制，科挙制の採用
		煬帝……大運河の建設　→高句麗遠征の失敗　→反乱で滅亡

唐	618	李淵（高祖）が唐を建国。都は長安
	628	太宗（李世民）が中国を統一　→貞観の治
		律令体制……均田制，租庸調制，府兵制，科挙制
	713	玄宗による開元の治（〜741）
	749	府兵制にかわって募兵制を採用
	755	安史の乱（〜763）……節度使の安禄山，史思明による反乱
	780	租庸調制にかわって両税法を採用
	875	黄巣の乱（〜884）→国力の衰退　→朱全忠によって滅亡（907）

重要ポイント❸ 北宋・南宋から元の時代へ

契丹（遼）・西夏・金・元の北方民族の関係について出題される。
ここには挙げなかったが，宋の時代に火薬・羅針盤・木版印刷が
発達したことも重要。

			年	
五代十国			907	唐が滅亡し，五代十国時代が始まる
			916	耶律阿保機が中国東北部に契丹（のち遼）を建国
				部族制と州県制の二重支配体制，契丹文字の制定
			960	趙匡胤が北宋を建国。都は開封
				文治主義，科挙制の整備　→君主独裁制
			1038	タングートの李元昊が西夏を建国
北宋	契丹・遼		1070	王安石が北宋の宰相に（王安石の新法）
				青苗法（小農救済策），均輸法（流通安定・物価安定策）
	西夏			市易法（中小商人救済策），募役法（労役希望者の募集），
				保甲法（軍馬の飼育奨励）
				→新法党と旧法党（司馬光ら）の対立
			1115	女真の完顔阿骨打が中国東北部に金を建国
			1125	金が遼を滅ぼす
		金	1126	靖康の変（～27）。金が開封を占領，北宋を滅ぼす
			1127	江南へ逃げた高宗が南宋を建国。都は臨安（杭州）
				朱熹（朱子），陸九淵（陸象山）の活躍
			1206	チンギス＝ハンがモンゴル帝国を建国
南宋			1227	モンゴルが西夏を滅ぼす
			1234	モンゴルが金を滅ぼす
			1271	モンゴルのフビライが国名を元とする。都は大都
	元			モンゴル第一主義，西域人（色目人）を重用
				東西文化の交流　→マルコ＝ポーロらの来訪
			1279	元が南宋を滅ぼし，中国全土を支配
			1351	紅巾の乱（～66，白蓮教徒の乱）
			1368	明が元を滅ぼす

重要ポイント **4 明・清時代**

重要人物と事績を整理しておくことが問題を解くポイントとなる。たとえば，清を建国した人物と明を滅ぼした人物を混同しないように注意しよう。

明	1368	朱元璋（洪武帝）が明を建国。都は金陵（南京） 中書省（最高行政機関）を廃止し，六部を皇帝直属に 里甲制（村落行政組織）の採用 →租税・戸籍台帳（賦役黄冊），土地台帳（魚鱗図冊）作成 明律・明令，六諭（民衆教化のための教訓）を制定
	1402	永楽帝が靖難の変（1399〜1402）によって帝位に就く 北京に遷都。宦官を重視 積極的な外征（5回のモンゴル親征，ベトナム遠征） →鄭和（イスラム教徒の宦官）の南海遠征 永楽帝の死後，北の韃靼，南の倭寇（北虜南倭）が明を脅かす イエズス会の布教，陽明学の盛行 一条鞭法…各種の税や徭役を銀に一本化する
	1616	ヌルハチが女真族を統一し，後金を建国
	1636	2代太宗（ホンタイジ）が国号を清と改める
清	1644	李自成が明を滅ぼす →清は華北に侵入，北京に遷都 呉三桂ら漢人武将を藩王に →三藩の乱（1673〜81）
	1661	4代康熙帝の即位 以後，5代雍正帝，6代乾隆帝までが清の全盛期 領土（18世紀）……直轄領（中国内地・東北地方，台湾） 藩部（モンゴル，青海，チベット，新疆） その他，朝鮮，ベトナム，タイ，ネパールなどを支配 ネルチンスク条約（1689）でロシアとの国境確定 漢人対策……辮髪令，文字の獄と禁書，満漢併用策 地丁銀始まる……丁銀（人頭税）が地銀（土地税）にくみ込まれて一本化する

出題率は高い。中華人民共和国の成立以降も，中ソ対立や文化大革命，改革・開放政策などに注意したい。

清	1840	アヘン戦争（〜42）　→南京条約（香港割譲など）
	1851	太平天国（〜64），洪秀全らが滅満興漢を掲げて蜂起
	1856	アロー戦争（〜60）　→北京条約（外国公使の北京滞在など）
	1894	朝鮮南部で東学の乱（甲午農民戦争）
		→日清戦争　→下関条約（遼東半島・台湾などの割譲）
	1898	康有為らの変法運動（政治改革）　→西太后による弾圧
	1900	義和団事件（〜01）　→8か国の共同出兵　→北京議定書
	1905	孫文が中国同盟会を結成（三民主義）
	1911	辛亥革命（〜12）
中華民国	1912	中華民国の成立（臨時大総統は孫文）　→清の滅亡
		→袁世凱が臨時大総統に　→袁の独裁（孫文らと対立）
	1915	日本の二十一か条要求
		陳独秀『新青年』発行　→文学革命へ
	1919	五・四運動（反帝・反封建）　→孫文，中国国民党結成
	1921	陳独秀らが中国共産党を結成
	1924	第1次国共合作
	1925	五・三〇事件
	1926	蔣介石ら国民政府軍による北伐の開始（〜28）
	1927	蔣介石の上海（反共）クーデタ　→国共分離　→南京に国民政府
	1931	毛沢東，瑞金に中華ソヴィエト共和国臨時政府を樹立
		→長征（1934〜36）
	1936	西安事件（張作霖の子・張学良による蔣介石監禁事件）
	1937	日中戦争始まる（〜45）　→第2次国共合作
	1945	国共内戦始まる
中華人民共和国	1949	中華人民共和国の成立
	1971	中華人民共和国が国連での中国代表権を獲得
	1997	イギリスより香港返還

第2章

世界史

重要ポイント ⑥ 朝鮮の歴史

 出題率は低いが，李氏朝鮮時代の日本との関係は重要である。

三国時代	朝鮮半島北部……中国東北部におこった高句麗が4世紀初め，楽浪郡を滅ぼして北部を支配した 朝鮮半島南部……三韓(馬韓・辰韓・弁韓)に分かれていたが，4世紀に入ると，馬韓の地に百済，辰韓の地に新羅がおこり，弁韓は加羅(伽耶)諸国となる →のちに加羅(伽耶)は新羅に滅ぼされる
新羅	660年，新羅は唐と結んで百済・高句麗を滅ぼす 676年，新羅が唐との抗争の末，朝鮮半島を統一する（都は慶州） ◇律令や仏教など，唐の文化・制度を積極的に導入 　骨品制度（出身氏族により身分を5段階に区別）
高麗	918年，王建が朝鮮中部に高麗を建国（都は開城）。 936年，朝鮮半島を統一 ◇仏教を国教化，世界最古の金属活字，高麗青磁 1259年，モンゴルに服属　→14世紀，倭寇の侵入で衰退
李氏朝鮮	1392年，李成桂が李氏朝鮮を建国（都は漢陽［現ソウル］） ◇朱子学を官学にし，明の制度をとり入れて官僚制を強化 　ハングル（訓民正音）の制定，銅活字による印刷 　両班（特権身分階級）の文班と武班の官僚が政治を支配 1592年，1597年，豊臣秀吉による侵略（壬辰倭乱・丁酉倭乱） 1637年，清に服属 1876年，日朝修好条規（江華条約）により開国 1910年，韓国併合　→1919年，三・一独立運動
	第二次世界大戦
南北分断	1945年，日本による朝鮮支配が終了 ◇アメリカ，ソ連が北緯38度線を境界に南北に分け管理下に置く 1948年，大韓民国，朝鮮民主主義人民共和国成立 1950年，アメリカ，ソ連の対立を背景に朝鮮戦争勃発 1953年，休戦協定

実戦問題

1 次は古代中国に関する記述であるが、A, B, Cに当てはまるものの組合せとして最も妥当なのはどれか。【国家一般職／税務／社会人・平成25年度】

後漢が滅んだ後、華北の魏、長江下流域の呉、四川の蜀が中国を三分して争う **A** となった。魏は、屯田制を実施して農業生産の回復に努め、また、官吏登用法として **B** を制定して有能な人材を集め、華北全域を支配し、ついに蜀を併合した。しかし、実権は臣下の司馬氏に移り、司馬炎は魏にかわって晋（西晋）を建て、呉を滅ぼして中国を統一した。

しかし、 **C** が起きたことなどによって支配体制がゆるみ、華北の西・北方にいた匈奴、羯、鮮卑、羌、氏の五胡などが華北に相次いで王朝を建てた。

	A	B	C
1	三国時代	九品中正法	八王の乱
2	三国時代	九品中正法	黄巾の乱
3	三国時代	科挙	八王の乱
4	春秋時代	九品中正法	黄巾の乱
5	春秋時代	科挙	八王の乱

2 唐時代に関する記述中の空所A～Cに当てはまる語句の組合せとして、最も妥当なのはどれか。【警視庁・平成25年度】

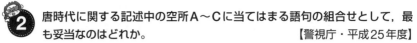

8世紀初めに即位した（ **A** ）は政治の引き締めにつとめたが、農民の間に貧富の差がひらき、没落して逃亡する農民が増えた。（ **A** ）の晩年には（ **B** ）の一族が実権をにぎり、それに対する反発から775年に（ **C** ）がおきた。

	A	B	C
1	玄宗	楊貴妃	安史の乱
2	玄宗	楊貴妃	黄巣の乱
3	則天武后	楊貴妃	安史の乱
4	則天武后	朱全忠	黄巣の乱
5	則天武后	朱全忠	安史の乱

③ 中国の宋に関する記述として，最も妥当なのはどれか。

【東京消防庁・平成20年度】

1　宋は，混乱した中国を統一するため，文人官僚による政治ではなく軍人による統治を行った。

2　宋は，官吏登用法の中心として新たに科挙を開始し，殿試によって，君主と官僚のあいだのつながりを強調した。

3　宋の時代には，形勢戸と呼ばれる経済力のある新興地主層の人々が，貴族にかわり新しく勢力を伸ばした。

4　宋の時代には貨幣経済が発展し，銅銭のほか金銀も地金のまま用いられたが，紙幣はまだ用いられなかった。

5　宋の時代には都市商業の繁栄を背景に官僚文化が発展し，この官僚層によって全真教が道教の革新をとなえておこった。

④ モンゴル帝国の歴史に関する記述として，最も妥当なのはどれか。

【警視庁・令和元年度】

1　ウイグルの滅亡後，統一勢力のなかったモンゴル高原で勢力をのばしたモンゴル部族のチャガタイ＝ハンは，諸部族を統一してモンゴル帝国を形成した。

2　オゴタイ＝ハンの死後に即位したチンギス＝ハンは，カラコルムに都を建設し，金を滅ぼして華北を支配下に置いた。

3　東方の支配に乗り出したフビライ＝ハンは都を大都に定めた後に，国名を中国風に元と称し，ついで南宋を滅ぼして中国全土を支配した。

4　モンゴル帝国の成立により東西の交通路が整備され，文化交流が盛んとなり，大都に来て元に仕えたコロンブスの「世界の記述」はヨーロッパで反響を呼んだ。

5　14世紀半ば頃からの内紛による政権の動揺やモスクワ大公国の勢力拡大を背景に，モンゴル帝国は急速におとろえ始め，清軍によって大都を奪われた元はモンゴル高原に退いた。

5 明または清に関する記述として，妥当なのはどれか。

【東京都・平成26年度】

1 ヌルハチは，白蓮教徒が起こした紅巾の乱を指導し，唐の勢力を中国から追放し，明を建てた。

2 永楽帝は，鄭和に明への朝貢を促す南海遠征を命じ，鄭和は，艦隊を率いて東南アジア，インド洋に遠征を行った。

3 林則徐は，農民の反乱を率いて明を滅ぼし，北京を首都とする清を建て，租税台帳や土地台帳をつくらせた。

4 袁世凱は，道光帝によって広州に派遣され，イギリス商人による清からインドへのアヘン密輸出を取り締まった。

5 孫文は，清朝打倒を掲げて蜂起し，南京を首都とする太平天国を樹立したが，清軍に敗れて日本に亡命した。

6 東南アジアの歴史に関する記述として最も妥当なのはどれか。

【中途採用者・平成23年度】

1 古くからインド商人の往来があったジャワ島に成立したアユタヤ朝では，ヒンドゥー教が国教とされ，スマトラ島に成立したイスラーム国家のパガン朝と対立した。

2 17世紀になると，オランダが東インド会社を設立してアジアに進出し，香辛料貿易の実権を握った。また，アンボイナ事件を機にイギリス勢力をインドネシアから追い出した。

3 19世紀になると，帝国主義諸国の世界進出により東南アジアの多くの国が植民地となった。フィリピンは日本，ビルマはフランス，タイはイギリスによりそれぞれ支配された。

4 仏領インドシナで独立運動を指導していたホー＝チ＝ミンは，1945年にベトナム民主共和国の建国を宣言し，フランスもこれを認めたが，内乱により国は東西に分断された。

5 1967年にタイ，マレーシア，カンボジア，シンガポールの4か国が経済，文化，社会について相互協力を行うことをめざし，APECを結成した。

次の文は，中国の革命に関する記述であるが，文中の空所A～Cに該当する語の組合せとして，妥当なのはどれか。　【特別区・平成22年度】

1911年，清朝は鉄道を国有化し，それを担保に外国から借款を得ようとしたが，これが国民の怒りをよび，1911年10月，武昌で軍隊が蜂起(ほうき)して　A　が起こった。革命はたちまち広がり，1912年1月には南京に　B　を臨時大総統とする　C　が成立した。

	A	B	C
1	辛亥革命	孫文	中華民国
2	辛亥革命	蔣介石	中華民国
3	辛亥革命	毛沢東	中華人民共和国
4	文化大革命	蔣介石	中華民国
5	文化大革命	毛沢東	中華人民共和国

8 朝鮮の王朝に関する記述A，B，Cのうち，妥当なもののみを全て挙げているのはどれか。　【国家一般職／税務／社会人・平成27年度】

A：4世紀頃から，高句麗・百済・新羅の三国が互いに勢力を広げようと争ったが，日本のヤマト政権の支援を受けた高句麗が，百済・新羅を滅ぼし，7世紀に統一国家を作った。

B：10世紀には，高麗が朝鮮半島を統一した。高麗では仏教が栄え，高麗版『大蔵経』が刊行されたほか，高麗青磁や金属活字が作られた。

C：14世紀には，李舜臣が高麗を滅ぼして，李氏朝鮮を建国した。李氏朝鮮は明との冊封関係を解消し，皇帝の下に六部と呼ばれる行政機関を置くなど独自の政治体制を築いた。

1 A
2 A，B，C
3 A，C
4 B
5 C

1 三国時代から晋の時代までの，基本的な時代・出来事の名称が問われている。名称を正確に覚えておくことがポイント。

  A 魏，呉，蜀が並び立った時代を**三国時代**という。220〜280年のことである。春秋時代は，周の時代の前770年から「戦国の七雄」がそろう前403年までをいう。それ以後，秦による統一までを戦国時代という。

  B **九品中正法**（九品中正ともいう）である。これは，地方の役人（中正官）が人物を九品（九等）に分けて推薦するものである。科挙は，隋の時代に始まった官吏登用法で，学科試験で官吏を選ぶ方法をいう。

  C 晋の内部で起きた帝位をめぐる争いは，**八王の乱**である。司馬氏一族の八人の王による内乱で，290〜306年の間続いた。八王は兵力として周辺の遊牧諸民族（五胡）を用いたため，五胡の勢力が伸びていった。黄巾の乱は，184年に太平道（宗教結社）の創始者張角が起こしたもの。これに呼応して各地に反乱が起こり，後漢が滅ぶことになった。

  したがって，**1**が正しい。

  ☞確認しよう ➡古代中国の王朝の興亡　　　　　　　**正答 1**

2 唐（618〜907年）は，制度が整備され，文化も花開いた時代である。その盛衰を，おもな皇帝の政治をたどりながら答える。

  A **玄宗**である。その治世の初期には，「開元の治」と呼ばれる唐の最盛期をもたらした。則天武后は3代皇帝高宗の后だったが，高宗の死後皇位についた中国史上唯一の女性皇帝。

  B **楊貴妃**である。玄宗は後年，楊貴妃を寵愛したため，その一族に実権を握られ，政治は混乱した。朱全忠は，塩の密売人による黄巣の乱に加わったが，のちに唐にくだって乱の鎮圧に寄与。そして節度使となり，唐の帝位を奪った。

  C **安史の乱**である。楊貴妃の一族が実権を握ったことに対する反発から，節度使の安禄山とその部下の史思明が反乱を起こしたもの。黄巣の乱は，塩の密売人黄巣が起こした反乱である（875〜884年）。

  したがって，**1**が正しい。

  ☞確認しよう ➡唐の盛衰　　　　　　　　　　　　　**正答 1**

③ 宋の時代の特徴の1つは，文治主義である。これをよく理解しておくと，かなりの範囲まで判断できる。

1 × 「文人官僚」と「軍人」が逆。宋は**文治主義**をとり，地方の節度使らの勢力を抑えようとした。

2 × 科挙は隋，唐の時代にも行われていたので，「新たに」とは言えない。なお，殿試とは，皇帝が試験官となって宮中で行う最終試験のこと。科挙によって，士大夫が官界に進出することになる。

3 ◎ 正しい。

4 × 宋の時代には，交子・会子と呼ばれる紙幣が使われた。これはもとは手形として使われたものである。

5 × 宋の官僚層は禅宗を支持した。全真教は，金が統治する華北で，王重陽が開いた道教教団の一派である。

☞確認しよう ➡宋の諸制度と新勢力 　　　　　正答 3

④ モンゴル帝国はユーラシア大陸の東西をまたにかけた大帝国であり，各ハン国のその地域におよぼした影響に注意したい。

1 × モンゴル諸部族を統一したのはテムジンである。1206年，チンギス=ハンを名のり大モンゴル国（モンゴル帝国）を樹立した。

2 × チンギス=ハンの後に即位したのがオゴタイ=ハンである。オゴタイは1232年に金を滅ぼし，1235年にカラコルムを都とした。

3 ◎ フビライ=ハンは第5代。大都（現在の北京）に都を定め，国名を中国風に元と定めた。

4 × 大都に来てフビライに仕えたのはコロンブスではなくマルコ=ポーロである。「世界の記述」は，いわゆる「東方見聞録」である。

5 × 紅巾の乱で頭角を現した貧農出身の朱元璋が南京を占領して明を建て，次いで大都（北京）を奪い，元をモンゴル高原に追った（1368年）。

☞確認しよう ➡モンゴル帝国の版図 　　　　　正答 3

第2章

世界史

⑤ 明，清の成立とそれにかかわる人物が中心に問われている。個々の人物，事柄を確かな知識として持っているかどうかがカギ。

1 ✕ ヌルハチは**朱元璋**の誤り。また，唐は**元**の誤り。朱元璋は1368年に南京で皇帝となり，明を建てた。洪武帝である。ヌルハチは女真の諸部族を従え，金（後金）を建国して都を瀋陽においた人物。

2 ◎ 正しい。永楽帝は首都を北京に移し，積極的な対外政策をとった。

3 ✕ 林則徐は**李自成**の誤り。李は呉三桂・清の連合軍に敗れ自殺した。国号を清と改めたのはヌルハチの子の**ホンタイジ**，首都を北京に移したのは**順治帝**で，租税台帳や土地台帳は明代の特記事項である。

4 ✕ 袁世凱は**林則徐**の誤り。「清からインドへ」は「**インドから清へ**」の誤り。このアヘン貿易によってアヘン戦争が起こった。

5 ✕ 孫文は**洪秀全**の誤り。太平天国が敗れたのは**義勇軍（郷勇）**によってであり，洪秀全は南京陥落直前に死亡した。

☞確認しよう ➡ 明，清の成立と主要人物　　　　　　　　　　正答 **2**

⑥ 14世紀から現代に至る東南アジアの歴史が問われている。王国の興亡，ヨーロッパの進出などを押さえておくこと。

1 ✕ アユタヤ朝（1351〜1767年）はジャワ島ではなくタイのアユタヤを都とするタイ人の王朝。また，パガン朝（1044〜1299年）はスマトラ島ではなくビルマで，ビルマ人が建てた最初の統一王朝。いずれも上座部仏教の国である。

2 ◎ 正しい。

3 ✕ フィリピンは**スペイン**に，ビルマは**イギリス**に支配された。タイは東南アジアで唯一植民地化を回避した国である。

4 ✕ ホー＝チ＝ミンによるベトナム民主共和国の独立宣言をフランスは認めず，**インドシナ戦争**となった。敗れたフランスは民主共和国と休戦協定を結び，その結果，ベトナムは南北に分断された。

5 ✕ 1967年に結成されたのは**ASEAN**である。参加国はインドネシア，マレーシア，フィリピン，シンガポール，タイの5か国。

☞確認しよう ➡ 14世紀以降の東南アジアの動き　　　　　　正答 **2**

⑦ 約300年続いた清朝末期の出来事についての問いである。国内における対立，革命をつかんでおく。

A 1911年10月に起こったのは**辛亥革命**である。清朝政府による鉄道の国有化策に対し，民営をもくろんでいた民族資本家たちが猛反発。これに呼応して，湖北省の武昌で軍隊内の革命派が蜂起したことが始まりである。

B 臨時大総統は**孫文**である。孫文は革命運動を指導し，2度蜂起を企てたが失敗。辛亥革命時はアメリカにいたが，すぐ帰国。総統選挙で臨時大総統に選ばれた。

C 南京で成立したのは**中華民国**である。辛亥革命で，清朝の大半の省が独立を宣言し，1912年1月に中華民国の建国が宣言された。中華民国はアジアで最初の共和国である。

したがって，**1**が正しい。

📌**確認しよう** ➡清朝末期の革命と新政府　　　　　　　　　正答 **1**

⑧ 朝鮮王朝の成立と主な出来事については，基本的なことが問われる。通史の形が多いことに注意しよう。

A 高句麗，百済，新羅の三国が並び立った時代を三国時代という。高句麗ではなく**新羅**が，唐と結んで百済，高句麗を滅ぼし，676年に朝鮮半島を統一した。日本のヤマト政権の支援を受けたのは百済である。ヤマト政権は滅亡した百済の復興支援のため軍を派遣したが，白村江の戦いで唐・新羅の連合軍に敗れた（663年）。

B 正しい。高麗は王建が918年に建てた王朝で，936年に朝鮮半島を統一した。

C 李氏朝鮮は，李舜臣ではなく**李成桂**によって1392年に建てられた。李氏朝鮮は，明を宗主国とする**冊封関係**（君臣関係）を結んだ。「皇帝の下に」以下の記述は明についてのもの。なお，李舜臣は，豊臣秀吉の朝鮮侵略に対し，朝鮮水軍を指揮して戦った武将である。

したがって，**4**が正しい。

📌**確認しよう** ➡朝鮮の各王朝の成立と治政　　　　　　　　正答 **4**

重要問題

　アジアおよびその周辺の歴史に関する記述として，妥当なのはどれ
か。　　　　　　　　　　　　　　　　　　　【地方初級・平成30年度】

1　ロシアでは15世紀にモスクワ大公国が力を伸ばし，16世紀に入る
　　と，アッバース1世が帝国の拡大を図った。

2　オスマン帝国はムガル帝国を滅ぼすと，新首都イスファハーンを中
　　心に交易が盛んとなり，イヴァン4世（雷帝）のときに最盛期を迎え
　　た。

3　16世紀初めにティムールの子孫のアクバルが，ビザンツ帝国を建
　　国し，第3代のバーブルは北インドからアフガニスタンまで広大な領
　　域を支配した。

4　ムガル帝国第6代のアウラングゼーブは，イスラーム中心の政策を
　　とったため，これに反発するマラーター王国が抵抗し，シク教徒が反
　　乱をおこした。

5　16世紀にイランで成立したサファヴィー朝は，スレイマン1世のと
　　きに最盛期を迎え，首都イスタンブルは賑わっていた。

解説

16〜17世紀は，アジアに広大な領土を支配する大帝国が並び
立った時代である。その成立と最盛期の皇帝の事績，そして没落
の経緯を見てゆくことが大事である。

1 ✕ 16世紀のモスクワ大公国の皇帝はイヴァン4世（雷帝，在位1533〜54年）である。モスクワ大公国はイヴァン3世（在位1462〜1505年）の時代にキプチャク=ハン国の支配（タタールの軛）から脱し（1480年），彼は最後のビザンツ皇帝の姪と結婚してローマ帝国の後継者を自称し，ツァーリ（皇帝）の称号を使用した。その孫がイヴァン4世で，正式に全ロシアの皇帝を称し，領土を拡大した。

2 ✕ オスマン帝国が滅ぼしたのはビザンツ帝国である（1453年）。コンスタンチノープルを新首都とし（イスタンブル），スレイマン1世の時代に最盛期を迎え，ウィーンを包囲してヨーロッパに脅威を与えた（第1次，1529年）。

3 ✕ ティムールの子孫のバーブルが，北インドに進出してムガル帝国を建国し（1526年），第3代のアクバルが首都をデリーからアグラに移して，北インドからアフガニスタンまでの広大な領土を支配した。

4 ◎ アウラングゼーブはムガル帝国の最大版図を築いた皇帝であるが，厳格なスンナ派イスラーム信仰を強制し，アクバルの時に廃止された，非イスラーム教徒に対する人頭税を復活し，ヒンドゥー教徒やシク教徒などを圧迫した。

5 ✕ サファイヴィー朝はアッバース1世（在位1587〜1629年）の時イスファファーンを建設して新首都とし，「イスファファーンは世界の半分」と言われるほど繁栄した。

☞確認しよう　➡オスマン帝国・サファヴィー朝・ムガル帝国の版図

正答 **4**

FOCUS

13世紀以降の西・南・東南アジアのその他の王朝，王国としては，次のようなものがある。目を通しておこう。
・1258年　イラン・イラクでイル=ハン国建国
・1293年　インドネシアでマジャパヒト王国建国
・1351年　タイでアユタヤ朝成立
・1428年　ベトナムで黎朝成立
・1531年　ミャンマーでタウングー（トゥングー）朝成立

重要ポイント 1 同時代史

戦争の結果・国の興亡と人物・地名などを組み合わせる問題が出される。また，同時期の東西で起きたことも確認しておこう。

前5世紀	アテネで民主制。仏教成立。中国の戦国時代。孔子
前4世紀	アレクサンドロスの東方遠征。インドでマウリヤ朝成立
前3世紀	ヘレニズム時代。アショカ王の仏教保護。秦の始皇帝
前2世紀	グラックス兄弟の改革。漢の武帝。シルクロード
前1世紀	ローマ，地中海世界を統一，帝政へ。司馬遷
1世紀	キリスト教成立。クシャーナ朝成立。後漢の光武帝
2世紀	五賢帝時代。カニシカ王の仏教保護。ガンダーラ美術
3世紀	ローマ軍人皇帝時代。ササン朝ペルシア。中国の三国時代
4世紀	キリスト教公認。ゲルマン人大移動。五胡十六国時代
5世紀	西ローマ帝国滅亡。フランク王国。中国に南北朝
6世紀	ユスティニアヌス帝。ササン朝最盛期。隋の中国統一
7世紀	イスラム教成立。唐の建国。貞観の治。新羅の朝鮮統一
8世紀	聖像禁止令。イスラム帝国全盛。玄宗。安史の乱
9世紀	イングランド統一。フランク王国分裂。黄巣の乱
10世紀	神聖ローマ帝国。宋の成立。高麗の成立
11世紀	カノッサ事件。第1回十字軍。セルジューク朝。西夏建国
12世紀	教皇権全盛。アンコール・ワット。金の建国
13世紀	マグナ・カルタ。モンゴル帝国。マルコ=ポーロ。元建国
14世紀	フランス三部会。百年戦争。教会の大分裂。イタリアでルネサンス。明の成立。李氏朝鮮の成立
15世紀	ジャンヌ=ダルク。バラ戦争。スペイン王国。大航海時代
16世紀	宗教改革。インカ帝国滅亡。イギリス，無敵艦隊を破る。オスマン帝国全盛。ムガル帝国。イギリス東インド会社の成立
17世紀	ピューリタン革命，名誉革命。ロマノフ朝。清の建国
18世紀	アメリカ独立戦争。フランス革命。産業革命。清の乾隆帝
19世紀	アメリカ南北戦争。ドイツ帝国成立。アヘン戦争。清仏戦争
20世紀	第一次世界大戦。清滅亡 第二次世界大戦。キューバ危機。ドイツ統一。中華人民共和国建国

第2章

世界史

重要ポイント❷　東西交渉史

 各時期の文化交流の内容とその経路が問われる。東西交通路には，草原の道（最も古い交通路で，金の道とも呼ばれた），オアシスの道（シルク・ロード），海の道（陶磁の道，香料の道とも呼ばれ，イスラム商人の活躍で東西の主要交通路となる）がある。文化交流がどの道を通って行われたか整理しておきたい。

前4世紀	アレクサンドロスの遠征　→ヘレニズム（東西文化の融合）
	→後に仏教と結びつき，ガンダーラ美術　→中国・朝鮮・日本へ
前2世紀	漢の武帝が張騫を西域に派遣（前139年）　→シルク・ロードの成立
1世紀	中国に仏教伝来。後漢の班超の使者甘英の西方派遣（97年）
2世紀	大秦王安敦（ローマ皇帝マルクス＝アウレリウス＝アントニヌス）の使者が海路を経て日南（ベトナム）を訪問（166年）
4世紀	西域の僧仏図澄が洛陽へ（310年）。法顕がインドへ（399年）
5世紀	西域の僧鳩摩羅什が長安へ（410年）
6世紀	中国の養蚕技術がビザンツ帝国へ。ゾロアスター教が北魏に伝来
7世紀	景教（ネストリウス派），マニ教，イスラム教が唐に伝来
8世紀	タラス河畔の戦い（751年）を機に唐の製紙法がイスラムへ
	→12世紀には西欧へ
12世紀	このころ羅針盤，火薬がイスラムへ　→西欧へ
13世紀	ローマ教皇の使者プラノ＝カルピニがカラコルムへ（1245〜47年）。モンテ＝コルヴィノが元にカトリックを伝道（1294年）。マルコ・ポーロが元に到り（1275年）フビライに仕える。『世界の記述』。イスラムの地理・天文・医学が中国へ
14世紀	イブン＝バットゥータ『三大陸周遊記』
15世紀	明の永楽帝が鄭和の艦隊を南海諸国へ派遣（1408〜33年）
16世紀	イエズス会のマテオ＝リッチが明で伝道（中国初の世界地図『坤輿万国全図』）。ザビエルの来日（1549年）
17世紀	アダム＝シャールが明で伝道，暦法や大砲鋳造を紹介（1622〜66年）
18世紀	ルイ14世がブーヴェを清に派遣（1687年），『皇輿全覧図』作成。18世紀にかけ，フランスで中国ブーム
	カスティリオーネが清に（1715年），円明園を設計，西洋画を紹介

実戦問題

① ヨーロッパ世界におけるローマ帝国とキリスト教の関係に関する記述として最も妥当なのはどれか。　【国家Ⅲ種・平成18年度】

1 キリスト教徒は歴代のローマ皇帝に迫害されたが，あらゆる階層で信者が増加したため，4世紀に皇帝オクタヴィアヌスがミラノ勅令を発し，キリスト教を公認した。

2 ローマ帝国は4世紀に東西に分裂したが，西ローマ帝国は，イスラム国家であるオスマン帝国に数度にわたって十字軍を派遣した結果，国力が衰え，5世紀に滅亡した。

3 ビザンツ帝国（東ローマ帝国）では，皇帝が政治・宗教の最高の地位にあり，ユスティニアヌス帝の時代に，首都コンスタンティノープルに聖ソフィア聖堂が建てられた。

4 ローマ教会はビザンツ皇帝（東ローマ皇帝）に従属していたが，ローマ教皇はブルボン王朝のルイ14世にローマ皇帝の帝冠を授け，ビザンツ皇帝から自立した。

5 ローマ教会は，8世紀にマルティン＝ルターが主張した聖像崇拝禁止令をめぐってギリシア正教会との対立が深まったので，フランク王国との結びつきを強化した。

② ユーラシア大陸の東西交流のうえで大きな役割を果たした3つの交易路に関するア〜エの記述のうち，正しいものの組合せは，次のうちどれか。

【地方初級・平成12年度】

ア 草原の道を通り東西にわたって活躍したのは遊牧騎馬民族であり，その始祖は紀元前6世紀のウイグル民族であった。

イ 東西の中継貿易で発達したオアシスの道は，漢代から中国の生糸や絹が大量に西方へ運ばれたため，絹の道（シルクロード）と呼ばれた。

ウ 海の道は南インドが貿易の中心をなしていたが，8世紀頃からイスラム教徒が進出し，東南アジアにイスラム教が広まることとなった。

エ 元代には海の道を利用してマルコ・ポーロをはじめ多くの西方人が中国へやってきて，色目人として活躍した。

1 ア，イ，エ
2 ア，ウ
3 ア，エ
4 イ，ウ
5 イ，ウ，エ

3 次のA～Cは，ヨーロッパの遠隔地貿易に関する記述であるが，これらを古いものから年代順に並べたものとして，妥当なのはどれか。

【地方初級・平成27年度】

A　オランダはバルト海での中継貿易で富を蓄え，東インド会社を設立して東南アジアにまで進出した。

B　ポルトガルはインド航路の開拓に成功し，香辛料の直接取引を行い莫大な利益を王室にもたらした。

C　イギリスは毛織物の原料である羊毛をフランドルに輸出して，ロンドンは北海貿易の中心として繁栄した。

1　A→B→C
2　A→C→B
3　B→A→C
4　C→A→B
5　C→B→A

4 イスラーム世界に関する記述として，妥当なのはどれか。

【地方初級・令和2年度】

1　ムハンマドの死後スレイマン1世がひらいたウマイヤ朝では，アラブ人でなくてもムスリムであれば平等に扱う体制を確立した。

2　アッバース朝では，海路や陸路の交通網が整備され，バグダードは商業・文化の中心都市として栄え，第5代カリフのハールーン＝アッラシードの時代に全盛期を迎えた。

3　アッバース朝が衰え始めると各地で諸民族の自立が相次ぎ，イベリア半島ではファーティマ朝が，北アフリカでは後ウマイヤ朝が成立した。

4　13世紀，ムスリムとなったトルコ系遊牧民はアッバース朝をほろぼし，イランを中心とした地域にセルジューク朝を建国した。

5　十字軍から聖地イェルサレムを奪回したサラディンが北アフリカに建国した王朝は，トルコ系やスラヴ系の奴隷軍人（マムルーク）を重用したため，マムルーク朝と呼ばれる。

⑤ 米国の大統領に関する記述として最も妥当なのはどれか。

【国家一般職／税務／社会人・令和2年度】

1 フランクリン＝ローズヴェルトは，第二次世界大戦後に，共産主義に対抗するためにギリシアとトルコに軍事援助を与えて，ソ連に対する封じ込め政策を行った。

2 ケネディは，朝鮮戦争において原子爆弾の使用を主張した連合国軍最高司令官のマッカーサーを更迭したが，彼の更迭に不満を抱く勢力によって暗殺された。

3 ニクソンは，ベトナム戦争に対する米国内外の反戦運動の高まりなどを背景に，パリ和平協定を結んで，ベトナムから米軍を引き揚げた。

4 レーガンは，政府支出を増加させて社会保障制度の充実を図る社会民主主義的改革を提唱し，国民皆保険を実現させた。

5 オバマは，アフリカ系アメリカ人として初めて大統領に就任した。また，彼は，ニューヨークなどで同時多発テロが発生すると，「テロとの闘い」を宣言してイラクを攻撃した。

⑥ 次のA～Eは，第二次世界大戦後に独立したアジアの国であるが，それぞれの独立した年代を古いものから新しいものへ並べた順序として，妥当なのはどれか。

【特別区・平成21年度】

A　バングラデシュ
B　マレーシア
C　インドネシア
D　ブルネイ
E　シンガポール

1　A−D−C−B−E
2　B−A−E−C−D
3　B−D−A−C−E
4　C−B−E−A−D
5　C−E−B−A−D

実戦問題●解説

1 ローマ帝国とキリスト教の関係史である。皇帝などの人物名がポイント。

1 ✕ 「オクタヴィアヌス」はコンスタンティヌスの誤り。

2 ✕ 西ローマ帝国は，ゲルマン人傭兵隊長のオドアケルに滅ぼされた。

3 ◎ 正しい。聖ソフィア聖堂は537年に完成した。

4 ✕ 「ブルボン王朝のルイ14世」はフランク王国のカール大帝の誤り。

5 ✕ 「マルティン=ルターが主張」はビザンツ皇帝レオン3世が発布の誤り。この禁止令で東西教会の対立はより深まった。

☞確認しよう ➡ローマ帝国と教会の関係　　　　　　　　　　**正答 3**

2 東西の地域世界を最短距離で結ぶ「オアシスの道」を通って絹が運ばれた。

　ア　遊牧騎馬民族の始祖は，紀元前6世紀のスキタイ民族である。

　イ　正しい。西方からは宝石・ガラス器・織物などがもたらされた。

　ウ　正しい。イスラム商人による交易拡大に伴い，イスラム教が浸透した。

　エ　元の時代にはマルコ=ポーロら多くの西方人は，オアシスの道を利用して中国へやってきた。なお，ヨーロッパ人（西方人）は色目人である。

　したがって，**4**が正しい。

☞確認しよう ➡「草原の道」「オアシスの道」「海の道」　　　**正答 4**

3 遠隔地貿易は11～12世紀に始まる。交通の発達，航路の開拓などの背景がポイント。相互の地域と貿易品もヒントになる。

　A　オランダがバルト海での中継貿易で豊かになり，貿易圏を東南アジアにまで広げようと東インド会社を設立したのは1602年のことである。

　B　ヴァスコ=ダ=ガマが，ポルトガル王室の事業としてインド航路を開拓したのは1498年。王室は香辛料の直接取引で莫大な利益を得た。

　C　十字軍の影響などで，11～12世紀にヨーロッパは遠隔地貿易が発達した。ロンドンは，北ヨーロッパ商業圏の北海貿易の中心として栄えた。

　したがって，**5**が正しい。

☞確認しよう ➡ヨーロッパの遠隔地貿易　　　　　　　　　　**正答 5**

④ アッバース朝は非アラブ人でもムスリムであれば平等に扱われる体制を確立し，イスラーム帝国と呼ばれる。

1✕ ウマイヤ朝（661〜750年）は，シリア総督ムアーウィアが開いた王朝。ムスリムの平等を確立したのはアッバース朝（750〜1258年）である。

2◎ 正しい。ハールーン＝アッラシードは在位786〜809年。

3✕ ファーティマ朝（909〜1171年）と後ウマイヤ朝（756〜1031年）が逆である。

4✕ アッバース朝を滅ぼしたのはモンゴル軍である（1258年）。

5✕ サラディンが建てたのはアイユーブ朝（1169〜1250年）で，アイユーブ朝を倒したのがマムルーク朝（1250〜1517年）である。

☞確認しよう ➡カリフ，スルタン，シーア派，スンニ派　　　**正答 2**

⑤ 20世紀の覇権国家アメリカの外交は世界史そのもの。冷戦下と冷戦後，そして21世紀を区分して理解すること．

1✕ 「封じ込め政策」を行ったのはトルーマンである。

2✕ 朝鮮戦争でマッカーサーを更迭したのもトルーマンである。

3◎ 妥当である。

4✕ レーガンの政策は，社会福祉予算を削減して政府支出を抑える「小さな政府」を目指す新自由主義的政策である。

5✕ 同時多発テロはブッシュ（子）の時である。また，「テロとの戦い」を宣言して攻撃したのはイラクではなくアフガニスタンである。

☞確認しよう ➡第二次大戦後のアメリカ大統領の事績　　　**正答 3**

⑥ 第二次世界大戦後のアジアでは，インドネシアの1945年の独立宣言が最初（1949年，オランダが独立を承認）。シンガポールはマレーシアから分離・独立した。この2つがポイント。

A〜Eを時代順に並べると，次のようになる。

C（1949年）－B（63年）－E（65年）－A（71年）－D（84年）

したがって，4が正しい。

☞確認しよう ➡アジア各国の独立年　　　**正答 4**

第**3**章

地　理

テーマ **1** 地形・気候

重要問題

ケッペンの気候区分に関する記述として最も妥当なのはどれか。

【国家一般職／税務／社会人・令和2年度】

1 熱帯気候は、一日中気温が高く、気温の日較差が非常に小さい。降水量も非常に少なく、乾いた黒色の土壌であるポドゾルが分布する。

2 乾燥帯気候は、地表が夜間に熱を放出するため、気温の日較差が小さい。そのうち降水量が少ない砂漠気候の地域では、常に水が利用できるワジやオアシスが人々の生活の場となっている。

3 温帯気候は、四季の変化がはっきりとしている。そのうち温暖湿潤気候は、主に大陸東岸に分布し、高緯度の地域では西岸の温帯地域とは対照的に、夏は高温で蒸し暑く、冬は寒さが厳しい。

4 冷帯気候は、気温の年較差が小さく、夏でも気温が冬と同程度である。植生の特徴として、丈の低い草原であるタイガが挙げられる。

5 寒帯気候は、気温が非常に低く、クスノキなどの一部の樹木しか育たない。地下には厚い氷の層が存在しており、永久凍土と呼ばれる。

解説

ケッペンの気候区分に関する基礎的な知識を問う問題。区分の基準を理解し、その特徴、分布、植生、土壌などを押さえよう。

ケッペンはドイツの気象学者で、植生が気温と降水量に影響されることに注目して植生分布をもとに気候区分を考えた。

1 ✕ 熱帯気候は年中高温で、最寒月の平均気温が18℃以上である。したがって、気温の年較差は小さいが、日較差は大きく、夜は「熱帯の冬」と呼ばれる。降水量は多く、午後になると毎日規則的にスコール（対流性降雨）がある。土壌は赤色のやせたラトソルが多く見られる。ポドゾルは亜寒帯（冷帯）のタイガに多い。

2 ✕ 乾燥帯気候は、降水量が蒸発量より少なく著しく乾燥する。気温の日

較差と年較差が大きいため岩石の風化が激しい。降水量の程度によっ
て，砂漠気候（年降水量250mm以下）とステップ気候（年降水量
250〜500mm）に分けられる。降雨は不規則で，大雨が降ったとき
だけ水が流れるワジ（涸れ川）が見られる。砂漠でも地下水が湧くと
ころにはオアシスがあり，集落が形成される。この気候は，無樹木で
全陸地の約4分の1を占める。

3 ◎ 正しい。

4 ✕ 冷帯（亜寒帯）気候は，北半球の高緯度に分布し，陸地の少ない南半
球には見られない。冬は長くて寒冷，夏は短いが比較的温暖であるた
め，**気温の年較差が大きい**。この気候の南部には常緑針葉樹と落葉広
葉樹の混合林が分布し，北部には**タイガ**とよばれる針葉樹林帯が広
がっている。なお，丈の低い草原はステップとよばれ，乾燥帯のス
テップ気候の地域で見られる。

5 ✕ 寒帯気候は，最暖月の平均気温が10℃未満で，夏でも冷涼なため**樹
木は育たない**。雨や雪は少ないが，気温が低いため蒸発量も少ないの
で，地表は湿潤である。冷帯のタイガや寒帯のツンドラの下層には，
永久凍土とよばれる1年中凍結した土がある。夏季に地表面の層がと
けるが，その下部は永久にとけることがない。近年は地球の温暖化に
よる永久凍土の融解が懸念されている。融解にともなって，メタンな
どの温室効果ガスが放出されるからである。

☞**確認しよう** ➡ケッペンの気候区分とその特徴

正答 3

FOCUS

温帯気候の4つの気候区の特徴をおさえて判別できるようにしておこう。
- 地中海性気候　　　大陸の西岸に分布，夏は高温少雨で乾燥，冬は偏西風
　　　　　　　　　　の影響で夏より多雨
- 温暖冬季少雨気候　夏はモンスーンの影響で高温多湿，冬は乾燥温暖
- 温暖湿潤気候　　　大陸の東岸に分布，夏はモンスーンの影響で高温多
　　　　　　　　　　雨，冬は乾燥。気温の年較差大
- 西岸海洋性気候　　大陸の西岸に分布，偏西風の影響で夏と冬の気温と降
　　　　　　　　　　水量の差が小さい

第3章

地理

要点の まとめ

平野の地形では，河川の堆積作用で出来た沖積平野がよく出題される。上流から扇状地→氾濫原→三角州の順に形成される。

扇状地	河川が山地から平地に流れ出る谷口部分に，砂礫が堆積して出来た扇型の地形。河川水は，中央部（扇央）で地下に浸透し（伏流水），扇端で湧水となる。河川は水のない水無川。甲府盆地，松本盆地
氾濫原	洪水時に河水が河道からあふれて氾濫する平地。自然堤防，低湿地（後背湿地）が形成される。石狩川下流域
三角州（デルタ）	砂泥が河口付近に堆積されて出来た低湿な平地。水はけが悪く，洪水や高潮の被害を受けやすい。ナイル川，ミシシッピー川，太田川

重要ポイント **2** **海岸の地形（沈水海岸）**

海岸の地形は，沈水海岸，離水海岸に大きく分類される。特に沈水海岸のフィヨルド，リアス海岸，エスチュアリーが最重要。

フィヨルド	U字谷に海水が進入して形成された入江。ノルウェー西岸，チリ南部，ニュージーランド
リアス海岸	V字谷を持つ山地が沈水した鋸状の海岸。入江の奥は良港。三陸海岸，志摩半島，若狭湾，スペイン北西岸，エーゲ海岸
エスチュアリー（三角江）	河口部が沈水して生じたラッパ状の入江。入江の奥は都市が発達。テムズ川，セーヌ川，ラプラタ川，エルベ川

重要ポイント **3** **特殊な地形**

特殊な地形のうち，氷河地形，カルスト地形，サンゴ礁の特徴を問う出題は多い。

氷河地形	カール（圏谷）：山岳氷河によって半椀状に浸食された地形 U字谷：氷河が浸食してできた氷食谷。断面U字型 モレーン（堆石）：氷河が運搬した土砂が堆積して形成
カルスト地形	石灰岩が水に溶かされてできた溶食地形。ドリーネ→ウバーレ→ポリエの順に拡大。スロベニアのカルスト地方，秋吉台
サンゴ礁	サンゴ虫など造礁生物の遺骸や分泌物が作り上げた石灰質の岩礁。裾礁→堡礁→環礁

重要ポイント **4** **気候**

気温・風・降水量が3大気候要素。気候要素は緯度・地形・海抜高度・海流・海から隔たっている度合い（隔海度）などの気候因子によって影響される。

■年較差（ねんかくさ）と日較差（にちかくさ）

	年較差が大	年較差が小	日較差が大	日較差が小
地域	大陸性気候地域（比熱が小：暖まりやすく，冷めやすい）	海洋性気候地域（比熱が大：暖まりにくく，冷めにくい）	大陸性気候地域（乾燥した内陸部や砂漠）	海洋性気候地域（海岸地方）
緯度	高緯度（夏と冬との日射量が著しく異なる）	低緯度		
大陸	東岸（偏西風帯（へんせいふうたい）の影響で，大陸の特色を持つ）	西岸（偏西風帯の影響で，海洋の特色を持つ）		

注）年較差は1年の最暖月平均気温と最寒月平均気温との差，日較差は1日の最高気温と最低気温との差。

■風

風の種類	風の吹く方向	
貿易風	中緯度（亜熱帯）高圧帯→赤道低圧帯　東→西	
偏西風	中緯度（亜熱帯）高圧帯→高緯度（亜寒帯）低圧帯　西→東	
季節風（モンスーン）（夏と冬で風向きが反対になる）	夏	海洋（高圧部）→大陸（高温で低圧部）／水蒸気が多く，多雨
	冬	大陸（低温で高圧部）→海洋（低圧部）／水蒸気が少なく，乾燥
地方風	フェーン，ボラ，シロッコ，ブリザード，ミストラル，やませ	

■降水量

降水量が多い	赤道低圧帯　高緯度（亜寒帯）低圧帯	低圧部に吹き込む風は上昇気流となり，水蒸気を含んだ風で，雨になる。
降水量が少ない	中緯度（亜熱帯）高圧帯　極高圧帯	高圧部から吹き出す風は下降気流となり，乾燥した風になる。

ドイツの気象学者ケッペンが分類した世界の気候区分で，出題頻度は高い。各気候区のハイサーグラフを読み取る問題も出されるので，その特徴をつかんでおこう。

気候区	特徴	分布	植生	土壌
熱帯雨林気候(Af)	年中高温多雨・スコール 気温の年較差小	赤道付近・東南アジアの島々・アマゾン川流域	常緑広葉樹の熱帯雨林 マングローブ	ラトソル (ラテライト)
熱帯モンスーン気候（Am）	モンスーンの影響で弱い乾季	インドシナ半島アマゾン川河口付近	Afとほぼ同じ	ラトソル 黄赤色土
サバナ気候（Aw）	雨季と乾季が明瞭 気温の年較差小	リャノ・カンポ・グランチャコ	丈の高い草原・疎林・さとうきび，コーヒー，綿花などの栽培	ラトソル 赤色土 レグールテラローシャ
砂漠気候（BW）	年降水量250mm未満 気温の日較差大	回帰線付近	オアシス以外は植生なし なつめやし	砂漠土
ステップ気候（BS）	長い乾季と短い雨季	砂漠の周辺	ステップ 小麦の栽培	チェルノーゼム(黒土) 栗色土
地中海性気候（Cs）	夏：高温少雨・中緯度（亜熱帯）高圧帯→乾燥 冬：温暖多雨・偏西風帯	地中海沿岸カリフォルニアチリ中部	オリーブ・コルクがしなどの硬葉樹	テラロッサ
温暖冬季少雨気候（Cw）	夏：高温多雨（モンスーン） 冬：温暖少雨	華南 アフリカ中南部	常緑広葉樹（照葉樹）	赤色土 黄色土
温暖湿潤気候（Cfa）	四季が明瞭　年較差大 夏：高温多雨・湿度高い 冬：低温少雨・乾燥	日本・北アメリカ南東部・南アメリカ南東部	常緑広葉樹・落葉広葉樹・針葉樹	褐色森林土 パンパ土 プレーリー土
西岸海洋性気候（Cfb）	気温・降水量の年較差小 夏：冷涼 冬：温暖	西ヨーロッパ ニュージーランド	落葉広葉樹（ブナ・カシワ）	褐色森林土

気候区	特徴	分布	植生	土壌
亜寒帯湿潤気候（Df）	気温の年較差大 年中降水	シベリア西部 北アメリカ北部	タイガ 混合林	ポドゾル
亜寒帯冬季少雨気候（Dw）	気温の年較差大 冬：シベリア高気圧の影響で寒冷乾燥	中国東北部 シベリア東部	タイガ	ポドゾル
ツンドラ気候（ET）	夏のみ0℃以上・年中寒冷・年降水量少	北極海沿岸	夏にこけ類，地衣類	ツンドラ土
氷雪気候（EF）	最暖日の平均気温0℃未満 降水量小　年中凍結	グリーンランド内陸部 南極大陸	ほとんど植生なし	―
高山気候（H）	年中常春　日較差大	アンデス チベット	疎林・草原	礫砂漠状

第3章

地理

重要ポイント **6** **海流**

わが国周辺の海流だけでなく，世界の海流について，その方向や暖流，寒流の区別などが問われる。大気の循環との関係も重要。

●海流の方向

地球の自転で遠心力の最も働く赤道付近を中心に，北半球では時計回り，南半球では反時計回りである。

●暖流と寒流

暖流は低緯度地方から高緯度地方へ，寒流は高緯度地方から低緯度地方へ流れる。

北半球	暖流	大陸の東沿いを北上	日本海流（黒潮）　対馬海流 メキシコ湾流　北大西洋海流
	寒流	大陸の西沿いを南下	カリフォルニア海流　リマン海流 カナリア海流　千島海流（親潮）
南半球	暖流	大陸の東沿いを南下	東オーストラリア海流 ブラジル海流
	寒流	大陸の西沿いを北上	ペルー（フンボルト）海流 ベングラ海流

実戦問題

1 地形に関する記述として最も妥当なのはどれか。

【国家一般職／税務／社会人・平成29年度】

1 日本各地の平野には，洪積台地と呼ばれる小高い台地が見られる。また，台地の縁辺は河川によって侵食され，河岸段丘になることもある。

2 河川の河口付近では，上流から運ばれた細かい砂や泥が堆積して，砂州ができる。また，その背後は自然堤防となり，古くから水田に利用されている。

3 海岸では，砂浜海岸と岩石海岸が見られる。岩石海岸の中には，波が岩を削ってできた平坦な地形が地殻変動により隆起して陸上に現れ，それが複数連なるリアス海岸がある。

4 氷河は山岳氷河と大陸氷河に分けられる。大陸氷河による侵食ではU字谷やドリーネが形成され，U字谷が海面の下降により隆起すると，フィヨルドになる。

5 乾燥地域では，岩石の溶食により砂漠が形成される。砂漠では普段は水がないが，まれな降雨のときだけ水が流れる谷が多く，この谷はカールと呼ばれる。

2 平野の分類に関する記述中の空所A～Dに当てはまらない平野の名称として，最も妥当なのはどれか。 【警視庁・平成26年度】

世界の平野は，その形成原因により侵食平野，（ **A** ）などに大きく分類できる。（ **A** ）には洪積台地のほかに（ **B** ）や（ **C** ）などがあり，その規模は侵食平野に比べるときわめて小さい。（ **B** ）は肥沃で生産活動の盛んな場であり，（ **D** ），扇状地，自然堤防，後背湿地，三角州などの地形がみられる。

1 海岸平野
2 沖積平野
3 堆積平野
4 谷底平野
5 構造平野

気候に関する記述として，最も妥当なのはどれか。

【警視庁・平成29年度】

1　ステップ気候は，砂漠気候区に隣接し，一年中，亜熱帯高圧帯の影響を受けるため，年降水量が250mm未満と非常に少なくなる。

2　サバナ気候は，熱帯雨林気候区より高緯度側に分布し，一年中降水量が多くて気温が高く，午後にはスコールに見舞われることもある。

3　熱帯モンスーン気候は，赤道付近の低緯度で熱帯雨林気候区に隣接し，短く弱い乾季が見られ，アジアでは季節風（モンスーン）の影響が強い地域に分布する。

4　砂漠気候は，中緯度の大陸内部などに分布し，亜熱帯高圧帯の影響による乾季と降水量がやや多くなる雨季があり，年降水量が250 〜 750mmとなる。

5　熱帯雨林気候は，ほとんどが赤道周辺に分布し，熱帯収束帯の影響で雨の多い雨季と亜熱帯高圧帯の影響で乾燥した乾季がある。

世界の気候帯と植生に関する記述として，妥当なのはどれか。

【東京都・令和2年度】

1　ステップは，砂漠の周辺の乾燥帯に広がる，背の低い草に覆われた短草草原のことであり，土壌が肥沃なウクライナでは小麦などが栽培されている。

2　サバナは，アメリカ合衆国中部からカナダ南部の温帯に広がる，長草草原のことであり，土壌はやせた黒色土である。

3　タイガは，ユーラシア大陸や北アメリカ大陸の北部の冷帯に分布する，広葉樹を主体とする混合林のことである。

4　ツンドラは，高緯度地方の亜寒帯に分布する植生地域のことであり，高木が点在するほか，一年中地衣類やコケ類が生育している。

5　プレーリーは，雨季と乾季がある熱帯に分布している草原のことであり，丈の長い草に樹木がまばらに生えており，リャノやカンポとも呼ばれる。

第3章

地理

5 土壌に関する記述として，妥当なのはどれか。

【東京都・平成23年度】

1 チェルノーゼムは，ウクライナに分布する黒色土であり，養分が流されず土壌にたくわえられるため，農耕に適している。

2 テラローシャは，地中海沿岸地方に分布する石灰岩が風化して生成した赤色土であり，農耕には適さない。

3 プレーリー土は，インドのデカン高原に分布する玄武岩が風化して生成した土壌であり，肥沃で綿花の栽培に適している。

4 ラトソルは，冷帯のタイガ地域に分布する酸性の強い灰白色土であり，低温のため有機質の分解が進まず，農耕には適さない。

5 レグールは，ブラジルに分布する玄武岩や輝緑岩が風化して生成した暗紫色の土壌であり，農耕には適さない。

6 世界の山脈に関する記述として最も妥当なのはどれか。

【国家一般職／税務・平成30年度】

1 ピレネー山脈は，新期造山帯に属しており，なだらかな山々がヨーロッパ北部を東西に走っている。この山脈の南側には，ライン川などの国際河川が流れている。

2 ヒマラヤ山脈は，古期造山帯に属しており，アフガニスタン，インド，ミャンマー及び中国の国境地帯に位置している。最高峰はモンブランで，その標高は8,000mを超えている。

3 アンデス山脈は，南アメリカ大陸東岸を南北に走っている。険しい山々が連なるが，中央アンデス周辺の低地では，リャマやアルパカが飼育されている。

4 アパラチア山脈は，古期造山帯に属しており，北アメリカ大陸南東部に位置している。鉱山資源が豊富で，周辺は炭田として開発されているところも多い。

5 グレートディヴァイディング山脈は，オーストラリア大陸中央部を南北に走っている。この山脈の中央部には，観光地としても知られているウルル（エアーズロック）がある。

実戦問題●解説

1 特殊な地形の成因と特色，代表的な具体例をセットで押さえておこう。特に扇状地と三角州の比較。沖積平野に発達する地形が重要。

1 ◎ 妥当である。

2 × 川が運搬してきた砂泥が河口付近に堆積して出来た地形が**三角州（デルタ）**である。自然堤防は川の氾濫によって，河川の両岸に形成された微高地で，居住地・畑・道路などに利用されることが多い。砂州は沿岸流で運ばれた砂礫が堆積して形成された堤防状の地形である。

3 × リアス海岸は山地が沈降して形成された鋸歯状の出入りの多い**沈水海岸**で，山地が沈水すると尾根が半島に，谷が入り江となる。

4 × 大陸氷河の表食作用によっては，**モレーン（堆石）**や氷河湖が，山岳氷河の浸食で**U字谷**や**カール（圏谷）**が形成される。ドリーネはカルスト地形で，**フィヨルド**はU字谷に海水が侵入して形成されたもの。

5 × 乾燥地域は気温の日較差が大きいため，岩石の風化，破壊が進み，砂漠が形成される。大雨が降った時だけ，一時に水が流れる川がある。この川を**ワジ（涸れ川，涸れ谷）**という。

☞**確認しよう** ➡平野の地形，河川がつくる地形，海岸地形，氷河地形，乾燥地形

正答 1

2 平野は大きく2つに分けられ，さらにそれぞれを細分することができる。形成の原因を理解して，名称を押さえること。

A 平野は，その形成原因によって**侵食平野**と**堆積平野**に大別できる。前者は規模が大きく，準平原や構造平野で，日本では見られない。

B，C 堆積平野には**洪積台地，沖積平野，海岸平野**があり，そのうち肥沃で生産活動の盛んなのは沖積平野である。

D 沖積平野は河川による堆積作用によってできた平野で，谷底平野，扇状地，自然堤防（氾濫原），その背後の後背湿地，蛇行，三角州が見る。したがって，当てはまらないのは**5**である。

☞**確認しよう** ➡平野の形成と分類

正答 5

③ 各気候区の特徴を気候の三要素（気温，降水量，風）を中心に理解すること。

1 ✕ ステップ気候は，砂漠気候の周辺に分布し**年降水量は**250～500㎜ほどで弱い雨季には，短草の**草原（ステップ）**となる。

2 ✕ サバナ気候は，熱帯雨林気候より高緯度にあり，熱帯雨林気候・熱帯モンスーン気候の周辺に分布している。**雨季と乾季の区別がはっきりしている。**1年中降水量が多くて気温が高いのは，熱帯雨林気候で，毎日午後から夕方にかけて**スコール**（対流性降雨）がある。サバナ気候にはない。

3 ◎ 妥当である。

4 ✕ 砂漠気候は，おもに内陸部や中緯度帯に分布し，年降水量は**約250㎜以下で，植生はほとんど見られない。**

5 ✕ 熱帯雨林気候は，ほとんど赤道周辺に分布し，年中高湿多湿である。熱帯収束帯（赤道低圧帯）の影響で雨の多い雨季と亜熱帯（中緯度）高圧帯の影響で乾季があるのは，サバナ気候である。

☞**確認しよう** ➡雨季と乾季が明瞭な熱帯気候はサバナ気候，雨季と乾季がある乾燥気候はステップ気候
正答 3

④ 植生は，緯度や標高，土壌などの影響も受けるが，特に気温，降水量によって変わる。ほぼ同じ問題が平成25年度の東京都で出題されている。

1 ◎ 正しい。

2 ✕ サバナは，**熱帯地域に分布する長草草原。**アメリカ合衆国中部からカナダ南部にかけて分布する温帯の長草草原は**プレーリー**とよばれ，プレーリー土という**肥沃な黒色土壌**が分布している。

3 ✕ タイガは，亜寒帯（冷帯）に見られる天然の**針葉樹林**で，からまつ・とどまつ・えぞまつなどの**純林**を形成している。混合林ではない。

4 ✕ ツンドラは寒帯に見られ，**夏季だけ地表面が溶けて，地衣類やコケ類**などが育成する。高木は見られない。

5 ✕ 雨季と乾季がある熱帯に分布している丈の長い草（長草）は，プレーリーではなく**サバナ**。オリノコ川流域では**リャノ**。ブラジル高原では**カンポ**とよばれる。

☞**確認しよう** ➡世界の植生
正答 1

第
3
章

地
理

⑤ 土壌は気候や地形などの影響を受け，農業とも深く関わる。それぞれの土壌の特徴を押さえておこう。

1 ◎ 正しい。

2 × テラローシャはブラジル高原南部に分布する玄武岩などの火山岩が風化した赤紫色の肥沃な土。水はけがよいのでコーヒー栽培に適する。「地中海沿岸地方に」以下は，テラロッサについての記述。

3 × プレーリー土は北アメリカのグレートプレーンズにある肥沃な土。「インドの」以下はレグール土についての記述。

4 × ラトソルは，熱帯雨林などの湿潤地域に分布する赤色のやせた土。農耕には適さない。「冷帯の」以下はポドゾルについての記述。

5 × レグール土はインドのデカン高原に分布する玄武岩が風化した肥沃な黒色の土。綿花の栽培に適している。「ブラジルに」以下はテラローシャについての記述。

☞確認しよう ➡土壌名とその特徴　　　　　　　　　　　　　正答 1

⑥ 古期造山帯と新期造山帯の成因，特徴，具体例を押さえておこう。具体例は地図帳で必ずその位置を確認しておこう。

1 × ピレネー山脈は，スペインとフランスの国境に位置する褶曲山脈。この山脈の南側はスペイン領で，ライン川は流れていない。

2 × ヒマラヤ山脈は新期造山帯で，インド・ネパール・ブータン・中国の国境地帯をほぼ東西に走る世界最高の山脈。最高峰はエヴェレスト山。モンブランはアルプス山脈の最高峰で，4,807m。

3 × アンデス山脈は新期造山帯に属し，南アフリカ大陸の西岸をほぼ南北に走る世界最長の山脈。中央部にはアルティプラノと呼ばれる高原（ボリビア高原）があり，リャマやアルパカの放牧が行われている。

4 ◎ 妥当である。

5 × グレートディヴァイディング山脈。（大分水嶺）は，オーストラリア大陸の東岸を南北に走る山脈で，古期造山帯に属し，石炭をはじめとする鉱山資源が豊富である。世界複合遺産に登録されている「ウルル（エアーズロック）」は，オーストラリア大陸のほぼ中央部にある。

☞確認しよう ➡世界の主な山脈の位置の確認　　　　　　　　正答 4

農業・漁業・鉱業

重要問題

　図は，2017年におけるオリーブ，カカオ豆，コーヒー豆の主要な生産国及び生産割合を示したものである。A，B，Cに当てはまる国名の組合せとして最も妥当なのはどれか。

【国家一般職／税務／社会人・平成26年度・改題】

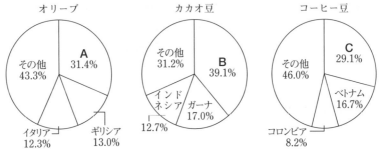

オリーブ　　　　　　カカオ豆　　　　　　コーヒー豆

（『2020データブックオブ・ザ・ワールド』）

	A	B	C
1	スペイン	カメルーン	エチオピア
2	スペイン	コートジボワール	ブラジル
3	ポルトガル	カメルーン	ブラジル
4	ポルトガル	コートジボワール	ブラジル
5	ポルトガル	カメルーン	エチオピア

解説

農産物の生産を考えるうえでは，まず気候が第一の要素として挙げられる。カカオ豆やコーヒー豆のような熱帯農産物については，プランテーションという要素も考える必要がある。

A　オリーブは地中海性気候が適していて，地中海沿岸で紀元前から栽培されてきた。2017年の主たる産地も，**スペイン**，ギリシャ，イタリア，トルコ，モロッコと，すべて地中海沿岸国である。ポルトガルも地中海式農業が行われているが，オリーブの生産量は世界の4.2％にすぎない。

B　カカオ豆は，プランテーションによる栽培がとられてきたが，近年は少しずつ変化してきている。熱帯農産物なので，赤道付近の国々が主要生産国となっている。2017年では，**コートジボワール**，ガーナ，インドネシア，ナイジェリア，カメルーンの順。ブラジルはその次で，4.5％である。

C　コーヒー豆もカカオ豆と同様，典型的なプランテーション作物である。2017年の順位は，**ブラジル**，ベトナム，コロンビア，インドネシアの順。エチオピアはコーヒーの原産地だが，生産量は世界第6位で5.1％である。近年はベトナムの生産が増えている。

したがって，**2**が正しい。

🔎 **確認しよう** ➡農産物の主要生産国　　　　　　　　　**正答 2**

FOCUS

世界の農牧業は，農作物や家畜の種類，農牧業の経営形態をもとに大きく3つに分類できる。
①伝統的農牧業…小規模で自給的な様式の農牧業。アジア・アフリカ・ラテンアメリカの発展途上国などで多く見られる。
②商業的農牧業…農産物の販売を目的とする農牧業。ヨーロッパなどで見られる。
③企業的農牧業…商業的農牧業を発展させた大資本による大規模な生産の農牧業。アメリカ合衆国・カナダ・アルゼンチン・オーストラリアなどで見られる。

重要ポイント **1** 世界の農牧業

 世界各地の農牧業がどのような形態で行われているのかを知っておくことは，農業に関する問題の最重要課題である。

自然的農牧業	移動式焼畑	熱帯や亜熱帯に見られる，ハック（木の掘り棒）による耕作。山林や原野を焼き払い，その灰を肥料にしてイモ類などを栽培する。キャッサバ（マニオク），タロイモ，とうもろこし，陸稲。
	遊牧	草と水を求め，家畜とともに移動。家畜の乳，肉，毛，皮などに依存した自給的生活を営む。羊，やぎ，らくだ，ヤク，トナカイ。
	オアシス農業	地下水路（イランのカナートなど）や外来河川の水で灌漑し，作物を栽培する乾燥地域の農業。なつめやし，綿花，小麦。
	アジア式米作農業	モンスーンアジアの沖積平野に見られる米作中心の集約的農業。経営規模が小さく，労働生産性は低い。米（全生産量の約90％をアジアが占める）。
	アジア式畑作農業	アジアの乾燥地域や冷涼地域に見られる畑作を中心にした集約的農業。自給的な色彩が濃い。小麦，あわ，こうりゃん，とうもろこし，綿花，大豆，落花生。
商業的農牧業	地中海式農業	地中海性気候を利用し，夏は乾燥に耐える樹木作物，温暖湿潤な冬は小麦を栽培。オリーブ，オレンジ，ぶどう，コルクがし。
	混合農業	作物栽培（穀物・飼料作物）と家畜飼育を組み合わせたヨーロッパの代表的な農業。食用作物と飼料用作物は輪作で栽培する。土地生産性，労働生産性とも高い。食用（小麦，ライ麦），飼料用（エン麦，とうもろこし），牛，豚。
	酪農	飼料作物を栽培して乳牛を飼育し，牛乳やその加工品（乳製品）を生産する集約的農業。大消費地の近くに成立することが多い。
	園芸農業	都市への出荷を目的に，園芸作物を極めて集約的に生産。資本，肥料，技術，労働力の投下が大きく，土地生産性が高い。近郊農業と遠郊農業に大別。草花（花卉），果樹，野菜。
企業的農牧業	企業的穀物農業	広大な土地に大型機械を導入し，商品としての作物を大量生産。土地生産性は低いが，労働生産性は極めて高い。小麦が中心。
	企業的牧畜業	新大陸のステップ気候の地域を中心に，肉類や羊毛などの販売を目的として行われる大規模な牧畜。フィードロット，肉牛，羊。
	プランテーション	熱帯・亜熱帯で欧米人が資本や技術を投入し，地元の安価な労働力を使って，商品作物の単一耕作（モノカルチャー）を行う。さとうきび，コーヒー，カカオ，茶，バナナ，天然ゴム。

重要ポイント2 世界の主な漁場

主要漁場の位置を世界地図で確認し，それぞれの特徴を確認しよう。特に太平洋北西部，大西洋北東部，太平洋南東部が重要。

世界の主な漁場と漁獲量(2017年)

(万t,( )内は％)

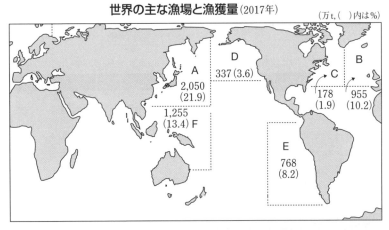

漁場	主要海流	出漁国	特徴
A 太平洋北西部	寒流の千島海流（親潮）と暖流の日本海流（黒潮）	日本，韓国，ロシア，中国	漁獲量が世界一。北部でにしん，さけ，ます，南部でさば，いわし，まぐろ
B 大西洋北東部	寒流の東グリーンランド海流と暖流の北大西洋海流	イギリス，アイスランド，ノルウェー	トロール漁業が盛ん。バンクが多く，沿岸海域では油田開発。にしん，たらが中心
C 大西洋北西部	寒流のラブラドル海流と暖流のメキシコ湾流	アメリカ合衆国，カナダ	三大漁場の一つで，フランス人が開拓。たら，にしん，さけ
D 太平洋北東部	寒流のカリフォルニア海流と暖流のアラスカ海流	アメリカ合衆国（アラスカ），カナダ	缶詰工場の発展とともに開発。北部河川ではます，さけ，南部ではまぐろ，いわし
E 太平洋南東部	寒流のペルー（フンボルト）海流	ペルー，チリ	アンチョビの漁獲が多く，飼料として加工
F 太平洋中西部	暖流の東オーストラリア海流	インドネシア，フィリピン	かつおの漁獲が多く，生食や缶詰，節の原料として加工

漁獲量はA―F―B―E―インド洋東部（7.5％）―インド洋西部（5.7％）の順。

鉱工業では，石炭や原油に関する出題が多い。アメリカ合衆国は，世界第1位（2019年）の原油生産国でありながら，有数の輸入国でもあることに注意しよう。また，主要国が石炭，原油，天然ガス，原子力のうち，どの資源に多く依存しているかを確認しておきたい。

■石炭

（『日本国勢図会 2020/21』『データーブックオブ・ザ・ワールド 2020 年版』）

主要生産国（2017年）と主な炭田	輸出国(2016年)	輸入国(2016年)
①中国（フーシュン，カイロワン，タートン，ピンシャン）	①オーストラリア	①中国
②インド（ダモダル）	②インドネシア	②インド
③インドネシア（テンガロン）	③ロシア	③日本
④オーストラリア（ニューカッスル，モウラ，ボウエン）	④コロンビア	④韓国
⑤アメリカ合衆国（アパラチア，中央，ロッキー）	⑤南アフリカ	⑤ドイツ
⑥ロシア（クズネツク，ウラル）	⑥アメリカ	⑥オランダ
⑦南アフリカ（トランスバール）	⑦オランダ	⑦トルコ
⑧カザフスタン（カラガンダ）	⑧カナダ	⑧マレーシア
⑨コロンビア	⑨カザフスタン	⑨タイ
⑩ポーランド（シロンスク）	⑩モンゴル	⑩ロシア

■原油

（『日本国勢図会 2020/21』）

主要生産国（2019年）と油田	輸出国(2017年)	輸入国(2017年)
①アメリカ合衆国（メキシコ湾岸，カリフォルニア，プルドーベイ）	①サウジアラビア	①中国
②ロシア（チュメニ，ボルガ・ウラル）	②ロシア	②アメリカ合衆国
③サウジアラビア（ガワール，カフジ）	③イラク	③インド
④イラク（キルクーク）	④カナダ	④日本
⑤カナダ（アルバータ）	⑤アラブ首長国連邦	⑤韓国
⑥中国（ターチン，ションリー，ターカン）	⑥イラン	⑥ドイツ

重要ポイント 4 鉱産資源の主要生産国

この中では，鉄鉱石に関する問題が頻出である。銅鉱，ボーキサイト，すず，金に関する出題も多い。

資源	生産国	用途
鉄鉱石 (2017年)	①オーストラリア（マウントホエールバック，アイアンノブ），②ブラジル（カラジャス，イタビラ），③中国（アンシャン，ターイエ），④インド（シングブーム），⑤ロシア（クルスク，マグニトゴルスク）	鉄の原料，近代文明の基礎資源
銅鉱 (2018年)	①チリ（チュキカマタ），②中国，③ペルー，④アメリカ合衆国（ビンガム，モレンシー），⑤コンゴ民主共和国	電線，電気製品，合金
ボーキサイト(2017年)	①オーストラリア（ウェイパ），②中国，③ギニア，④ブラジル，	アルミニウムの原料
鉛鉱 (2017年)	①中国，②オーストラリア，③アメリカ合衆国，④ペルー	蓄電池，無機薬品
亜鉛鉱 (2017年)	①中国，②ペルー，③オーストラリア，④インド，⑤アメリカ合衆国	トタン，合金
すず鉱 (2017年)	①中国，②ミャンマー，③インドネシア，④ブラジル	ブリキ缶のメッキ
ニッケル鉱 (2017年)	①フィリピン，②ロシア，③カナダ，④オーストラリア，⑤ニューカレドニア	ステンレスの原料
金鉱 (2017年)	①中国，②オーストラリア，③ロシア，④アメリカ合衆国，⑤カナダ	装飾品，貨幣
銀鉱 (2016年)	①メキシコ，②ペルー，③中国，④ロシア，⑤チリ	装飾品，写真感光剤貨幣

（『日本国勢図会2020/21』『データーブックオブ・ザ・ワールド2020年版』）

実戦問題

1 次は世界の水産業に関する記述であるが，A〜Dに当てはまる国名の組合せとして最も妥当なのはどれか。

【国家一般職／税務／社会人・平成24年度・改題】

世界の漁業生産量は2017年現在で約9,400万tであり，　**A**　，インドネシア，　**B**　，ベトナム，アメリカなどが世界の主要漁業生産国として挙げられる。

また，同年における世界の養殖業生産量は約11,200万tで，漁業・養殖業の総生産量の約54％を占めている。　**A**　は1990年代以降，養殖業生産量を伸ばし，2017年現在，同国の漁業・養殖業生産量はともに世界一である。一方，かつては遠洋漁業，沖合漁業がさかんで世界一の漁業生産量を誇っていた　**C**　は近年では漁業生産量が減少し，その供給減を補うように水産物の輸入が伸びている。2013年現在ではアメリカと並んで水産物の輸入額は世界有数の規模となっている。世界有数の漁場に位置する　**D**　の主要な水産品目はアンチョビーであるが，エルニーニョ現象の発生が，その漁業生産量に大きい影響を及ぼすのが特徴である。

	A	B	C	D
1	中国	インド	日本	ペルー
2	中国	日本	ペルー	インド
3	日本	ペルー	中国	インド
4	日本	中国	インド	ペルー
5	ペルー	インド	日本	中国

2 農作物に関する記述として，最も妥当なのはどれか。

【東京消防庁・令和元年度】

1 米は小麦と比較して，単位面積当たりの収量は少ないが，国際商品としての性格が強い。また，生産および輸出で世界一の国は中国である。

2 小麦は，北半球では冬小麦のみが，南半球では春小麦のみが栽培されるが，年間を通して世界のどこかで収穫されており，収穫期を一覧にした小麦カレンダーがある。

3 とうもろこしは，食料用だけではなく家畜飼料用や，燃料用のバイオエタノールの原料として，需要が増えている。

4 大豆は，しぼって油を作ったり，しぼりかすを配合飼料に用いたりしており，世界最大の生産国であるアメリカ合衆国は，国内需要が大きいため世界最大の輸入国でもある。

5 茶は，アジアが原産地であり，排水のよい丘陵地で栽培されるが，現在でもア

ジアの国々でのみ生産されており，アジア大陸以外での生産は見られない。

 表は，鉱産資源の2017年における生産量について，上位4か国が世界全体に占める割合を示したものであるが，A〜Dに当てはまるものの組合せとして最も妥当なのはどれか。【国家一般職／税務／社会人・令和2年度・改題】

鉱産資源	生産量		
	順位	国名	割合（%）
金鉱	1	中国	13.2
	2	A	9.3
	3	B	8.4
	4	米国	7.3
鉄鉱石	1	A	36.5
	2	C	17.9
	3	中国	14.9
	4	インド	8.3
D	1	中国	81.6
	2	ベトナム	8.0
	3	B	2.6
	4	イギリス	1.3

（『日本国勢図会2020/21』）

	A	B	C	D
1	チリ	ロシア	ブラジル	天然ガス
2	チリ	ロシア	マレーシア	タングステン鉱
3	チリ	韓国	ブラジル	天然ガス
4	オーストラリア	ロシア	ブラジル	タングステン鉱
5	オーストラリア	韓国	マレーシア	タングステン鉱

1 世界の漁業生産量が多いのは，上位から中国，インドネシア，インド，ベトナム。Aでは「世界一」，Dでは「アンチョビー」が問題を解くヒントとなる。

   A 2017年現在，漁業生産量は**中国**が最も多く，全体の約40％を占めている。また，養殖業生産量も**中国**が最も多く，全体の約58％を占めている。

   B 2017年の漁業生産量が3位は**インド**（2018年はペルー）世界の水産物輸入額は年々伸びており，米国，日本，中国の順に多い（2016年）。輸出額は中国，ノルウェー，ベトナムの順に多い（2016年）。

   C かつて遠洋漁業，沖合漁業ともに盛んであったのは，**日本**である。1984〜1988年には，遠洋漁業と沖合漁業を合わせて漁業生産量は1,200万tに達したが，遠洋漁業は1970年代から200カイリ排他的経済水域の設定や原油価格の高騰などにより，1991年には1,000万tを下回った。その後，円高の影響を受け，水産物の輸入が増加し，2000年には水産物の輸入量が生産量を上回った。

   D 主要な水産品目が**アンチョビー**であるのは**ペルー**である。エルニーニョは，毎年クリスマス頃に海水温度が高くなる現象を，ペルーの漁師たちがスペイン語で「神の子（イエス・キリスト）」を表すエルニーニョと呼んでいたものである。エルニーニョ現象で海水温度が上がると，漁獲量が激減する。

   したがって，正答は**1**である。

  🤚**確認しよう** ➡主要漁場の分布と主な水産物　　　　　　　**正答** 1

2 主な農作物の栽培条件や原産地，生産，輸出入国を整理しておこう。

1 ✕ 米は小麦と比べ，単位面積当たりの収量は多いが，国内消費が多いためもあって国際商品としての性格が弱い。生産量の順位は，中国，インド，インドネシアであるが，輸出量は**インド，タイ，ベトナム，アメリカ**（いずれも2017年）。

2 ✕ 小麦は多くの地域では，秋に種をまき，初夏に収穫する冬小麦を栽培している。しかし，冬小麦が栽培できない高緯度地域では，春に種をまき，秋に収穫する春小麦が栽培されている。小麦は収穫期が北半球と南半球とで違うた

め，1年を通して世界のどこかで収穫されている。

3 ◎ 正しい。とうもろこしは青刈りにして茎を飼料にしている。アメリカではとうもろこしを原料とした**バイオエタノール**を生産している。

4 × 大豆の用途は多用であるが，飼料作物として需要が増大している。生産量，輸出量ともにアメリカが1位。**大豆の最大の輸入国は中国。**

5 × 茶の生産の多くは中国やインドなどのアジア諸国であるが，**アフリカ大陸の**ケニアが生産量で3位，輸出量は中国についで2位（2017年）。

☞確認しよう ➡ 主要な農作物の生産国　　　　　　　　　　　　　**正答 3**

3 鉱山資源の生産国，輸出入国の順位は年ごとに変わることがあるので，最新のデータを資料集でチェックしておこう。

　A 鉄鉱石の生産量は，**オーストラリア，ブラジル，中国**の順に多い（2017年）。したがって，**A**がオーストラリア，**C**がブラジルで，正答は**4**となる。本問は鉄鉱石の生産量が多い上位2か国を覚えていれば解ける。石炭，石油，鉄鉱石など主要な地下資源の上位3か国は覚えておこう。なお，**日本の鉄鉱石の輸入先もオーストラリア，ブラジル**の順に多い。

　B ロシアは地下資源が豊富で，石炭（6位，2017年），天然ガス（2位，2017年），金鉱（3位，2017年），銀鉱（4位，2016年），プラチナ（2位，2017年）は世界有数の生産国。

　D 選択肢は天然ガスかタングステン鉱のいずれかであるが，天然ガスは油田地帯・ガス田から産出されるので，原油の産出量の多い国と重なる。**D**の生産国とその割合を見ると該当する国がないので，**D**はタングステン鉱。なお，金鉱をはじめボーキサイト，鉛鉱，亜鉛鉱などの**非鉄金属**は，**中国とオーストラリア**が多い。

　したがって，正答は**4**である。

☞確認しよう ➡ 主要な鉱山資源の生産国　　　　　　　　　　　**正答 4**

各国地誌

重要問題

　次のA，B，Cは，ヨーロッパ諸国のある3か国に関する記述であり，また，図は，それらの国の2018年における主要輸出品の輸出総額に占める割合を示したものである。A，B，Cに当てはまる国の組合せとして最も妥当なのはどれか。

【国家一般職／税務／社会人・平成29年度・改題】

A：東部の沿岸部では，夏に柑橘類やブドウの栽培が盛んであり，また，自動車産業などが集積している。

B：水産業や海運業が盛んであり，我が国にも多くのサケ・マス類を輸出している。

C：エネルギー資源に乏しく，電力の多くを原子力発電に頼っている。

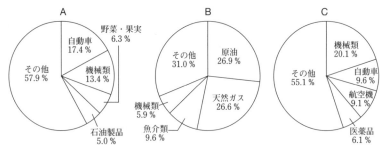

(出典)「2020データブック・オブ・ザ・ワールド」より引用・加工

	A	B	C
1	スペイン	スウェーデン	フランス
2	スペイン	スウェーデン	イタリア
3	スペイン	ノルウェー	フランス
4	ドイツ	スウェーデン	イタリア
5	ドイツ	ノルウェー	フランス

解説

各国の特徴的な主要輸出品を，その国の産業と関連づけて押さえ
ておこう。

3か国の記述

A ドイツ東部に海岸はない。東部の沿岸部とは地中海の沿岸部。夏に柑橘
類やブドウの栽培が盛んであり，自動車産業が集積しているのはスペイン
である。

B 水産業や海運業が盛んで，我が国にサケ・マス類を輸出しているのは，
ノルウェーである。スウェーデンの主要産業は機械，自動車，化学工業，
ITなどである。

C 電力の多くを原子力発電に頼っている国は，フランスである（全発電量
の70.9％（2017年））。フランスはアメリカに次ぐ原発大国。イタリアは
火力発電が中心で，原子力発電の割合はほぼ0％。**ドイツは2022年まで
に原発をすべて廃止。**2011年の福島の原発事故の影響。

主要輸出品の輸出総額に占める割合

A ヨーロッパの国で**野菜・果実の輸出が多いのはスペイン**。ドイツは機械
類28.2％，自動車16.5％，医薬品6.3％の順（2018年）である。

B 原油，天然ガス・魚介類から**ノルウェー**。原油は北海油田の採掘による。

C ヨーロッパで**航空機の輸出が多いのはフランス**。イタリアは機械類
25.9％，自動車7.9％，医薬品5.4％，衣類4.7％の順（2018年）である。
したがって，正答は**3**である。

正答 3

FOCUS

　各国の地誌は，それぞれの国の際立った特色をキーワードを使って押さえ
ておく。
・イギリス：産業革命の発祥地，北海油田，EU離脱
・フランス：西ヨーロッパ最大の農業国，原子力発電に依存，ワインの輸出
・ド イ ツ：EU最大の工業国，多い外国人労働者（トルコ人），自動車と医
　　　　　　薬品の輸出
・オランダ：ポルダー（干拓地）での酪農，盛んな園芸農業，ユーロポート
・イタリア：南北問題，第3のイタリア，地中海式農業，衣類の輸出

第3章

地理

重要ポイント **1** 東・東南アジア

中国および東南アジアの出題率が高い。位置関係と地形を見ながら民族，宗教，農業・鉱工業をまとめておくこと。

(人口，輸出品2018年)

国名(首都)	面積	人口	主要民族	主要宗教	言語	輸出品	その他
中華人民共和国(ペキン)	万km² 960.0	万人 141,505	漢民族ほか	儒教，仏教，儒教	中国語	機械類，衣類	社会主義国
	チンリン山脈・ホワイ川以北は畑作，以南は米作。農業は人民公社から生産責任制へ。人口抑制に積極的。経済特区で外国資本を導入。工業化が進む沿海部と内陸部との経済格差の拡大。BRICSの1つ。世界の工場。						
大韓民国(ソウル)	10.0	5,116	朝鮮民族(韓民族)	キリスト教，仏教	朝鮮語	機械類，自動車，石油製品	1948年成立
	農業国から工業国へ。NIEsの代表国。1970年代から行われた「セマウル運動」によって，農業は近代化。オンドル，チマチョゴリ。						
タイ(バンコク)	51.3	6,918	タイ族系	仏教	タイ語	機械類，自動車	立憲君主国
	世界有数の米の輸出国。天然ゴムの生産・輸出が世界一。						
マレーシア(クアランプール)	33.0	3,204	マレー系，中国系	イスラム教，仏教	マレー語，英語	機械類，石油製品 液化天然ガス	イギリスから独立
	多民族国家。ブミプトラ政策でマレー系住民を優遇。天然ゴムが減少し，パーム油が急増（世界第2位）。ルックイースト						
シンガポール(シンガポール)	0.07	579	中国系，マレー系	仏教，キリスト教など	マレー語，中国語，英語	機械類，石油製品，精密機械	マレーシアから分離独立
	多民族国家。加工貿易，中継貿易で発展。日本とFTAを締結。NIEs。						
インドネシア(ジャカルタ)	191.1	26,679	マレー系	イスラム教	インドネシア語	石炭，パーム油，機械類	オランダから独立
	約1万7000の島。石油と農業が中心。パーム油の生産量世界1位。						
フィリピン(マニラ)	30.0	10,651	マレー系	カトリックほか	フィリピン語，英語	機械類，野菜・果物，精密機械	アメリカから独立
	コプラの生産は世界一。バナナやパイナップルの生産も多い。アジア唯一のキリスト教国（カトリック）だが，南部のイスラム教徒と対立。						
ベトナム(ハノイ)	33.1	9,649	キン族系	仏教，儒教	ベトナム語	機械類，衣類，はきもの	フランスから独立
	コーヒー生産輸出は世界第2位。世界3位の米輸出国。ドイモイ政策。						

重要ポイント❷ 南アジア

かつてイギリスが支配していたこの地域では，宗教や民族の違いに注目したい。

（人口，輸出品2018年）

国名(首都)	面積	人口	主要民族	主要宗教	言語	輸出品	その他
インド（デリー）	万km² 328.7	万人 135,405	インド・アーリア系	ヒンドゥー教	ヒンディー語，英語	石油製品，機械類，ダイヤモンド	イギリスから独立
	農業国（デカン高原の綿花，米の生産は世界2位，アッサムの茶）。バンガロールのIT産業。カースト制度。カシミール紛争。BRICSの1つ。						
パキスタン（イスラマバード）	79.6	20,081	パンジャブ系	イスラム教	ウルドゥ語，英語	繊維・織物，衣類，米	イギリスから独立
	農業国。パンジャブ地方で小麦・綿花の灌漑農業。カシミール紛争。						
バングラデシュ（ダッカ）	14.8	16,637	ベンガル人	イスラム教	ベンガル語	衣類，繊維・織物，はき物	パキスタンから分離独立
	農業国。ガンジスデルタで米・ジュートの栽培。サイクロンの自然災害。						
スリランカ（スリジャヤワルダナプラコッテ）	6.6	2,095	シンハラ人，タミル人	仏教ヒンドゥー教	シンハラ語，タミル語，英語	衣類，紅茶，タイヤ類	イギリスから独立
	農業国。茶の輸出は世界有数。シンハラ人とタミル人の民族対立。						

重要ポイント❸ 西アジア

原油生産量は世界第1位。イスラエルを除く国々がイスラム教を国教としている。

（人口，輸出品2018年）

国名(首都)	面積	人口	主要民族	主要宗教	言語	輸出品	その他
イラン（テヘラン）	万km² 162.9	万人 8,201	インド・ヨーロッパ系	イスラム教（シーア派）	ペルシア語，トルコ語	原油，石油製品，プラスチック	国名をペルシアから変更
	中東最古の産油国。カナートによる灌漑。1979年イラン革命で，王制から共和制へ移行。1980〜88年，イラン・イラク戦争。						

国名(首都)	面積	人口	主要民族	主要宗教	言語	輸出品	その他
イラク (バグダット)	万km² 435	万人 3,934	アラブ人 クルド人	イスラム教（シーア派）	アラビア語，クルド語	原油	クルド問題
	ティグリス・ユーフラテス川流域の「肥沃な三日月地帯」はメソポタミア文明の発祥地。石油依存国だが，農業従事者が多い。1980～88年，イラン・イラク戦争。1990年，湾岸戦争。2003年，イラク戦争。						
サウジアラビア (リヤド)	220.7	3,355	アラブ人	イスラム教（スンナ派）	アラビア語，英語	原油，石油製品	イギリスから独立
	OPEC・OAPEC原油の埋蔵量・生産量・輸出費は世界有数。国土の大半が砂漠。オアシス農業。イスラム教の発祥地。外国人労働者が多い。						
トルコ (アンカラ)	784	8,192	トルコ人 クルド人	イスラム教（スンナ派）	トルコ語 クルド語	自動車，機械類，衣類	クルド問題
	ドイツへの出稼ぎ労働者が多い。カッパドキア。						
イスラエル（エルサレム）	2.2	845	ユダヤ人，アラブ人	ユダヤ教	ヘブライ語，アラビア語	ダイヤモンド，機械類，医薬品	テルアビブ（国連承認）
	シオニズム運動により建国。首都エルサレムはユダヤ教・キリスト教・イスラム教の聖地。集団農場のキブツ。パレスチナ問題。中東戦争。						

重要ポイント④ オセアニア

オーストラリアに関する出題が多い。特に農牧業と鉱産物の分布については，地図を見ながらしっかり把握しておきたい。

（人口，輸出品2018年）

国名(首都)	面積	人口	主要民族	主要宗教	言語	輸出品	その他
オーストラリア (キャンベラ)	万km² 769.2	万人 2,431	イギリス系	キリスト教	英語	鉄鉱石，石炭，金	イギリスから独立
	国土の大半が乾燥地帯。大鑽井盆地の掘り抜き井戸で牧羊（羊毛の生産は世界2位）。南部で小麦栽培。西部の鉄鉱石，東部の石炭，北部のボーキサイトなど。金の産出量世界2位。先住民はアボリジニ。						
ニュージーランド (ウェリントン)	268	475	ヨーロッパ系	キリスト教	英語，マオリ語	酪農製品，肉類，木材	イギリスから独立
	畜産を主とする農業先進国（農民1人当たりの所得は世界屈指）。北島は酪農，南島は牧羊が盛ん。先住民はマオリ。フィヨルド。						

重要ポイント 5 ヨーロッパ

ヨーロッパでは，西欧諸国の出題率が高い。気候分布，民族分布，宗教分布，農業分布などをチェックしておく必要がある。

（人口，輸出品2018年）

国名(首都)	面積	人口	主要民族	主要宗教	言語	輸出品
イギリス（ロンドン）	万km² 24.2	万人 6,657	アングロサクソン	英国国教（キリスト教）	英語	機械類，自動車，金，医薬品，原油
	産業革命の発祥地。北海油田の開発で石油輸出国へ。EUから離脱。北アイルランド紛争。農業人口1%。					
フランス（パリ）	55.2	6,523	フランス系	カトリック，イスラム教	フランス語	機械類，自動車，航空機，医薬品
	EU最大の農業国で小麦輸出国。家族経営の自作農が多いが，パリ盆地周辺では大規模な小麦栽培。発電電力量の約70%は原子力。					
ドイツ（ベルリン）	35.8	8,229	ドイツ系	カトリック，プロテスタント	ドイツ語	機械類，自動車，医薬品，精密機械
	ルール工業地帯はEU最大。比較的小規模な混合農業が発達。移民労働者（ガストアルバイター）が多い。					
オランダ（アムステルダム）	4.2	1,708	オランダ系	カトリック，プロテスタント	オランダ語	機械類，石油製品，医薬品
	ポルダーで酪農，園芸農業。ユーロポートはEUの玄関口。					
イタリア（ローマ）	30.2	5,929	イタリア系	カトリック	イタリア語	機械類，自動車，医薬品，衣類，鉄鋼
	南北の経済格差（北は重化学工業と大規模経営農業，南は小規模な地中海式農業と移牧）。ワインの生産量世界1位。第3のイタリア。					
スペイン（マドリード）	50.6	4,640	スペイン系	カトリック	スペイン語	自動車，機械類，野菜・果実
	乾燥高原のメセタで羊の移牧。地中海沿岸でオリーブ，オレンジ，ぶどう。バスク。カタルーニャ。					
ノルウェー（オスロ）	38.6	535	ノルウェー系	プロテスタント	ノルウェー語	原油，天然ガス，魚介類，機械類
	西岸一帯にフィヨルドが発達。世界有数の漁業国。北海油田の開発で石油輸出国に。					

国名(首都)	面積	人口	主要民族	主要宗教	言語	輸出品
スウェーデン（ストックホルム）	万km² 43.9	万人 998	スウェーデン系	プロテスタント	スウェーデン語	機械類, 自動車, 石油製品, 医薬品
	良質な鉄鉱石, 森林資源, 水力資源。社会福祉の国。白夜。					
デンマーク(コペンハーゲン)	4.3	575	デンマーク系	プロテスタント	デンマーク語	機械類, 医薬品, 衣類, 肉類
	酪農国（肉類, 乳製品を輸出）。農業協同組合が発達。盛んな風力発電。					
スイス（ベルン）	4.1	854	ドイツ系ほか	カトリック, プロテスタント	ドイツ語, フランス語 イタリア語	医薬品, 機械類, 精密機械（時計ほか）
	永世中立国。観光と国際金融業で大量の外貨。工業では精密機械が有名。					
ハンガリー（ゴダベスト）	9.3	969	アジア系（マジャール人）	カトリック, プロテスタント	ハンガリー語	機械類, 自動車, 医薬品, 精密機械
	アジア系のマジャール人が大半。温帯草原のプスタで小麦栽培。					
ロシア（モスクワ）	17,098	14,344	ロシア人ほか	ロシア正教	ロシア語ほか	原油, 石油製品, 鉄鋼, 石炭
	面積世界一。BRICSの1つ。チェチェン紛争。					
ウクライナ（キエフ）	60.4	4,401	ウクライナ人, ロシア人	ロシア正教	ウクライナ語, ロシア語	鉄鋼, 機械類, ひまわり油, とうもろこし
	チェルノーゼムの穀倉地帯。ドネツ炭田。クリボイログ鉄山。					

 ここにも注意

旧ユーゴスラビアの国々と民族・宗教
●スロベニア…スロベニア人（カトリック）が約83％
●クロアチア…クロアチア人（カトリック）が約90％
●ボスニア・ヘルツェゴビナ…ムスリム人（イスラム教）50％, セルビア人（セルビア正教）31％, クロアチア人（カトリック）18％
●セルビア…セルビア人（セルビア正教）が83％
●コソボ…2008年に独立宣言。アルバニア人（イスラム教）が92％
●モンテネグロ…モンテネグロ人（セルビア正教）93％, セルビア人（セルビア正教）32％
●北マケドニア…マケドニア人（マケドニア正教）が約64％

第3章

地理

重要ポイント 6 北アメリカ

アメリカ合衆国に関する出題は相変わらず多い。農業分布と工業地帯の特徴（主要都市と工業の種類）がポイントとなる。

（人口，輸出品2018年）

国名（首都）	面積	人口	主要民族	主要宗教	言語	輸出品
アメリカ合衆国（ワシントン）	万km² 983.4	万人 32,677	ヨーロッパ系，アフリカ系	プロテスタント，カトリック	英語	機械類，自動車，石油製品，精密機械
	農業は，北部の春小麦，中部の冬小麦。南部の綿花地帯では大豆，とうもろこしが増加し，混合農業化。五大湖周辺では酪農。南部のサンベルトが発展。シリコンバレー，シリコンプレーンの電子工業。ラストベルト。					
カナダ（オタワ）	998.5	3,695	イギリス系ほか	カトリック	英語，フランス語	原油,自動車,機械類
	プレーリー3州で小麦栽培。五大湖周辺が工業の中心。パルプ工業，鉱業が盛ん。フランス系住民が多いケベック州独立問題。NAFTA。					

重要ポイント 7 中・南アメリカ

旧宗主国と民族，言語，農牧業，鉱産物が重要。農牧業と鉱産物については，各国の主産品を把握しておこう。

（人口・輸出品2018年）

国名（首都）	面積	人口	主要民族	主要宗教	言語	輸出品	その他
メキシコ（メキシコシティ）	万km² 196.4	万人 13,076	メスチソ	カトリック	スペイン語	機械類，自動車，原油	スペインから独立
	マヤ・アステカ文明の地。銀の生産は世界一。原油の産出も多い。国境に輸出加工区（マキラドーラ）。OECD加盟国。NAFTA。タコス。						
コスタリカ（サンホセ）	5.1	495	スペイン系	カトリック	スペイン語	精密機械，バナナ	イギリスから独立
	農業および製造業（集積回路など）が主要産業。高い教育水準。						
キューバ（ハバナ）	11.0	1,149	スペイン系	カトリック	スペイン語	鉱物,化学工業品,砂糖	スペインから独立
	社会主義国。輸出は砂糖に依存。観光収入も多い。						
ハイチ（ポルトープランス）	2.8	1,111	アフリカ系	カトリック	フランス語	繊維・織物，化学工業品	フランスから独立
	世界最初の黒人独立国。農業（米,コーヒー豆,砂糖など）が主要産業。						

国名(首都)	面積	人口	主要民族	主要宗教	言語	輸出品	その他
ジャマイカ（キングストン）	万km² 1.1	万人 290	アフリカ系	プロテスタント	英語	アルミナ，石油製品	イギリスから独立
ジャマイカ（キングストン）	世界有数のボーキサイト産出国。最も高い山は，コーヒーで有名なブルー・マウンテン。レゲエ音楽発祥の地。						
コロンビア（ボゴタ）	114.2	4,946	メスチソ	カトリック	スペイン語	原油, 石炭, 石油製品, コーヒー豆	スペインから独立
コロンビア（ボゴタ）	コーヒー豆の生産・輸出は世界第3位。エメラルドの産地。						
ベネズエラ（カラカス）	93.0	3,238	メスチソ	カトリック	スペイン語	原油，石油製品，化学薬品	スペインから独立
ベネズエラ（カラカス）	石油生産が経済の中心（マラカイボ油田，オリノコ川流域）。原油埋蔵量は世界一。OPECに加盟。2012年，メルコスールに加盟。						
ペルー（リマ）	128.5	3,255	インディオ	カトリック	スペイン語	銅鉱，金，野菜・果物	スペインから独立
ペルー（リマ）	インカ文明の地。漁獲量が多く，その半分以上がアンチョビー。銀，銅，亜鉛，すず，鉛，金の世界屈指の産出国。						
ボリビア（ラパス）	109.9	1,122	インディオ	カトリック	スペイン語	天然ガス，亜鉛鉱，金，大豆油かす	スペインから独立
ボリビア（ラパス）	すずの産出量は世界有数。湖としては世界最高所のチチカカ湖。アルチプラノとよばれる高原。						
ブラジル（ブラジリア）	851.5	21,087	ヨーロッパ系 ムラート	カトリック，プロテスタント	ポルトガル語	大豆，原油，鉄鉱石，機械類，肉類，鉄鋼	ポルトガルから独立
ブラジル（ブラジリア）	南アメリカ大陸の約半分の面積。日系人が多い。大農園ファゼンダでコーヒー栽培（生産・輸出世界一）。さとうきび，大豆，とうもろこしの生産も世界有数。オレンジ類の生産量世界第2位。イタビラ，カラジャスの鉄鉱石。イタイプーダムの水力発電。BRICSの1つ。						
チリ（サンティアゴ）	75.6	1,820	メスチソ	カトリック	スペイン語	銅鉱，銅，野菜・果実，魚介類	スペインから独立
チリ（サンティアゴ）	世界一の銅の産出国（チュキカマタ銅山）。南米初のOECD加盟国。						
アルゼンチン（ブエノスアイレス）	279.6	4,469	スペイン系，イタリア系	カトリック	スペイン語	植物性油かす，自動車，とうもろこし，大豆油	スペインから独立
アルゼンチン（ブエノスアイレス）	パンパで小麦。とうもろこし。大豆。肉牛，羊の企業的放牧業。白人98％。						

重要ポイント ⑧ アフリカ

旧宗主国，言語や民族についての出題が多い。サハラ砂漠以北はイスラム教圏以南は多民族が複雑に入り組み，民族紛争が多発。

（人口・輸出品2018年）

国名(首都)	面積	人口	主要民族	主要宗教	言語	輸出品	その他
エジプト（カイロ）	万km² 100.2	万人 9,938	アラブ系	イスラム教，キリスト教	アラビア語	石油製品，野菜・果実，原油	イギリスから独立
小麦，綿花を生産。アスワンダム・アスワンハイダム。スエズ運河。							
アルジェリア（アルジェ）	238.2	4,201	アラブ系	イスラム教	アラビア語，仏語	原油，天然ガス，石油製品	フランスから独立
石油経済国。鉄鉱石やリン鉱が豊富。フォガラを利用したオアシス農業。							
エチオピア(アディスアベバ)	110.4	10,753	オロモほか	キリスト教ほか	アムハラ語，英語	コーヒー豆，豆類，金	
アフリカ最古の独立国。農耕と牧畜が主産業で，コーヒーの原産地。内戦。							
ナイジェリア（アブジャ）	92.4	19,588	ヨルバ，ハウサ	イスラム教ほか	英語，ハウサ語	原油，液化天然ガス，船舶	イギリスから独立
アフリカ最大の人口。アフリカ最大の産油国。ビアフラ内戦。							
コートジボワール（ヤムスクロ）	32.2	2,491	セヌフォ，バウレほか	イスラム教，キリスト教	仏語，多部族語	カカオ豆，カシューナッツ，金	フランスから独立
旧象牙海岸。世界一のカカオ豆生産国。							
ガーナ（アクラ）	23.9	2,946	アカンほか	キリスト教	英語	金，原油，カカオ豆	イギリスから独立
カカオ豆の生産と輸出は世界2位。ボルタ川の水力発電でアルミ精錬。							
リベリア（モンロビア）	11.1	485	ゴラほか	キリスト教	英語，各部族語	ゴム，金，ダイヤモンド	合衆国から独立
合衆国の解放奴隷が建国したアフリカ最古の黒人共和国。便宜置籍船。							
ケニア（ナイロビ）	59.2	5,095	キクユほか	キリスト教	スワヒリ語，英語	茶，野菜・果実，切り花	イギリスから独立
ホワイトハイランドで輸出用のコーヒー，紅茶，サイザル麻を栽培。							
南アフリカ共和国（プレトリア）	122.1	5,740	バントゥー系	キリスト教	英語，アフリカーンス語	自動車，白金，機械類，鉄鋼	イギリスから独立
世界有数の金，ダイヤモンドの産出国。1991年にアパルトヘイト廃止。BRICSの1つ。ネルソン・マンデラ（黒人初の大統領）。							

地理

実戦問題

1 東南アジアの国に関する記述として，妥当なのはどれか。

【特別区・平成28年度】

1 シンガポールは，1965年にインドネシアから分離独立し，ルックイースト政策を進め，工業化に成功した。

2 マレーシアは，経済面で優位に立つ華人とマレー系国民との間に対立が起きたため，教育や就職の面でマレー系国民を優遇するブミプトラ政策をとってきた。

3 ベトナムは，東南アジア諸国連合（ASEAN）発足当初の原加盟国であり，首都圏に工業団地を設定し，企業に税制上の優遇措置をとって誘致を図ってきた。

4 フィリピンは，ASEANの中でもいち早く工業化を達成して，現在では多国籍企業の地域統括会社が集中するようになり，国際金融センターへと成長した。

5 タイは，1986年からドイモイとよばれる市場開放政策をとるようになり，日本をはじめ外国からの投資が拡大した。

2 サハラ砂漠以南のアフリカに関する記述として最も妥当なのはどれか。

【国家一般職／税務／社会人・平成30年度】

1 焼畑の利用周期の短縮によって，中南アフリカの砂漠化が進んでいる。このため，広範囲にわたる食糧不足が生じており，人口が減少している。

2 地域別にみると，熱帯雨林地域ではイモ類やバナナの栽培，サバナ地域では牛，ヤギなどの放牧，乾燥地域では長期保存が可能な米（陸稲）や豆類の栽培が主である。

3 ギニア湾沿岸地域では，金，銀などの採掘がかつて盛んであったが，近年，資源の枯渇に直面している。一方，東部アフリカでは，大規模な油田が開発されている。

4 最も国内総生産（GDP）が大きいのは南アフリカ共和国であるが，鉱山資源への依存からの脱却が困難な状況にあり，第三次産業の割合は低いままである。

5 東部アフリカの高原地帯ではコーヒー，茶など，ギニア湾沿岸地域ではカカオなどの作物が栽培され，輸出による外貨獲得の手段となっている。

③ 次の文は，アメリカ合衆国の産業に関する記述であるが，文中の空所A〜D に該当する語の組合せとして，妥当なのはどれか。

【特別区・平成24年度】

　アメリカ中西部には，　A　と呼ばれる肥沃な黒色土壌の平原地帯が広がる。ノースダコタ州は，カナダから続く　B　となっている。また，五大湖南岸地帯からアイオワ州にかけては，　C　と呼ばれ，飼料作物の輪作と家畜飼育を組み合わせた農業が伝統的に行われてきた。

　五大湖沿岸地域は，重工業を中心とした工業地域であった。1970年代頃からは，北緯37度より南側の　D　と呼ばれる地域に，新しい先端技術産業地域が形成されている。

	A	B	C	D
1	プレーリー	春小麦地帯	コーンベルト	サンベルト
2	プレーリー	春小麦地帯	コットンベルト	サンベルト
3	プレーリー	冬小麦地帯	コーンベルト	フロストベルト
4	フィードロット	冬小麦地帯	コットンベルト	フロストベルト
5	フィードロット	冬小麦地帯	コーンベルト	フロストベルト

④ 南アメリカ大陸に関する記述として，妥当なのはどれか。

【東京都・平成21年度】

1 ケッペンの気候区分によれば，南アメリカ大陸に分布している気候区分は熱帯雨林気候やサバナ気候が主であり，温暖湿潤気候は分布していない。

2 アンデス山脈は，南アメリカ大陸の東部に南北に連なり，アンデス山脈の高地はジャガイモの原産地である。

3 コロンビアは，南アメリカ大陸の北西部に位置し，太平洋とカリブ海に面し，チリと国境を接している。

4 ブラジルにはアマゾン川が流れ，アマゾン川流域にはセルバと呼ばれる熱帯雨林がある。

5 ボリビアの首都ラパスは，ギアナ高地に位置し，高山気候があらわれる代表的な地域である。

5 次の文は，オセアニアに関する記述であるが，文中の空所A〜Dに該当する語または語句の組合せとして，妥当なのはどれか。【特別区・平成27年度】

オーストラリアは，安定した台地状の大陸であり，　A　地域が大部分である。農業の生産では，牛肉や　B　などの生産が大きな割合を占めている。

ニュージーランドは，　C　に位置し，先住民である　D　の人々が暮らしている。

	A	B	C	D
1	湿潤な	小麦	メラネシア	マオリ
2	湿潤な	とうもろこし	ポリネシア	アボリジニー
3	乾燥した	小麦	メラネシア	アボリジニー
4	乾燥した	小麦	ポリネシア	マオリ
5	乾燥した	とうもろこし	メラネシア	アボリジニー

6 アジア・ヨーロッパの大河に関する記述A〜Dのうち，妥当なもののみを挙げているのはどれか。　【国家一般職／税務／社会人・平成26年度】

A：黄河は，中国最長の大河である。チベット高原北東部の青海省西部に源を発し，上海付近で東シナ海に注いでいる。流域では米の栽培が盛んである。

B：メコン川は，インドシナ半島を流れる東南アジア最長の大河である。チベット高原東部に源を発し，タイ，ベトナム等を経て南シナ海に注いでいる。下流には広大なメコンデルタを形成している。

C：ドナウ川は，ロシア西部を流れるヨーロッパ最長の大河である。モスクワのバルダイ丘陵に源を発し，カスピ海に注いでいる。沿岸には大きな発電所が設けられ，電力供給の面で重要な役割を果たしている。

D：インダス川は，南アジアの大河である。チベット高原西部に源を発し，パキスタン東部を経てアラビア海に注いでいる。流域ではおよそ紀元前2500年頃から都市文明が発展した。

1　A，B
2　A，C
3　B，C
4　B，D
5　C，D

中国に関する記述として，妥当なのはどれか。

【警察官・平成25年度】

1 東部は山岳地帯，西部は平野が多い。

2 北部は湿潤な気候で稲作が，南部は乾燥しているので畑作が盛んである。

3 世界最大の人口を抱え，一人っ子政策を実施後の1990年頃から人口は減少しつつある。

4 世界各国に輸出しているが，近年の貿易収支は赤字である。

5 経済格差が大きく，内陸部の多くの農民が沿岸部に出稼ぎに来ている。

 アングロアメリカに関する記述として，最も妥当なのはどれか。

【東京消防庁・令和元年度】

1 北アメリカ大陸を北緯40度で太平洋側から大西洋側に横断すると，アパラチア山脈，ミシシッピ川，プレーリー，グレートプレーンズ，ロッキー山脈の順となる。

2 アングロアメリカの気候は西経100度付近を境として大きく異なり，東側は乾燥地域，西側は湿潤地域が広がる。

3 アメリカ合衆国の首都は，ワシントン州の州都でもあるワシントンD. C. であるが，同国の最大の都市はニューヨークであり，世界の金融業の中心地である。

4 カナダは，英語のみが公用語である。また，最近ではアジアからの移民が増え，多民族社会を発展させてきている。

5 北緯37度より南側のサンベルトと呼ばれる地域は，北側のスノーベルトより新しい工業地域であり，シリコンヴァレーは，サンベルトを代表するハイテク工業地域である。

第3章

地理

1 東南アジア諸国の経済と工業化について問われている。特に東南アジア諸国連合（ASEAN）の国々には目を向けておこう。

1 ✕ シンガポールについての記述。インドネシアからではなく，**マレーシア連邦**から分離独立した。また，ルックイースト政策をとったのはマレーシアで，シンガポールは**外国資本の導入**によって工業化に成功した。

2 ◎ 正しい。マレーシアは，**ルックイースト政策**によって重化学工業化を推進してきたことも確認しておく。

3 ✕ この記述は，ベトナムではなく**マレーシア**に当てはまる。ベトナムのASEAN加盟は1995年である。ベトナムは**ドイモイ**により，市場経済へ移行し，対外開放を行っている。

4 ✕ この記述は，フィリピンではなく**シンガポール**に当てはまる。フィリピンは地主制度が広く残り，工業化がやや遅れている。

5 ✕ この記述は，タイではなく**ベトナム**に当てはまる。タイは外国資本の導入で工業化を進めている。ドイモイはベトナム語で「刷新」という意味。

☞ **確認しよう** ➡東南アジア諸国の経済・工業化   **正答** 2

2 サヘル地方の砂漠化の原因は，様々な要因がからんでいるので，気候的要因と社会的要因に分けて押さえておこう。

1 ✕ サハラ砂漠南縁のサヘル（アラビア語で「縁」「岸辺」の意味）は，もとは草原地帯（ステップ）であったが，雨を降らせる前線が来なくなるなどの気候変動（自然的要因）と人口の急増で**過伐採**（薪の需要増大），**過耕作**（食料不足），**過放牧**（家畜数の急増）などの人為的要因が重なり，砂漠化が進行している。このため住民の生活がおびやかされ，水と食料を求めた環境難民が出ている。

2 ✕ 地域別に見ると，熱帯雨林地域では，焼畑によるイモ類やバナナの栽培，サバナ地域では，雑穀（ミレット，ソルガムなど）の栽培や牛などの放牧，乾燥地域では牧畜が中心だが，雑穀の栽培は増えている。

3 ✕ ギニア湾沿岸地域では，かつて奴隷，金，象牙，穀物などが取引されていたが1980年代に大規模な海底油田が開発された。東部アフリカでも発見が相次ぎ注目されているのは，深海大規模ガス田である。

4 ✕ 2016年現在，**アフリカで国内総生産（GDP）が最大の国**は，ナイジェリアである（404,649百万ドル）。ナイジェリアは石油開発が進んでいるが，鉱業のGDP構成比が約6％と低く，第三次産業のGDP構成比が約60％となっている。なお，ナイジェリアはアフリカ第一の産油国で，ニジェール川デルタから海底にかけて油田がある。南アフリカ共和国の国内総生産はアフリカ第2位（295,440百万ドル）で，以下，エジプト，アルジェリアが続く。

5 ◎ 正しい。コーヒー豆の生産は，エチオピア（世界第6位），ウガンダ（同10位）。茶はケニア（同3位），カカオ豆はコートジボワール（同1位），ガーナ（同2位），ナイジェリア（同4位）の3か国で世界の6割以上を占めている（2017年）。

確認しよう ➡砂漠化の複数の要因　　　　**正答 5**

3 Bは冷涼な地域であること，Cは飼料作物がポイント。アメリカの地域についての図と産業の組合せについても整理しておく。

A アメリカ中西部に広がるのはプレーリーで，小麦・とうもろこし・綿花などが栽培される。フィードロットは，子牛に栄養価の高い飼料を大量に与えて飼育期間を短くし，肉牛を肥育する大型生産農場のこと。

B カナダに接するノースダコタ州では，冷涼な地域に適する春小麦が栽培される。冬小麦は大陸内陸部の温暖な気候の地域で栽培される。

C コーンベルトは，五大湖南岸地帯からアイオワ州にかけて，とうもろこしを中心に家畜飼育を行う混合農業のこと。コットンベルトは，南部のノースカロライナ州（東海岸）からテキサス州にかけた地域に分布。

D 北緯37度より南側の帯状に広がる地域はサンベルトと呼ばれ，航空機や宇宙関連産業などの先端技術産業が発達。フロスト（スノー）ベルトは，1970年代以降，工業が衰退している地域のこと。

したがって，正答は**1**である。

☞確認しよう ➡アメリカ合衆国の農産物と工業地域 　　　正答 **1**

4 南アメリカ大陸の国々の位置と気候区分とともに農産物を押さえておきたい。

1✕ 南アメリカ大陸では，熱帯雨林気候とサバナ気候が60％以上を占めるが，アルゼンチン中部のパンパなどに温暖湿潤気候が分布する。

2✕ アンデス山脈は，南アメリカ大陸の西部に南北に連なる山脈である。高地はジャガイモの原産地。

3✕ コロンビアが国境を接しているのはチリではなく，ベネズエラ，ブラジル，ペルー，エクアドル，パナマである。

4◎ 正しい。

5✕ ボリビアの首都ラパスは，アルティプラノとよばれる高地に位置している高山気候の代表的な地域。アルティプラノには有名なウユニ塩原がある。ギアナ高地は，ベネズエラ，ガイアナ，ブラジルの国境にまたがる卓状高地である。

☞確認しよう ➡南アメリカ大陸の地図と気候区分 　　　正答 **4**

⑤ オセアニア（オーストラリア，ニュージーランド）についての基本的な問題。地形，気候，農業，人種などに関する知識がポイントである。

A オーストラリアは，東部に古期造山帯の山脈（グレートディバイディング山脈）があり，西部には高原状の砂漠が広がっていて，中央部は大鑽井盆地である。**乾燥帯**が大部分を占める。

B 北部のサバナ地域では肉牛が飼われ，南東部のダーリング川，マーレー川流域で**小麦**が栽培されている。小麦は年間の降水量が500mm程度の地域が適している。

C オセアニアは，オーストラリア大陸と太平洋の島々からなる。太平洋の島々はメラネシア，ミクロネシア，ポリネシアの3つの地域に分けられ，ニュージーランドは**ポリネシア**に含まれる。

D ニュージーランドの先住民は**マオリ**で，アボリジニはオーストラリアの先住民。

したがって，**4**が正しい。

☞確認しよう ➡オセアニアの地形，気候，農業，人種 　**正答 4**

⑥ 川は農業にとってだけでなく，工業や発電にも重要な意味を持つ。主要河川の流域がイメージできるかどうかがカギとなる。

A 黄河ではなく，**長江**の記述として正しい。長江は華中を流れ，中国最大の河川で流域では米作が盛んである。2003年から貯水が始まったサンシャ（三峡）ダムは長江中流にある。黄河は華北を流れ，流域では小麦や綿花の栽培が盛んである。

B 正しい。

C ドナウ川ではなく，**ボルガ川**についての記述として正しい。ドナウ川は，ドイツ南西部のシュヴァルツヴァルト（黒森）が源で，オーストリアや東欧の国々を通り，下流の大湿地帯で分流して黒海に注ぐ国際河川。河口の三角州は世界自然遺産である。

D 正しい。

したがって，**4**が正しい。

☞確認しよう ➡ヨーロッパ，アジアの主要河川 　**正答 4**

⑦ 中国についての大まかな問題だが，地形から気候，経済，社会問題まで，広範にわたって問われている。確実に答えたい。

1✕ 東部と西部が入れかわっている。西部は山岳地帯である。パミール高原からヒマラヤ，クンルン，テンシャンなどの山脈が延び，チベットやモンゴルの高原もある。東部は華北平原などの平野部と丘陵である。

2✕ 東部は，チンリン山脈とホワイ川を結ぶ年降水量1000mmの線（チンリン＝ホワイ線）で南北に分けられ，北は乾燥した畑作地域，南は湿潤な稲作地域（南米北麦）となっている。西部は，砂漠やステップの広がる乾燥地域と高山気候の高原である。

3✕ 一人っ子政策の実施は1979年だが，農村部では守られていない所も多く，人口は増加している。2002年には，高齢化や労働力不足のため政策の緩和を打ち出し，2016年1月に正式に廃止された。

4✕ 近年の貿易収支は黒字が続いている。明らかな輸出超過である。

5◎ 正しい。

👉**確認しよう** ➡中国の地形，気候，経済，社会問題　　　　　　**正答 5**

8 アメリカ合衆国の主要な工業地域とその特色，主な工業都市を押さえておこう。

1 ✕ 北アメリカ大陸を北緯40度で太平洋側から大西洋側に横断すると，ロッキー山脈，グレートプレーンズ，ミズーリ川，プレーリー，アパラチア山脈の順になる。なお，ミズーリ川はミシシッピ川の大支流で，セントルイスでミシシッピ川と合流する。

2 ✕ アングロアメリカは，西経100度の子午線と年降水量500mmの等降水量線がほぼ一致している。この線の**東側は温暖湿潤気候**が広がり湿潤であり，**西側はステップ気候と砂漠気候**が広がり乾燥している。

3 ✕ ワシントンD.C.はアメリカ合衆国の首都で，いずれの州にも属さない連邦政府の直轄地。D.C.は正式であるコロンビア特別区の略。ワシントン州は合衆国の北西部太平洋岸に位置している。州都はオリンピアであるが，中心都市はシアトル。

4 ✕ **カナダの公用語は，英語とフランス語**。カナダ全体では，英語系の住民が約60％で，フランス語系住民が約20％である。カナダ第2の州**ケベック州**では，フランス語系住民が約80％を占め，独自の文化をもち，分離・独立の動きがある。

5 ◎ 正しい。**サンベルト**とは，カリフォルニアからフロリダに至る**北緯37度以南**の地域で，1970年代以降，先端技術産業が著しく発展した。カリフォルニア州の**シリコンヴァレー**もサンベルトにある。対語は**ラスト（フロスト・スノー）ベルト**で，北緯37度以北にある州で工業の衰退が進行している。

📝確認しよう ➡ アメリカ合衆国とカナダの産業と工業　　　**正答 5**

重要度

テーマ 4 日本の地理

重要問題

　日本の石炭，原油，液化天然ガスの輸入先国A〜Cに当てはまる組合せとして，妥当なのはどれか。　【地方初級・平成27年度・改題】

石炭 (2019年)	A 58.7%		インドネシア 15.1	B 10.8	7.1	8.3

アメリカ┘　　その他

原油 (2019年)	サウジアラビア 35.8	アラブ首長国連邦 29.7	C 8.8	8.5	B 5.4	その他 11.8

クウェート┘

液化天然ガス (2019年)	A 38.9	マレーシア 12.1	C 11.3	B 8.3	その他 29.4

0　　　　　　　　　　　50　　　　　　　　　　　100

（『日本国勢図会2020/21』）

	A	B	C
1	中国	オーストラリア	ブラジル
2	中国	カタール	イラン
3	ブラジル	ロシア	イラン
4	オーストラリア	ロシア	カタール
5	オーストラリア	中国	カタール

解説

各資源の輸入割合や順位は変動するので注意を要するが，問われ
ている国は複数の資源の輸入先なので，それを手がかりにする。

A ここ数十年，石炭の輸入先の第1位は**オーストラリア**である。この知識
だけで選択肢は**4・5**に絞り込める。オーストラリアは，世界有数の石炭
輸出国でもある。東部のグレートディヴァイディング山脈のモウラ炭田と
ボウエン炭田が名高い。**オーストラリアは，液化天然ガス（LNG）でも
第1位の輸入先**である。西部のビルバラ地区沖の大陸棚で産出される天然
ガスが，液化されて日本に送られてくる。

B **ロシア**である。かつて日本は一時期，中国から原油を輸入したこともあ
るが，国内需要の増大によって，アメリカに次ぐ第2位の輸入国。なお，
ロシアの原油の産出量は第2位。1位はアメリカでサウジアラビアは3位。
ロシア原油の主産地はチュメニ油田，ウラル＝ボルガ油田など。天然ガス
はアメリカ合衆国に次いで第2位（2017年）である。

C 石炭，原油，液化天然ガスともに**B**からも輸入している。2019年の時
点では，第3位の輸入先は**カタール**である。主産地はペルシャ湾。
したがって，**4**が正しい。

☞確認しよう ➡日本の主要エネルギー源の輸入先　　　　　　　**正答 4**

FOCUS

エネルギー源輸入についての問題を考えよう。石炭は環境問題。日本は，
世界に逆行して石炭の消費量が増えている。技術の進歩・改良によって改善
の方向にあるが，温室効果ガス発生の主因であることに変わりはない。

原油では，輸入先が中東（80％台）に偏りすぎていて，安定供給という
点で輸入先の分散化が求められている。

天然ガスは現在は－162℃に冷却して液化天然ガス（LNG）の形で輸入
している。天然ガスは新潟県や千葉県でも生産されていて，自給率は2.3％
（2019年）である。近年はアメリカやカナダでシェールガスが採掘されて
いるが，急な生産拡大による供給過多のため価格が低下し，企業の収益が悪
化している。

要点の まとめ

 地形については，東北日本と西南日本（内帯・外帯）の区分を押さえたうえで，三陸海岸＝リアス海岸のように，主要な地名と地形の特徴を覚えておきたい。気候については，農業と関連した問題が多いので，両者を対応させながら特色を把握しておこう。

■地形

フォッサマグナ…ドイツ人のナウマンによる命名。西縁は糸魚川・静岡構造線。**東北日本**と**西南日本**を分ける。ユーラシアプレートと北アメリカプレートの境界。

中央構造線…諏訪湖〜紀伊半島〜四国〜九州を走る断層。西南日本を**内帯**（北側）と**外帯**（南側）に分ける。

　◇東北日本……………山地と平野が平行に走る。

　◇西南日本　内帯……低くてなだらかな山地と盆地が多い。

　　　　　　　外帯……高くて険しい紀伊山地，四国山地，九州山地が連なり，平野が少ない。

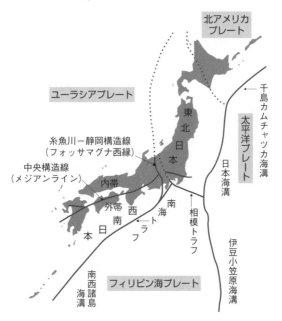

■気候

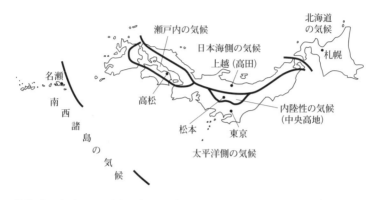

● 北海道の気候……冷帯（亜寒帯）の気候で，梅雨の影響が見られず，年間降水量が少ない。札幌の12月〜翌年1月までの月平均気温は0℃以下。

● 日本海側の気候……冬は北西の季節風と暖流の対馬海流の影響で雪（降水量）が多いが，夏は晴れの日が多く，気温も高い。

● 太平洋側の気候……夏は南東の季節風の影響で気温が高く多雨であるが，冬は晴天が多く乾燥する。梅雨や台風の影響を受けやすいので降水量は多い。東京の1月の平均気温5℃。

● 内陸性（中央高地）の気候……夏と冬，昼と夜との気温の差が大きく，1年を通して降水量が少ない。松本の1月の月平均気温が0℃以下。

● 瀬戸内の気候……冬の北西の季節風は中国山地，夏の南東の季節風は四国山地にさえぎられるため，1年を通して晴天が多く，降水量も少ない。高松の1月の月平均気温5〜6℃位。

● 南西諸島の気候……亜熱帯の気候で，1年を通して高温多雨，年平均気温20℃以上，年間降水量2000mm以上。名瀬の1月の平均気温約15℃。

■各地の雨温図

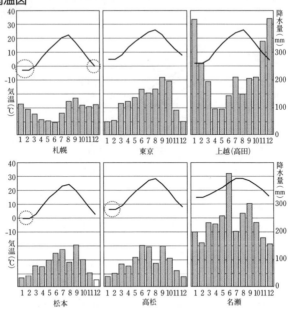

重要ポイント **2** **日本の農業**

 主要農産物の産地や，食料の自給率についての問題が多い。特に小麦や大豆の自給率に注意しよう。

■食料の自給率

総合食料自給率……37%（カロリーベース 2018 年）

穀物……………………28%	大豆……………………6%	肉類……………………51%
米………………………97%	野菜……………………77%	鶏卵※…………………96%
小麦……………………12%	果実……………………38%	牛乳・乳製品………59%

※飼料の多さを外国からの輸入に依存しているので　　　　　　（『日本国勢図会 2020/21』）
　実質的な自給率はさらに低い

■主な農産物の産地（2019年） 　　　　　　　　　　　　（果実・じゃがいも2018年）

米	①新潟（8.3%），②北海道（7.6%），③秋田，④山形，⑤宮城
小麦	①北海道（65.4%），②福岡（6.6%），③佐賀，④愛知，⑤三重
じゃがいも	①北海道（77.1%），②鹿児島，③長崎
さつまいも	①鹿児島（34.9%），②茨城（22.5%），③千葉（12.5%）
りんご	①青森（58.9%），②長野（18.8%），③岩手，④山形，⑤福島
みかん	①和歌山（20.1%），②静岡（14.8%），③愛媛，④熊本，⑤長崎
ぶどう	①山梨（23.9%），②長野（17.8%），③山形，④岡山，⑤福岡
もも	①山梨（34.8%），②福島（21.4%），③長野，④山形，⑤和歌山
茶	①静岡（38.6%），②鹿児島（36.6%），③三重，④宮崎，⑤京都
乳牛	①北海道（60.1%），②栃木（3.9%），③熊本，④岩手，⑤群馬
肉牛	①北海道（20.5%），②鹿児島（13.5%），③宮崎，④熊本，⑤岩手
豚	①鹿児島（13.9%），②宮崎（9.1%），③北海道，④群馬，⑤千葉
肉用若鶏	①宮崎（20.4%），②鹿児島（20.2%），③岩手，④青森，⑤北海道

（『日本国勢図会2020/21』）

第3章

地理

 重要ポイント③ **日本の資源・エネルギー**

鉱産物のほとんどが輸入に依存していることに注意する。エネルギーの供給割合では，1970年代の石油危機以来，石油の割合が低下，天然ガスと原子力の割合が増大した。しかし，福島第一原子力発電所の事故を受け，原子力の代わりとして，いっそう天然ガスの割合が高まっている。

■主要資源の輸入依存度（2019年）

石炭	99.6%	鉄鉱石	約100%
原油	99.7%	銅鉱石	99.9%
天然ガス	97.7%	木材	63%

■一次エネルギーの供給割合

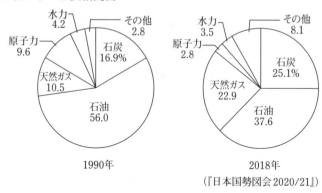

1990年

2018年

（『日本国勢図会2020/21』）

 重要ポイント **4** **日本の工業**

各工業地域の特色と主要都市の生産物に関する出題が多い。三大工業地帯の出荷では，中京の機械，阪神の金属に注意しよう。

■工業出荷額の割合（2017年）

愛知県（14.7％）・神奈川県（5.6）・大阪府（5.4）・静岡県（5.3）・兵庫県（4.9）

■三大工業地帯

	特色	主要都市
京浜	機械工業を中心に重化学工業が発達。出版社が多いことから印刷業も盛ん。	東京（出版・印刷），横浜（石油・機械），川崎（鉄鋼・機械・石油化学）
中京	日本最大の工業地帯。自動車工業を中心に発達。古くから繊維・窯業が盛ん。	名古屋（機械）・東海（鉄鋼），四日市（石油化学），豊田（自動車），一宮・尾西（繊維），瀬戸・多治見（陶磁器）
阪神	戦前は最大の工業地帯。臨海部で鉄鋼・石油化学・機械工業が盛ん。	大阪（化学），神戸（鉄鋼・化学），尼崎・堺（鉄鋼・化学），姫路（鉄鋼）

＊かつて四大工業地帯の一つに数えられた北九州工業地帯は，鉄鋼業と自動車を中心とした機械工業がさかん。

■その他の工業地域

	特色	主要都市
関東内陸	伝統的な繊維工業から機械工業へ変化。	宇都宮（機械），太田・狭山（自動車），秩父（セメント），桐生・足利・伊勢崎・前橋（繊維）
京葉	京浜工業地帯の延長として戦後発展。鉄鋼・石油化学が中心。	千葉（石油化学・鉄鋼・機械），君津（鉄鋼），市原（石油化学）
東海	豊富な工業用水と電力，交通に恵まれる。	富士・富士宮（製紙・パルプ），浜松（楽器・自動車・オートバイ），沼津（機械・化学）
瀬戸内	瀬戸内海沿岸部の埋め立てなどで用地を拡大。造船・繊維工業から石油化学・鉄鋼中心へ。	倉敷（石油化学・自動車・鉄鋼），周南（石油化学），福山（鉄鋼），広島（自動車），宇部・山陽小野田（セメント），呉（造船）

■主な工業地帯，工業地域の工業製品出荷額の割合

(2017 年)

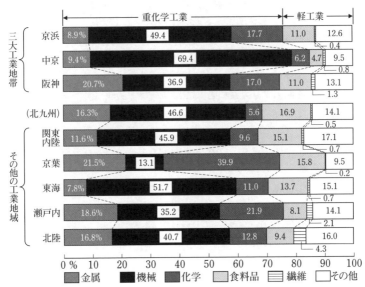

185

重要ポイント ⑤ 日本の貿易

主要輸入品の輸入先は頻出問題である。特に穀物とエネルギー資源・鉱産資源の輸入先は，確実に把握しておこう。

■主な輸入品の輸入先（2019年）

(単位：%)

品目	輸入先
小麦	①アメリカ (45.9)，②カナダ (34.8)，③オーストラリア (17.7)
とうもろこし	①アメリカ (69.3)，②ブラジル (28.2)，③アルゼンチン (1.4)
大豆	①アメリカ (70.6)，②ブラジル (14.0)，③カナダ (13.7)
野菜	①中国 (48.8)，②アメリカ (15.8)，③韓国 (5.8)，④タイ (4.4)
果実	①アメリカ (19.7)，②フィリピン (19.2)，③中国 (14.5)
肉類	①アメリカ (25.8)，②オーストラリア (14.3)，③タイ (14.3)
魚介類	①中国 (18.3)，②チリ (9.6)，③アメリカ (8.1)，③ロシア (7.5)
木材	①カナダ (24.0)，②アメリカ (17.5)，③ロシア (14.2)
石炭	①オーストラリア (58.8)，②インドネシア (11.9)，③ロシア (9.9)，④アメリカ (8.5)，⑤カナダ (7.4)
原油	①サウジアラビア (35.6)，②アラブ首長国 (13.8)，③カタール (8.7)，④クウェート (8.4)，⑤ロシア (5.5)
液化天然ガス (LNG)	①オーストラリア (40.4)，②カタール (11.7)，③マレーシア (11.3)，④ロシア (7.8)，⑤ブルネイ (5.7)
鉄鉱石	①オーストラリア (51.6)，②ブラジル (28.2)，③カナダ (7.7)，④南アフリカ共和国 (3.2)，⑤アメリカ (2.2)
銅鉱	①チリ (39.0)，②オーストラリア (19.6)，③ペルー (14.3)，④カナダ (7.0)
衣類	①中国 (55.9)，②ベトナム (15.1)，③バングラデシュ (4.0)，④カンボジア (3.9)
集積回路	①台湾 (53.4)，②アメリカ (13.0)，③中国 (9.9)，④韓国 (5.6)
自動車	①ドイツ (43.7)，②イギリス (10.5)，③アメリカ (9.4)，④イタリア (6.0)，⑤オーストラリア (4.7)
精密機械	①アメリカ (21.1)，②中国 (19.0)，③スイス (14.3)，④アイルランド (7.3)

（『日本国勢図会 2020/21』）

実戦問題

1 次の図と文は，わが国の地図と火山に関する記述であるが，文中の空所A〜Dにあてはまる地図上の位置を示すカタカナまたは火山の名称を選んだ組合せとして，妥当なのはどれか。　【特別区・令和2年度】

　地図上 **A** に位置している **B** は，2000年に23年ぶりの噴火をしたが，自治体が山周辺のハザードマップを作成しており，噴火前に住民の避難ができた。

　また，地図上 **C** に位置している **D** は，2014年に噴火し，多くの登山者が噴石等の犠牲となる大惨事となった。

	A	B	C	D
1	ア	有珠山	エ	御嶽山
2	イ	磐梯山	ウ	浅間山
3	ウ	浅間山	エ	御嶽山
4	エ	御嶽山	オ	雲仙岳
5	オ	雲仙岳	エ	浅間山

② 次の Ⅰ，Ⅱ，Ⅲは，わが国に見られる海岸地形に関する記述であるが，A〜Dに当てはまるものの組合せとして最も妥当なのはどれか。

【国家Ⅲ種・平成23年度】

Ⅰ 沿岸流によって運ばれた砂礫が，入り江の一方の端から海中に細長く堤状に堆積してできた地形を　A　という。この地形は，北海道の　B　などに見られる。

Ⅱ 湾の入口に発展した砂州などによって外海と切り離されて生じた浅い湖を　C　という。汽水湖の多くはこの成因によって形成されたものである。この地形は，中国地方の中海などに見られる。

Ⅲ 海岸段丘は，海面の低下や地震による隆起により，海食台の平坦面が海面より高くなることによって形成される。この地形は，四国地方の　D　などに見られる。

	A	B	C	D
1	三角州	野付崎	潟　湖	佐田岬半島
2	三角州	御前崎	三日月湖	佐田岬半島
3	三角州	野付崎	三日月湖	室戸半島
4	砂　嘴	野付崎	潟　湖	室戸半島
5	砂　嘴	御前崎	三日月湖	室戸半島

③ わが国の河川に関するア〜エの記述のうち，正しいものを2つ選んだ組合せとして妥当なのはどれか。　【警視庁・令和元年度】

ア 日本の河川は，他国の河川と比べ，勾配は緩やかである。

イ 日本で最も長い河川は信濃川であり，長野県，新潟県を流れ，日本海に注いでいる。

ウ 日本で最も流域面積が大きい河川は，筑後川である。

エ 洪水ハザードマップは，河川の氾濫などによる浸水予想地域と浸水深を示している。

1 ア，イ
2 ア，ウ
3 ア，エ
4 イ，ウ
5 イ，エ

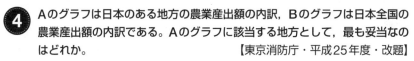

4 Aのグラフは日本のある地方の農業産出額の内訳，Bのグラフは日本全国の農業産出額の内訳である。Aのグラフに該当する地方として，最も妥当なのはどれか。 【東京消防庁・平成25年度・改題】

農業産出額の内訳(2018年)

A　1兆2,593億円

米 8.9%	野菜 18.0%	畜産 58.3%	その他 14.8%

B　9兆0,558億円

米 19.2%	野菜 25.6%	果実 9.3%	畜産 35.5%	その他 10.4%

1 北海道地方

2 東北地方

3 中部地方

4 近畿地方

5 九州・沖縄地方

第3章

地理

5 次のA，B，Cは，魚介類に関する記述であり，また，図は，それらの魚介類の2019年におけるわが国の主な輸入相手国・地域が占める割合（金額ベース）を示したものである。A，B，Cに当てはまる魚介類の組合せとして最も妥当なのはどれか。【国家一般職／税務／社会人・令和元年度・改題】

A：当該魚介類の養殖池を造成するために，マングローブが伐採されており，マングローブが減少する原因の一つとなっている。

B：広い範囲を回遊する当該魚介類は，複数の国際機関により資源管理が行われている。また，2000年以降，我が国において，完全養殖技術が開発された種がある。

C：河川などの淡水で生まれ，海へ下り，広く回遊しながら成長した後，成熟して産卵期になると生まれた川へ戻ってくる種がある。

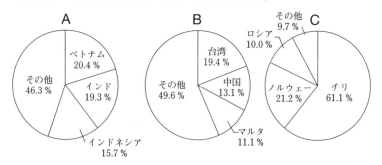

『日本国勢図会2020/21』

	A	B	C
1	たら	ひらめ・かれい	さけ・ます
2	たら	ひらめ・かれい	たこ
3	たら	まぐろ類	さけ・ます
4	えび	ひらめ・かれい	たこ
5	えび	まぐろ類	さけ・ます

6 日本の地形等に関する次の記述のうち，妥当なのはどれか。

1 本州の中央部には，3000m級の飛驒山脈，木曽山脈，越後山脈が連なっており，三つの山脈を総称して中央アルプスと呼んでいる。

2 本州の中央部には，中央構造線が南北にのびており，この西端は新潟県糸魚川市と静岡県熱海市をつないでいる。

3 三陸海岸など山地が海にせまったところでは，谷が海に沈み，入り組んだ海岸線をもつリアス海岸が見られる。

4 日本列島の近海の海底には，海岸線に沿うように深さ約200mの海溝があり，太平洋側の海溝の先には深さ約8000mを超える大陸棚が広がっている。

5 東日本の太平洋沖は，赤道付近から北上する暖流の親潮と千島列島から南下する寒流の黒潮がぶつかる潮目で，豊かな漁場になっている。

7 国土地理院が定める地図記号とその名称の組合せとして，最も妥当なのはどれか。

【警視庁・平成27年度】

A   B   C   D

	A	B	C	D
1	警察署	病院	老人ホーム	裁判所
2	消防署	保健所	博物館	裁判所
3	警察署	病院	図書館	針葉樹林
4	消防署	保健所	老人ホーム	針葉樹林
5	警察署	保健所	博物館	税務署

地理

第3章

8 次の図ア〜ウは，わが国のある都市における，気温および降水量の平年値（1981〜2010年の平均）とそれらの月別値をグラフに表したものであるが，それぞれに該当する都市の組合せとして，妥当なのはどれか。

【特別区・平成21年度・改題】

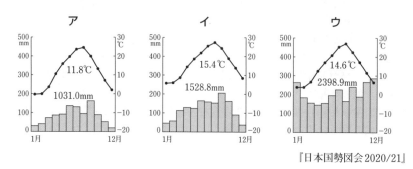

『日本国勢図会2020/21』

	ア	イ	ウ
1	松本	東京	札幌
2	東京	高松	金沢
3	松本	高松	札幌
4	札幌	高松	金沢
5	松本	東京	金沢

9 日本の気候に関する次の記述の空欄に当てはまる語句の組合せとして，妥当なのはどれか。

【東京都・令和2年度】

　 A の影響を受け，四季の変化がはっきりしている日本列島の周囲には，性質の異なる気団が発達しており，季節によって勢力範囲が変化する。

　夏には，高温・湿潤な小笠原気団におおわれて B の A が吹くが，夏に C の勢力が強いと，東北地方の太平洋側に冷たい北東風が吹き続け，北海道や東北地方で冷害を引き起こす。

	A	B	C
1	モンスーン	南西	オホーツク海気団
2	モンスーン	南東	オホーツク海気団
3	モンスーン	南東	シベリア気団
4	貿易風	南西	シベリア気団
5	貿易風	南東	シベリア気団

実戦問題●解説

① 日本列島には，東日本火山帯と西日本火山帯がある。四国地方には火山がない。

日本列島は環太平洋造山帯の上に位置し，4枚のプレート（太平洋プレート，フィリピン海プレート，ユーラシアプレート，北アメリカプレート）がそれぞれにぶつかり合っている。このため日本列島は火山や地震活動が活発で，「火山列島」「地震列島」と呼ばれている。日本列島には111の活火山がある。これは世界の活火山の7％にあたる。地図中のア～オはすべて活火山である。なお，休火山・死火山，富士火山帯・那須火山帯など7つの火山帯名は廃語となっている。

アは有珠山（北海道），イは磐梯山（福島県），ウは浅間山（群馬県と長野県の境）エは御嶽山（長野県と岐阜県の境），オは雲仙岳（長崎県）。以上の火山のうち，2000年に23年ぶりに噴火したのは**有珠山**。洞爺湖温泉街の背後で噴火した。有珠山はほぼ30年周期で噴火してきたので，噴火前に緊急火山情報が発令され，周辺の地方自治体が**ハザードマップ**を作成していたこともあって住民が速やかに避難し，死者はゼロにおさえられた。一方，2014年9月に大噴火した木曽の**御嶽山**は突然の噴火で多くの登山客が犠牲になった。この噴火が契機となって，登山者や周辺住民に対し，噴火をいち早く知らせる気象庁の「噴火速報」が2015年から始まった。

したがって，正答は**1**である。

👉**確認しよう** ➡ 主な活火山名とその位置

正答 1

2 海岸特有の特色ある地形についての基本的な知識があれば解ける問題。

A 沿岸流によって運ばれた砂礫が入り江の入り口に細長く堤状に堆積してできる地形は，**砂嘴**である。三角州は，河川が運んだ土砂が河口付近に堆積して形成される三角形の低平な地形をいう。

B 砂嘴の代表的な例は，北海道の**野付半島**である。

C 湾の入口に発達した砂州などによって外海と切り離されて形成された地形は，**潟湖**（ラグーン）である。三日月湖は，蛇行する河川の流れが浸食作用などによって切断され，三日月状に残った河跡湖である。

D 海岸段丘の代表的な例は，四国地方の**室戸半島**である。佐多岬半島は，愛媛県の西部に突出した，全長約40kmの日本一細長い半島。

したがって，正答は**4**である。

☞確認しよう ➡日本の海岸地形　　　　　　　　　　　正答 **4**

3 弧状の日本列島の中央部を背骨のようにして山地・山脈が連なっている。この山地・山脈から河川が流れ出ているので，日本の河川は短くて流れが速い。

ア 日本の河川は，細長い日本列島の中央部に背骨のように連なる山地・山脈が源である。このため河川の流路が短く，流が速い。

イ 正しい。日本で最も長い川は信濃川で367kmある。次いで利根川，石狩川と続く。

ウ 日本で最も流域面積が大きいのは利根川で，次いで石狩川，信濃川と続く。筑後川は九州では最大の流域面積であるが21位である。

エ 正しい。ハザードマップ（防災地図，災害予測地図）は，災害が発生した時に予測される被害の範囲や程度，避難経路，避難所などを示した地図。災害発生時の被害を少なくできる。

したがって，**5**が正答である。

☞確認しよう ➡日本の河川の特徴　　　　　　　　　　正答 **5**

④ 農業産出額の割合からその地方を答える問題。生産品目の特徴を適確につかむことがポイント。問われている地方は，畜産の割合だけでなく，いも，麦，豆の占める割合が大きいことに注目。

1 ◎ 正しい。北海道は，畜産の割合が圧倒的に多く，全農業産出額の約60％である。ほかにも，ばれいしょは全国の77.1％（2019年），小麦は65.4％，大豆は40.6％，あずきは93.7％，いんげんは94.8％（いずれも2019年）を産出している。

2 × 東北地方は，全国平均に比べて野菜がやや少なく，米が全国の約3分の1を占めているのが特徴。

3 × 中部地方は全国平均に比べて米の生産が少なく，野菜が多い。

4 × 近畿地方は，畜産の少ないのが特徴で，米，野菜は全国平均をやや上回る割合である。

5 × 九州・沖縄地方は，北海道とよく似た構成だが，畜産の割合は北海道を下回る。

（☞確認しよう）➡地方ごとの農業産出額の内訳　　　　　　　　正答 **1**

⑤ 日本の漁業別漁獲量の推移と主な漁港，主な魚介類の輸入先を押さえておこう。

A：日本はえびをベトナムやインド，インドネシアなどから輸入しているが，これらのえびの多くはマングローブを伐採してつくられ養殖池で生産されている。このため，えびの養殖池造成がマングローブ林消失の最大の原因となっている。マングローブの消失は，津波や高潮の被害を増大することになる。

B：広範囲を回遊する魚介類で，国際機関によって管理され，日本が完全養殖の技術を開発したのは，まぐろである。近畿大学が世界で初めてまぐろの完全養殖に成功したのは2002年のことである。まぐろの主な輸入先は，台湾・中国・マルタ（2019年）。

C：川など淡水で生まれ，海で成魚となった後，産卵のため生まれた川に上る代表的な魚類はさけ・ます。主な輸入先はチリ・ノルウェー・ロシア（2019年）。

したがって，Aはえび，Bはまぐろ類，Cはさけ・ます。

以上から，正答は**5**である。

☞確認しよう ➡確認しよう➡主な魚介類の輸入国　　　　　　　　　　　　　**正答 5**

6　4枚のプレートがぶつかり合う日本列島は4つの海に面し，周辺には4つの
海流が流れている。

1 ✕　日本列島で最も幅があり，最も高いのが中部地方。その中央部には，
飛騨山脈（北アルプス，木曽山脈（中央アルプス），赤石山脈（南ア
ルプス）が連なり，三つの山脈をまとめて**日本アルプス**と呼んでい
る。越後山脈は新潟県，群馬県，福島県にまたがる険しい山脈。

2 ✕　本州の中央部をほぼ南北に横断している大地溝帯を**フォッサマグナ**と
いう。ドイツ人のナウマンの命名による。ユーラシアプレートと北米
プレートの境界とされている。東縁は不明確であるが，西縁は糸魚
川・静岡構造線ではっきりわかっているが，静岡県熱海市ではなく静
岡市安倍川である。**中央構造線**は，西南日本を内帯と外帯とに分ける
断層線で，吉野川はこの線に沿って流れている。

3 ◎　妥当である。

4 ✕　**大陸棚**は海岸から水深200mまでの海底で，良い漁場となっている。
海溝は一般に細長く続くV字型のくぼ地で，海深は6000m以上になる。

5 ✕　東日本の太平洋沖には，北上する暖流の**日本海流（黒潮）**と南下する
寒流の千島海流（親潮）とが出会う潮目（潮境）があり，良い漁場に
なっている。

☞確認しよう ➡日本の地形の特色　　　　　　　　　　　　　　　**正答 3**

7　地図記号は，ものの形を図案化しているものがほとんどである。同じ記号を
丸で囲むことで，規模の差を表しているものもある。

　A　警察署である。2本の警棒を交差させた交番の記号✖を丸で囲んで，
警察署を表している。文は小・中学校，⊗は高等学校。

　B　病院である。赤十字＋がポイント。それに旧軍隊の衛生隊の符号を加
えたもの。なお，＋を丸で囲んだ⊕は保健所。

　C　杖（＝老人）と家の組み合わせで**老人ホーム**を表す。

196

D　これはわかりにくいかもしれない。**裁判所**である。**凸**は，江戸時代の
　　高札を図案化したもの。

したがって，**1**が正しい。

🖝**確認しよう**　➡建物を表す地図記号　　　　　　　　　　　**正答** **1**

⑧　札幌，東京，松本，金沢，高松がいずれの気候になるかを考える。まずは，
　　ウの降水量に着目するとよい。

　　ア　降水量が少ないうえ，夏季と冬季の気温の差が大きく，1月の平均気
　　　温がマイナスになっているので，内陸性気候。内陸にあるのは松本だけ
　　　なので，**松本**と判断できる。北海道（札幌）は，1・2・12月平均気温
　　　が0°以下になる。

　　イ　梅雨と台風の季節に多量の雨が降っている。これは太平洋岸式気候の
　　　特徴。**東京**のグラフと判断できる。高松は瀬戸内の気候なので降水量は
　　　少ない。

　　ウ　冬の降水量が多いのは雪。冬，降雪が多いのは日本海側。**金沢**のグラ
　　　フと判断できる。

　　したがって，正答は**5**である。

🖝**確認しよう**　➡日本の気候区分の特徴　　　　　　　　　　**正答** **5**

⑨　日本の天気に大きな影響を与えている日本列島付近の4つの気団名とその性
　　質，発生地，活動期を押さえておこう。

　　A　日本列島は冬は大陸から吹く北西の冷たい**モンスーン**（**季節風**），夏は
　　　太平洋から吹いてくる南東の暖かく湿潤なモンスーンの影響を強く受ける。

　　B・C　夏は高温湿潤な小笠原気団（太平洋高気圧）が強まると，本州以
　　　南では高温多湿の**南東**のモンスーンが吹き，盛夏となって晴天の日が続
　　　く。一方，**オホーツク海気団**（オホーツク海高気圧）が張り出して停滞
　　　すると，東北地方の太平洋側では「**やませ**」とよばれる北東の冷たい風
　　　が吹き，米の不作をまねく**冷害**が発生することもある。

　　したがって，正答は**2**である。

🖝**確認しよう**　➡日本列島周辺の4つの気団　猛暑日　　　　**正答** **2**

重要問題

　民族・人種・領土をめぐる問題に関する記述として最も妥当なのはどれか。　【国家一般職／税務／社会人・平成25年度】

1　南アフリカでは，アパルトヘイトと呼ばれる人種隔離政策が行われていたが，国際世論の批判を受けて，関係の諸法が全て廃止され，法的にはアパルトヘイト体制は終結した。

2　南シナ海の南沙群島については，スリランカ，ミャンマー，ラオスが領有を主張しているが，その背景にはイスラム教徒内での宗派の対立がある。

3　カシミール地方では，インドとバングラデシュの分離独立の際，住民の多くを占めるキリスト教徒はバングラデシュを，少数派のイスラム教徒はインドを選んだため，両国の間に紛争が起こった。

4　クルド問題は，各国に散在するクルド人が自らの独立国家を再建しようとしたために生じた。その独立運動は，トルコからは厳しく弾圧されたが，イラクからは支援された。

5　パレスチナでは，長い間，アラブ人とユダヤ人が共存してきた。しかしイスラエル建国後，パレスチナに多くのアラブ人が移住しユダヤ人の土地を強制収用したため，両者の間に紛争が起こった。

解説

民族・人種・領土をめぐる問題は，歴史的背景や宗教の対立という面の知識がないと理解しにくい。じっくり取り組むことが求められる。

1 ◎ 正しい。

2 × 南沙群島（スプラトリ諸島）の領有権を主張しているのは，フィリピン，ベトナム，マレーシア，ブルネイ，中国，台湾の6か国・地域である。周辺海域の海底油田やガス田が原因とされるが，中国は軍事的にも重視して岩礁を埋め立てて基地を建設するなど，国際法を無視した行動に国際社会から非難の声が上がっている。

3 × インド，パキスタン両国が1947年にイギリスから独立する際に，カシミール地方の藩王が多数派のイスラム教徒の意を汲まずにヒンズー国であるインドに帰属することを決めた。これを発端に印パ間で帰属をめぐる紛争が起こり，1998年には両国は核兵器を保有するようになった。紛争は現在でも続いている。

4 × クルド問題とは，クルド人居住地域（クルディスタン）が第一次世界大戦後，トルコ，イラン，イラク，シリアなどに分断され，それぞれの国でクルド人が自治や分離・独立運動を展開していることをいう。クルド人の独立運動に対してはイラクとトルコが軍事的な弾圧を行っている。なお，クルド人は国家をもたない最大の民族とよばれている。

5 × パレスチナ地方にはアラブ人が住んでいたが，19世紀後半からユダヤ人が祖国復帰と称して移住。対立が始まった。とくに1948年，ユダヤ人がイスラエルを建国し，入植を進めて土地を強制収用したため対立が激化。アラブ諸国とイスラエルとの間で4度の中東戦争が起こった。1973年の第4次中東戦争が契機となって第1次石油危機が起こった。

☞確認しよう ➡民族・人種・領土をめぐる問題　正答 1

FOCUS

世界各地の紛争は，異なる民族・宗教の信者・国家間で発生するのがつねだが，それに当てはまらない場合もある。その例がソマリア内戦である。ソマリアは，国民の大多数がソマリ民族で約90%がイスラム教徒である。単一民族国家といえるのだが，問題は10以上ある氏族にある。それぞれが緊密な社会を構成していて，その氏族間で対立が起こっているのである。

要点の

重要ポイント **1** **人口**

人口ピラミッドに関する問題はよく出題される。低開発国・発展途上国・先進国の人口構成の特徴を把握したうえで，中国の一人っ子政策（2015年廃止）やインドの家族計画などのポイントを押さえておきたい。

■人口の分布

エクメーネ（人間の居住地域）…陸地の87％…穀物の耕作限界にほぼ等しい。

アネクメーネ（人間の非居住地域）…陸地の13％…極地・砂漠・高山など。

■大陸別人口分布（推計）（中央・南アメリカにカリブ諸国を含む）

中央・南アメリカ　5.5%　　2019年

アジア 59.7%	アフリカ 17.0%	ヨーロッパ 9.7%	

北アメリカ　7.6%

オセアニア　0.5%

■人口の多い国

2019年（産業別人口割合は2016年推計，一部2010, 2012, 2013, 2014, 2015年）

	人口 （万人）	世界人口に占める割合(%)	人口密度 （人/km²）	産業別人口割合		
				第一次(%)	第二次(%)	第三次(%)
①中国	143,400	18.6	149	28.3	29.3	42.4
②インド	136,600	17.7	416	47.1	24.8	28.1
③アメリカ合衆国	32,900	4.3	33	1.6	18.4	77.8
④インドネシア	27,100	3.5	142	31.8	21.2	47.0
⑤パキスタン	21,700	2.8	272	43.5	22.5	34.0
⑥ブラジル	21,100	2.7	25	10.2	20.9	68.9
⑦ナイジェリア	20,100	2.6	218	30.6	14.1	55.3
⑧バングラデシュ	16,300	2.1	1105	45.1	20.8	34.1
⑨ロシア	14,600	1.9	9	6.7	26.9	66.3
⑩メキシコ	12,800	1.7	65	13.0	25.3	61.2
⑪日本	12,600	1.6	339	3.4	24.3	70.7
⑫エチオピア	11,200	1.5	101	72.7	7.4	19.9

（『データブックオブ・ザ・ワールド2020年版』）

■人口ピラミッド

名称	形	特徴	分布
ピラミッド型 (富士山型)	人口爆発 ＝ 多産多死型 多産 少死型　50（漸増） 15 20 6	低年齢層の割合が大きく，高年齢層が非常に少ない。なだらかな形は多産多死（低開発の国）。急勾配は多産少死（発展途上国の人口爆発）。	アジア，アフリカ，中央・南アメリカなどの発展途上国（1950年代までの日本はこのタイプ）
つり鐘型 (ベル型)	50 15 20 6	低年齢層と高年齢層との差が少ない。少産少死で人口の停滞している先進国に多い。	西ヨーロッパ，北アメリカ，オセアニアなどの先進国
つぼ型 (紡錘型)	50 15 20 6	低年齢層よりも高年齢層の割合が大きい。つり鐘型よりさらに出生率が下がったときに見られる。若年労働者の不足で国力も停滞する。	ドイツ，スウェーデンなど（日本はつり鐘型からつぼ型へ）
星型 (都市型)	50 15 20 6	低年齢層や高年齢層に比べ，生産年齢人口が多い。若年層の転入が多い。(人口転出)	大都市やその周辺（東京23区など）
ひょうたん型 (農村型)	50 15 20 6	生産年齢人口が少なく，低年齢層や高年齢層が多い。生産年齢人口の転出が激しい農村部などに見られる（人口転出）。	日本では，農村や島部に多い。

■人口増加の型

自然増加（一定期間の出生数－死亡数）……歴史的に多産多死→多産少死→少産少死と推移。

社会増加（人口移動による移入人口－移出人口）……出稼ぎや移住など。

各国地誌とセットで出題されることが多い。各地で発生している民族問題の原因を把握したうえで，その地域を地図で確認しておこう。

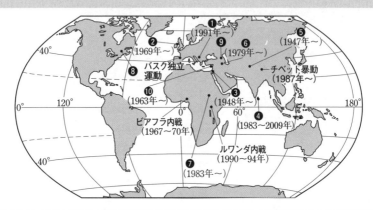

❶**旧ユーゴスラビアの内戦**…ボスニア・ヘルツェゴビナでは，セルビア人（セルビア正教）・クロアチア人（カトリック）・ムスリム（イスラム教）の3勢力による内戦。セルビアのコソボ自治州は，2008年，セルビアからの独立を宣言したが，ロシアや中国などは未承認。

❷**北アイルランド問題**…イギリスに属する北アイルランドの多数派プロテスタントと，アイルランドへの帰属を求める少数派カトリックの対立。1998年包括的和平合意。

❸**パレスチナ問題**…1948年，国連のパレスチナ分割案に基づいてユダヤ人（ユダヤ教）がイスラエルを建国したため，追放されたパレスチナ・アラブ人（イスラム教）と周辺アラブ諸国がイスラエルと対立。中東戦争に発展。

❹**スリランカ紛争**…多数派の仏教徒シンハラ人に対するヒンズー教徒のタミル人の分離独立運動。1983年以来紛争が続き，内戦が激化したが，2009年，政府軍はタミル人過激派組織LTTE支配地域を奪取し内戦は終結した。

❺**カシミール紛争**…1947年のインド・パキスタンの分離独立以来，カシミール地方のムスリムの分離独立紛争。両国は核実験を強行。

❻**クルド問題**…イラン・イラク・トルコなどにまたがる「国をもたない最大の民族」クルド人の自治・独立運動。

❼**スーダン内戦**…1983年，イスラム法の導入に反発した南部のキリスト教徒主体の反政府勢力（SPLM）と政府との間で内戦開始。しかし，2005年1月に双方が南北包括和平合意に調印し内戦は終結。南部の住民投票を経て，2011年7月南スーダン共和国が独立した。ただし，油田地帯の帰属問題など未解決の問題も残る。

❽**ケベック問題**…カナダのケベック州で8割近くを占めるフランス系住民による分離・独立の動き。

❾**チェチェン紛争**…独立を宣言したチェチェン共和国（イスラム教徒が多い）に対しロシアが軍事行動。2009年，国家対テロ委員会は独立派の掃討が完了したとして対テロ作戦地域からの除外を発表し，紛争終結。

❿**キプロス紛争**…南部のギリシア系住民（ギリシア正教，住民の約80％）とキプロス共和国（南部のギリシア系キプロス）北部の2004年にEU加盟。トルコ系住民（イスラム教，約20％）の対立。事実上の分断国家に。

実戦問題

1 各国の信仰する宗教に関する記述中のア〜ウそれぞれのa，bから妥当なものを選んだ組合せはどれか。　【地方初級・平成30年度】

　キリスト教を信仰している国として，東南アジアでは，ア |a. フィリピン，b. インドネシア| が挙げられる。また，アフリカでは，イ |a. エジプトやリビア，b. 南アフリカ共和国| がある。ウ |a. イタリア，b. ロシア| では，カトリックが多数を占めている。

	ア	イ	ウ
1	a	a	a
2	a	a	b
3	a	b	a
4	b	a	b
5	b	b	a

2 人口に関する記述として最も妥当なのはどれか。
【中途採用者・平成22年度・改題】

1　人類が常住し，生活を営むことが可能な地域（エクメーネ）は，砂漠化の進行にともなって急激に減少しており，近年では全陸地面積におけるエクメーネの割合は50％を下回るようになった。

2　人口増減には，出生と死亡による自然増減と，移民や引越にともなう転出と転入による社会増減があるが，アメリカ合衆国においては，9.11同時多発テロ事件以降の移民の受入れが厳しく制限され，入移民数が出移民数を大きく下回り，社会減が続いている。

3　世界の人口は約77億人を超え，さらに増え続けている。2019年現在で最も人口が多い国は中国で，第2位はインドであるが，国際連合によると，今世紀半ばには，インドが総人口で世界第1位になると予測されている。

4　各国では都市の発展にともなって，郊外での計画的な宅地開発が進められることが多いが，その結果，都心部では夜間人口は少ないが通勤・通学等による移動人口を加減した昼間人口が多いというスプロール現象が見られる。

5　わが国では高齢化が進むとともに，2000年（平成12年）以降，一貫して合計特殊出生率が低下し，2015年（平成27年）には初めて1.5を下回る水準となった。

3 次はヨーロッパの宗教，言語などに関する記述であるが，B，D，Fに当てはまるものの組合せとして最も妥当なのはどれか。

【国家一般職／税務／社会人・平成24年度】

　ヨーロッパは，古代ギリシャやローマ文化やキリスト教文化のもとに築かれてきた。大きくみると，キリスト教のなかでも，西ヨーロッパ北東部や北ヨーロッパの国々では　A　，西ヨーロッパ南西部や地中海沿岸の国々では　B　，ヨーロッパ東部の国々では正教会が多い。

　言語的には，英語やドイツ語の仲間（ゲルマン語派），フランス語やイタリア語の仲間（　C　語派），そして東ヨーロッパのポーランド語やチェコ語の仲間（　D　語派）の三つのグループに分かれる。

　また，ヨーロッパの先進国では多くの外国人労働者が働いており，その中にはEU域外から流入して生活している人々もいる。これらの人々は，第二次世界大戦以後の経済成長期に流入した外国人労働者とその家族であることが多い。その出身国をみると，イギリスでは　E　系，ドイツでは　F　系が多く，フランスでは北アフリカ系が多い。

	B	D	F
1	プロテスタント	ラテン	インド
2	プロテスタント	スラブ	インド
3	プロテスタント	ラテン	トルコ
4	カトリック	スラブ	インド
5	カトリック	スラブ	トルコ

実戦問題●解説

① 宗教には，キリスト教・イスラム教・仏教のように世界中で広く信仰されている世界宗教と，ヒンドゥー教・ユダヤ教のように特定の民族に信者が限定される民族宗教とがある。

　ア　東南アジアでキリスト教の信者が特に多いのはフィリピンで，国民の92.7％がキリスト教である。この背景には，フィリピンが約300年間スペインの植民地であったことがある。インドネシアは国民の87.2％がイスラム教で，世界で最もイスラム教徒の信者（ムスリム）が多い国である。

　イ　アフリカで多く信仰されている宗教は，キリスト教とイスラム教である。前者の主な国としてはルワンダ，リベリア，ケニア，**南アフリカ**，ガーナ，エチオピア，後者は北アフリカに多くアルジェリア，エジプト，チュニジア，リビア，モロッコなどがある。

　ウ　ヨーロッパは圧倒的にキリスト教の信者が多いが，カトリック（旧教）は**イタリア**，スペイン，ポルトガルなど南ヨーロッパに多い。ロシアはキリスト教のロシア正教（53.1％）が最も多い。

　したがって，正答は**3**となる。

確認しよう ➡世界三大宗教（キリスト教，イスラム教，仏教）と宗教人口（キリスト教約33％　イスラム教約24％　ヒンドゥー教約7％）

正答 3

② 人口の増減および都市化に伴って起こる現象についての問い。人口に関連する用語や人口の推移の傾向の知識がポイント。

1✕ 砂漠化の進行によるエクメーネの減少は認められているが，全陸地面積におけるエクメーネの割合は近年でも**90％**近くである。

2✕ 9.11以降，申請手続・審査の厳格化などが進められてきたが，**不法移民の増加**もあり，社会減とはなっていない。

3◎ 正しい。

4✕ スプロール現象は**ドーナツ化現象**の誤り。

5✕ わが国の合計特殊出生率は，1989年に急落（1.57ショック）し，2000年に1.36，2015年には1.26。2018年現在，1.42。

確認しよう ➡世界の人口と諸問題

正答 3

3 ヨーロッパの宗教，言語などに関する問題。歴史的な背景も考慮しながら判断すること。

A 16世紀初めに宗教改革が行われた地域を考える。ルターはドイツ，カルヴァンはスイスで改革を行った。これが**プロテスタント**となる。現在でも，プロテスタントは，ヨーロッパ北東部や北部に多い。

B 東西教会分裂（1054年）後，西方教会は**カトリック**と自称した。**ヨーロッパ南西部や地中海沿岸の国々で信者が多い。**東方教会は，ギリシャ正教会，ロシア正教会，ルーマニア正教会，ブルガリア正教会などの諸教会をいい，正教会ともいう。ヨーロッパ東部に多い。

C フランス語やイタリア語は，ラテン語から派生した言語である。ラテン語は，もとはイタリア半島のラティウム地方の方言である。それが古代ローマ帝国の公用語となり広まった。

D ポーランド語やチェコ語はスラブ語の仲間である。スラブ語は，スラブ族が用いる諸言語の総称で，東・西・南スラブ語の3つに分けられる。ポーランド語，チェコ語は西スラブ語。ロシア語は東スラブ語である。

E かつての植民地からの流入が多いと考えられる。イギリスは**インド**を植民地としていた。

F 西ドイツでは，1950年代～1960年代の高度成長期に労働力不足から公式に外国人労働者（ガストアルバイター）を受け入れた。その代表的な国が**トルコ**である。

したがって，**5**が正しい。

☞確認しよう ➡ヨーロッパの宗教・言語・外国人労働者　　　　　正答 **5**

第4章

倫　理

テーマ1　西洋思想・東洋思想

重要問題

仏教に関する記述として最も妥当なのはどれか。

【国家一般職／税務／社会人・令和2年度】

1 紀元前，ブッダは，全てのものが絶えず変化する万物斉同の世界で，一切の修行を捨てて自然に身を任せる無為自然の実践により解脱の境地に至ることができると説いた。

2 奈良時代，上座部仏教が，スリランカ，東南アジアを経て日本に伝わり，仏教によって国の安泰を図る鎮護国家の実現のため，厩戸王（聖徳太子）は東大寺に大仏を建立した。

3 平安時代，空海は，万物は宇宙の本体である大日如来の現れであり，真言を唱える密教の修行などを通じて，大日如来と一体化する即身成仏を遂げることができると説いた。

4 鎌倉時代，親鸞は，自分の力を誇る悪人は，阿弥陀仏には救われないが，坐禅による修行を通じて自力で悟りの境地に至ることができると説いた。

5 鎌倉時代，道元は，自分の無力を深く自覚し，踊りながらひたすらに念仏を唱えて阿弥陀仏の慈悲にすがる人こそが悟りの境地に至ると説いた。

解説

仏教がわが国の政治・文化および人々の日常生活に与えた影響の大きさを考えるなら，教義や歴史的変化に目を向ける必要性も理解できるはず。鎌倉時代の新仏教は頻出テーマでもある。

1 ✕ 万物斉同，無為自然は老子を始めとする道家の主張のキーワードである。ブッダの教えの中心にあるのは**縁起の法**であり，四諦・八正道の修行によって悟りを得ることを勧めている。

2 ✕ 上座部仏教は自己の完成（解脱）をひたすら求めるものであり，日本に伝わった**大乗仏教**とは別。鎮護国家は大乗仏教の主張であり，東大寺の大仏を建立したのは**聖武天皇**である。

3 ◎ 妥当である。真言は大日如来の真実の言葉という意味。空海の開いた真言宗は秘密の呪法の習得を目指したことから**密教**と呼ばれ，経典から悟りを得ようとする**顕教**と区別した。

4 ✕ 親鸞は**絶対他力**の信仰を持ち，阿弥陀仏が救済するのは罪深い悪人であるという**悪人正機説**を唱えた。親鸞は専修念仏を唱えた法然の教えを学んでおり，禅宗とは一線を画していた。親鸞は自ら一宗を開こうとしなかったが，その弟子が浄土真宗という教団を誕生させている。

5 ✕ 道元は**自力求道**の禅宗の僧であり，中国から曹洞宗を伝えた。彼は座禅による自力本願を志し，「**只管打坐**」という言葉を残している。踊念仏は一遍が始めたもので，「南無阿弥陀仏」の**名号**を唱えれば誰でも極楽往生できるという主張は浄土宗・浄土真宗と共通している。

正答 3

第4章

倫理

FOCUS

　倫理では，西洋思想・東洋思想ともに，主な思想家の著書や考え方などの知識を問う問題が多い。難易度はそれほど高くないので，主張がわかりやすい思想家を中心に，それぞれの思想家の言葉や著書，思想内容を集中的に覚えておくとよい。

要点の まとめ

重要ポイント ① 西洋の思想家とキーワード

 ベーコンの帰納法とデカルトの演繹法，自然状態に関するホッブズやロックの考え方の違いなど，対比的な思想を整理しておこう。

●古代ギリシャ

- タレス ⇨自然哲学の祖，「万物の根源は水である」
- ソクラテス ⇨「汝自身を知れ」，無知の知，問答法（産婆術）
- プラトン ⇨イデア論，エロース，『饗宴』『国家』
- アリストテレス⇨万学の祖，学園リュケイオン，『形而上学』
- ヘラクレイトス⇨万物流転説，『自然について』
- デモクリトス ⇨原子論哲学の完成者
- プロタゴラス ⇨相対主義，「人間は万物の尺度」

●近代

- ベーコン（英）⇨イギリス経験論の祖，「知は力なり」，帰納法
- デカルト（仏）⇨方法的懐疑，「われ思う，ゆえにわれあり」，演繹法
- ホッブズ（英）⇨「万人の万人に対する闘争」，『リヴァイアサン』
- ロック（英）⇨自然状態＝自由・平等，抵抗権と社会契約論，『統治論』
- ルソー（仏）⇨「自然に帰れ」，人民主権，『社会契約論』
- カント（独）⇨批判哲学，『純粋理性批判』『実践理性批判』
- ヘーゲル（独）⇨弁証法，『精神現象学』
- ベンサム（英）⇨功利主義，「最大多数の最大幸福」→快楽計算
- ミル（英）⇨功利主義，「満足した豚であるより不満足な人間のほうがよい」
- パスカル（仏）⇨『パンセ』（「人間は考える葦である」），「心情」の論理

●現代

- マルクス（独）⇨唯物史観（史的唯物論），『資本論』
- キルケゴール（デンマーク）⇨神の前に立つ単独者『死に至る病』
- ニーチェ（独）⇨「神は死んだ」，超人，永劫回帰，『ツァラトゥストラはこう語った』
- サルトル（仏）⇨実存主義，『存在と無』『弁証法的理性批判』『汚れた手』
- ヤスパース（独）⇨実存は「限界状況」に直面して自覚される，『哲学』

重要ポイント **2** **東洋の思想家とキーワード**

諸子百家および鎌倉新仏教は頻出のテーマである。主な思想家の名前とその根本思想を表すキーワードを組み合わせて，しっかりと覚えておこう。

■中国

●儒教思想
- 孔子 ⇨仁と礼，徳治主義，『論語』
- 孟子 ⇨性善説，四端説，易姓革命
- 荀子 ⇨性悪説，礼治主義
- 朱子 ⇨朱子学の開祖，理気二元論，居敬窮理
- 王陽明⇨陽明学の開祖，心即理，致良知，知行合一

●墨家の思想
- 墨子 ⇨兼愛・交利，非攻説

●道家の思想
- 老子 ⇨無為自然，柔弱謙下，小国寡民
- 荘子 ⇨万物斉同，真人

●法家の思想
- 韓非子⇨信賞必罰

■日本

●平安末期・鎌倉時代の仏教
- 法然 ⇨浄土宗の開祖，専修念仏（南無阿弥陀仏），『選択本願念仏集』
- 親鸞 ⇨浄土真宗の開祖，絶対他力，悪人正機説，『教行信証』
- 一遍 ⇨時宗の開祖，踊り念仏
- 栄西 ⇨臨済宗を伝える。『興禅護国論』，建仁寺
- 道元 ⇨曹洞宗を伝える。只管打坐，身心脱落，『正法眼蔵』，永平寺
- 日蓮 ⇨日蓮宗の開祖，題目（南無妙法蓮華経），『立正安国論』

第4章

倫理

●江戸時代の諸学派
・藤原惺窩⇨朱子学派，近世儒学の開祖，『惺窩文集』
・林羅山　⇨朱子学派，幕府の官学，儒仏分離，上下定分の理，『春鑑抄』
　　　　　　　『三徳抄』
・中江藤樹⇨陽明学派，近江聖人，知行合一，『翁問答』
・山鹿素行⇨古学派，武士道理論，『聖教要録』
・伊藤仁斎⇨古義学派，仁・愛，『童子問』
・荻生徂徠⇨古文辞学派，政治と道徳の分離，経世済民，『弁道』
・石田梅岩⇨民衆の思想家，石門心学，『都鄙問答』
・賀茂真淵⇨国学者，漢心と真心，「ますらをぶり」，『国意考』
・本居宣長⇨国学者，「もののあはれ」論，「惟神の道」，『古事記伝』
・平田篤胤⇨国学者，復古神道
・安藤昌益⇨民衆の思想家，万人直耕の自然世，封建制批判，農本主義

●近代の思想家
・福沢諭吉⇨啓蒙思想，明六社の同人，天賦人権論，実学の勧め，独立自
　　　　　　尊，『西洋事情』『学問のすゝめ』『文明論之概略』
・中村正直⇨啓蒙思想，明六社の同人，イギリス流の自由・独立を強調，
　　　　　　J.S.ミル『自由論』を『自由之理』として翻訳・刊行。
・中江兆民⇨自由民権運動の理論的指導者，「東洋のルソー」，ルソーの『社
　　　　　　会契約論』を『民約訳解』として翻訳・刊行。
・内村鑑三⇨無教会主義キリスト教，「二つのJ」，『余は如何にして基督信徒
　　　　　　となりし乎』
・吉野作造⇨大正デモクラシーの代表的思想家。民本主義を説く。黎明会を
　　　　　　結成。『現代の政治』『支那革命小史』
・西田幾太郎⇨参禅体験から得た「純粋経験」を基盤に，東洋思想と西洋哲
　　　　　　　学を融合した独自の西田哲学を展開。『善の研究』
・和辻哲郎⇨人と人との間柄でとらえる倫理学。『人間の学としての倫理学』
　　　　　　『風土』
・丸山真男⇨『日本政治思想史研究』『現代政治の思想と行動』『日本の思想』

実戦問題

1 古代ギリシアの思想家に関する記述として，妥当なのはどれか。

【地方初級・平成30年度】

1 ゼノンを祖とするストア派は，禁欲主義の立場に立って，怒りや死の恐怖などの情念（パトス）に動かされない状態（アパテイア）を理想とした。

2 エピクロスは，快楽主義の立場に立って，世俗での生活は静かで永続的な精神的快楽を乱すものであるため，「自然に従って生きよ」と説いた。

3 アリストテレスは，アテネの人々に無知を自覚させることを自分の使命と考え，相手に無知を自覚させるために問答法という方法を用いた。

4 ソクラテスは，「人間は万物の尺度である」と述べ，人間一人ひとりの判断がものごとの真偽を決めるという相対主義を主張した。

5 プラトンは，「人間はポリス的動物である」と述べ，ポリスでの共同生活に欠かせないものとして正義と友愛（フィリア）を重視した。

 2 西洋の思想家に関する次の記述として，妥当なのはどれか。

【警察官・平成23年度】

1 ロックはその著書『社会契約論』の中で，一般意思について説いた。

2 ルソーは三権分立によって，権力の集中と濫用を防ぐことを説いた。

3 モンテスキューは『市民政府二論』の中で，抵抗権を唱えた。

4 アダム＝スミスは『人口論』の中で，経済の自由を説いた。

5 ホッブズは『リヴァイアサン』で，自分の意思を権力の高いものに任せることを説いた。

第4章

倫理

3 次のA～Cは，実存主義の思想家に関する記述であるが，それぞれに該当する思想家の組合せとして，妥当なのはどれか。　【特別区・平成24年度】

A　当時のヨーロッパをニヒリズム（虚無主義）の時代ととらえた。ニヒリズムを克服するためには，「神は死んだ」ということを認め，これまでの道徳や価値観を破壊して，新しい価値を創造しなければならないとし，この新たな価値の創造者を「超人」と呼んだ。

B　人間が自己の本来的なあり方に目覚めていく過程を，実存の三段階として示し，第一段階を自己の欲求を追求し，享楽的に生きていく美的実存，第二段階を良心に従って道徳的に生きていく倫理的実存，第三段階を信仰への飛躍により本来の自己を取り戻す宗教的実存とした。

C　人間は限界状況において自己の無力を知り，有限性を自覚して挫折を経験することがある。そのことを通じて，はじめて自己を超え自己を支えている超越者に出会い，実存に目覚めるとした。また，実存的交わりを通して，おたがいの実存が明らかになるとした。

	A	B	C
1	キルケゴール	ニーチェ	ヤスパース
2	キルケゴール	ヤスパース	ニーチェ
3	ニーチェ	キルケゴール	ヤスパース
4	ニーチェ	ヤスパース	キルケゴール
5	ヤスパース	ニーチェ	キルケゴール

4 古代中国の思想家である孔子に関する記述として，最も妥当なのはどれか。
【警視庁・平成30年度】

1　社会秩序を実現するために，刑罰をともなう法律による法治主義を説いた。

2　何ごともあるがままに自然に従って生きることや，「小国寡民」を理想とした。

3　人を愛することである「仁」や道徳的な意味をもつ「礼」を備えることを理想とした。

4　何ものにもとらわれない，精神の絶対的な自由の境地（逍遥遊）に生きようとした。

5　戦争を否定する非攻論や，わけへだてなく人を愛し利する兼愛交利の実践を説いた。

⑤　鎌倉時代の仏教思想家に関する記述として，妥当なのはどれか。

【特別区・平成27年度】

1　法然は，戒律を守り身と心を清浄にし，坐禅につとめるならば，自己の内なる仏の知に目覚め，他者をも安楽にできると説き，臨済宗を伝えた。

2　親鸞は，煩悩（ぼんのう）を捨てきれない悪人であると自覚した人は，他力に委ねる心があるため往生できるとする悪人正機を説き，浄土真宗を開いた。

3　栄西は，往生のためには，ほかの修行をさしおいて，称名念仏に専念するだけでよいとする専修念仏を説き，浄土宗を開いた。

4　道元は，南無妙法蓮華経という題目を唱えれば，人はその功徳を譲りあたえられ，誰でも仏となることができると説き，法華宗を開いた。

5　日蓮は，坐禅につとめるとき，煩悩にとらわれていた自己が脱け落ち，束縛から解放されるとする身心脱落を説き，曹洞宗を伝えた。

⑥　わが国の思想家に関する記述として，妥当なのはどれか。

【特別区・平成23年度】

1　内村鑑三は，自己のうちなる「内部生命」の要求を現実世界においてではなく，精神の内面世界（想世界）において実現しようとした。

2　北村透谷は，文字によって残された資料ではなく，「常民」によって受け継がれてきた民間の伝承から日本の伝統文化を明らかにしようとした。

3　西田幾太郎は，主観と客観とが区別される以前の直接的な経験の事実にこそ，最も根本的な真の実在が表れているとして，これを「純粋経験」と呼んだ。

4　柳田国男は，西洋近代の個人主義を批判し，人間は人と人との「間柄」において存在すると考え，また，著作「風土」で風土と思想との関係を説いた。

5　和辻哲郎は，教会や儀式にとらわれることを排し，直接，聖書の言葉によることを重んじて無教会主義の立場をとった。

第4章

倫理

1 思想家が残したとされる名言が大きなヒント。ソクラテス，プラトン，アリストテレスの3人の言葉は必修事項。

1 ◎ 妥当である。ゼノンは自然の本性そのものである「ロゴス」に一致して生きることを求めた。

2 × 「自然に従って生きよ」と説いたのはゼノン。エピクロスも何ものにも乱されない心の平静さを求めたが，快楽は善であるとして「自然的かつ必要な欲望」の充足は認めていた。

3 × 人々に無知を自覚させるため，問答法を実践したのはソクラテスで，「徳は知である」が「徳を教えることはできない」と主張した。

4 × 「人間は万物の尺度である」として相対主義を唱えたのはプロタゴラスである。彼は認識する人間を離れて事物のあり方を考えることは無意味であるとし，神に関する認識について判断中止を主張した。

5 × 「人間はポリス的動物である」という言葉はアリストテレスのもの。彼はプラトンのイデア論を批判し，共同体（ポリス）の中で人間は充足を求めるべきだと主張した。

☞確認しよう ➡古代ギリシアの主な思想家・宗教家 　　　　正答 **1**

2 3人の社会契約論者（ホッブス，ロック，ルソー）の主張の特徴を確認していくのがポイント。

1 × 一般意思はルソーのキーワード。ルソーは人民主権による社会契約論を展開し，フランス革命の思想家たちに多大な影響をおよぼした。

2 × 三権分立はフランスの啓蒙思想家モンテスキューが『法の精神』という著書で主張した。

3 × 『市民政府二論』はロックの著書。「契約」によって公共の権力に自然権が委託されるが，これは権利の全面的な移譲ではないので，信託を受けた権力を解任する権利（抵抗権）が認められると主張した。

4 × 『人口論』はマルサスの著書。アダム・スミスは『諸国民の富（国富論)』を著し，自由主義経済を主張した。

5 ◎ 妥当である。ホッブスは専制君主論を擁護した。

☞確認しよう ➡西洋の主な思想家 　　　　正答 **5**

③　A「神は死んだ」「超人」，B「実存の三段階」，C「限界状況」「実存的交わり」といったキーワードに着目。

> **A**　ニーチェに関する記述。ニーチェは19世紀のドイツの哲学者で，実存主義の先駆者とされる。「神は死んだ」として，ヨーロッパの伝統的なキリスト教を否定し，無神論的な実存主義を唱えた。
>
> **B**　キルケゴールに関する記述。キルケゴールは19世紀のデンマークの思想家で，ニーチェと並ぶ実存主義の先駆者。主体的真理を求める生き方を主張し，実存を3つの段階に分けた。
>
> **C**　ヤスパースに関する記述。ヤスパースは20世紀のドイツの哲学者で，人間は限界状況にあって初めて超越者の存在を知ると説いた。
>
> したがって，正答は**3**である。

☞確認しよう　➡実存主義の思想家・哲学者の主張　　　　正答　**3**

④　古代中国思想は孔子に始まる儒教を中心に整理すると覚えやすい。孔子以後の主張の変化を追いかけよう。

> **1** ✕　法治主義を唱えたのは荀子に学んだ**韓非子**。孔子の時代は周の宗族的封建制が残り，「仁政」と結びついた**徳治主義**を孔子は主張した。
>
> **2** ✕　自然に従って生き，「**小国寡民**（自足的・血縁的な地域共同体）」を理想としたのは**老子**である。
>
> **3** ◎　妥当である。「仁」は人の最高の徳であり，「礼」は周の伝統文化の現れでありかつ人の正しい行為の形式を規定する道徳規範とされた。
>
> **4** ✕　「**逍遙遊**」の生き方は道家の大成者とされる**荘子**のもの。荘子は万物斉一の観念を軸に個人中心的な生き方を提唱した。天は自然そのものであり，人間が天を損なうべきではないという立場であった。
>
> **5** ✕　非攻論や兼愛交利は**墨子**の主張。「交利」はすべての人に利益交換を勧める主張であり，墨子の思想は実利主義的なものであった。非攻・兼愛は国を治める者を対象とする主張であった。

☞確認しよう　➡中国の思想の源流　　　　正答　**3**

（5） 鎌倉仏教に関する問題。宗派名と思想家が結びつけば容易に答えられる問題である。それぞれの特徴を整理しておこう。

1 × 栄西に関する記述。栄西によって日本に伝えられた臨済宗は，鎌倉幕府・室町幕府から保護を受けた禅宗である。

2 ◎ 妥当である。

3 × 法然に関する記述。浄土宗の開祖である法然は，ただひたすらに「南無阿弥陀仏」という念仏を唱えれば極楽に往生できると説いた。

4 × 日蓮に関する記述。法華宗の開祖である日蓮は，『法華経』の題目に「南無」を付け加えた「南無妙法蓮華経」を唱えることによって成仏できると説いた。

5 × 道元に関する記述。日本に曹洞宗を伝えた道元は，禅の本質を示した「身心脱落」，「只管打坐」を説いた。

☞**確認しよう** ➡鎌倉仏教の思想家とその思想　　　　　　　**正答** 2

（6） わが国の思想家に関する問題。記述文の内容と思想家の組合せが正しいかどうかを考える。

1 × 北村透谷に関する記述。自我の内部と外部の統一を探求した。

2 × 柳田国男に関する記述。常民の思想を主張した。

3 ◎ 妥当である。仏教と儒教に近代的な西洋哲学を統合し，独自の「西田哲学」を確立した。

4 × 和辻哲郎に関する記述。日本人の伝統的な共同体に培われてきた，人と人との間柄を重んじる倫理学を説いた。

5 × 内村鑑三に関する記述。武士道の精神を根底に持つ日本独自のキリスト教を説き，「二つのJ」と無教会主義を唱えた。

☞**確認しよう** ➡近代日本の思想家　　　　　　　　　**正答** 3

第5章

文学・芸術

文学

重要問題

日本の古典文学作品に関する記述として妥当なのはどれか。

【地方初級・平成29年度】

1 『古今和歌集』は8世紀後半に成立した和歌集で，総歌数は約4,500首に上る。雑歌，相聞，挽歌の三部を中心に編纂され，歌風は力強くのびのびとした「ますらをぶり」で，防人の歌も含まれている。

2 『土佐日記』は平安時代に成立した最初の歌物語で，紀貫之と思われる主人公の一代記となっている。125段からなり，男女の恋愛感情がつづられ，多くの和歌も含まれている。

3 『源氏物語』は11世紀初めに成立した作り物語と歌物語を総合させた長編物語で，その内容は仏教説話，世俗説話，作者の紫式部が中宮定子に仕えた宮廷での体験談に大別される。

4 『徒然草』は鎌倉時代末期に成立した随筆集で，作者の吉田兼好によって書かれた仏教的な無常観に貫かれた文学作品である。その内容は，自然に関するもの，説話や人生訓など多岐にわたっている。

5 軍記物語は合戦に伴う悲劇や因果応報の世の中が描かれている。鎌倉時代に軍記物語を代表する『大鏡』が書かれると，その後，『保元物語』，『平治物語』，『平家物語』などが次々に記された。

解説

日本の古典文学の問題では平安末期から室町時代にかけての中世が頻出。特に随筆・日記文学は後の私小説へとつながるジャンルであり，主要作品の著者・特徴は必ず覚えておこう。

1 ✕ 『古今和歌集』は905年に醍醐天皇の勅命で撰集された最初の勅撰和歌集である。歌数は約1100首で，全体の歌風を賀茂真淵は「たをやめぶり」と評した。記述は『万葉集』に関するものである。

2 ✕ 『土佐日記』は紀貫之が土佐守の任期を終えて京へ戻るまでの船旅の経験を記したもの。当時の貴族階級の男性は漢字で日記を書いていたが，貫之は女性になったつもりで「かな」を使った。125段の歌物語は『伊勢物語』のことであり，モデルとされているのは藤原業平といわれ，『在五中将日記』や『在五が物語』と呼ばれることもある。

3 ✕ 『源氏物語』は紫式部が光源氏（源氏の死後は息子の薫）を主人公として書いた小説である。内容は貴族社会を写実的に描いており，作り物語の虚構性を受け継ぎ，和歌を交えることで歌物語の要素も取り入れているが説話は含まれていない。

4 ◎ 妥当である。兼好が生きた時代は戦乱が続いて社会が不安定であり，無常感が広がっていた。神社の神官の家に生まれ，仏教や儒教，老荘思想にも通じていた兼好の知識が惜しげもなく披露されている。

5 ✕ 『大鏡』は藤原道長の権勢を紀伝体で描いた歴史物語であり，道長を賛美するだけの『栄花物語』に比べて批判精神に富み，文学的にも評価が高い。以後の「鏡物」と呼ばれる歴史物語の誕生に寄与した。

☞ 確認しよう ➡日本の古典文学作品の内容と作者名

正答 **4**

文学では，日本文学に関する出題が中心であるが，海外文学の出題もないわけではない。古典文学から現代文学まで幅広い範囲から出題される。作者とその作品に関する知識を問う問題が多く，有名な作品の冒頭部分を引用する問題もある。海外・日本を問わず，それぞれの時代の代表的な作者と作品名はしっかりと覚えておきたい。

要点の まとめ

重要ポイント 1 日本の古典文学

作品と作者名だけではなく，作品の内容や特徴を知っていないと答えられない問題も多い。主な物語・随筆の冒頭部分や有名な和歌などは頭に入れておきたい。

■三大和歌集

書名	撰者	主な歌人	歌風・特徴
万葉集 （8世紀）	大伴家持？	額田王，柿本人麻呂，山部赤人，山上憶良ら	五七調が多く，力強く素朴。現存最古の和歌集
古今和歌集 （905）	紀貫之，紀友則ら	撰者および六歌仙，在原業平，伊勢ら	七五調が多く，優美で繊細。最初の勅撰和歌集
新古今和歌集 （1205）	藤原定家，藤原有家ら	撰者および西行，慈円，後鳥羽院ら	七五調中心。感覚的で象徴的。本歌取り

■三大随筆

書名	作者	表現	内容・特色
枕草子 （1000頃）	清少納言	自然や人生の美的世界を描いた女性的な和文体。体言止めが多い	宮廷生活における作者の見聞など。随筆として最初の作品
徒然草 （1331頃）	兼好法師	明快で説得力のある文章。簡潔で風雅な趣のある文体	序段と243段からなる随筆。自然や人生を観察して得た豊かな知識や意見
方丈記 （1212）	鴨長明	和漢混淆文で情緒的。対句や比喩を多用	動乱の中で，世の無常を悟った隠者の自己凝視文学

■主要な物語

伝奇物語……現実社会では起こりえない不思議で空想的なことを描く
【作品】竹取物語（作者・年代不明），宇津保物語（作者不明，983頃），浜松
中納言物語（菅原孝標女？，1055頃）

歌物語……特定の和歌を中心とし，それにまつわる物語を展開する
【作品】伊勢物語（作者不明，10世紀），大和物語（作者不明，951頃）

物語（写実物語）……現実社会と人生を見つめ，理想の社会を描こうとする。
　　　　　　　　　　和歌を巧みに利用。女流文学の開花
【作品】落窪物語（作者不明，960頃），源氏物語（紫式部，1008頃），堤中納
言物語（作者不明，1053頃），狭衣物語（大弐三位？，1065頃）

歴史物語……宮廷・貴族社会の歴史的事実を懐古的あるいは批判的に描く。写
　　　　　　実物語と同じように優美な仮名文を用いる
【作品】栄華物語（赤染衛門ほか，1092〜1107），大鏡（作者不明，1115以
降）

説話物語……人の口から口へと語り継がれる説話集。王朝説話・仏教説話・世
　　　　　　俗説話などに分類される
【作品】今昔物語集（源隆国？，1106以降），日本霊異記（景戒，822頃）

■日記

土佐日記	紀貫之（935頃）	最初の日記文学。亡娘への愛惜
蜻蛉日記	藤原道綱母（977 ？）	最初の女流日記文学。わが子への愛
更級日記	菅原孝標女（1059頃）	少女時代から晩年までを回顧

第5章

文学・芸術

作家と作品名，主義や流派などの文学史的な流れを組み合わせた問題が多い。代表的な詩人や歌人などについてもチェックしておきたい。

坪内逍遙	小説神髄	写実主義	近代文学の先駆者
森鷗外	舞姫・雁	浪漫主義	坪内逍遙と「没理想論争」
与謝野晶子	みだれ髪・舞姫	〃	比類なき情熱の歌人
島崎藤村	若菜集・破戒	自然主義	自己との格闘に終始
夏目漱石	吾輩は猫である こころ	反自然文学	文明批評と近代日本への懐疑を追求した知識人の文学
谷崎潤一郎	細雪・痴人の愛	耽美派	自然主義に飽き足らず美を最高の理想とする
永井荷風	濹東綺譚	〃	江戸文化に強い関心
武者小路実篤	お目出たき人 友情	白樺派	文芸雑誌『白樺』を中心に活躍。人道主義的な人間観
志賀直哉	暗夜行路	〃	短編作品が多い
芥川龍之介	鼻・羅生門 地獄変	新現実主義	人間の実態を見つめた新思潮派の文学
菊池寛	恩讐の彼方に	〃	「文芸春秋」を創刊
小林多喜二	蟹工船	プロレタリア文学	無産階級の生活を階級的立場から描く
宮本百合子	伸子	〃	共産党員として活躍
横光利一	日輪・紋章	新感覚派	『文芸時代』の同人。感覚の斬新さや象徴性を重視
川端康成	雪国・千羽鶴	〃	ノーベル文学賞受賞
井伏鱒二	山椒魚	新興芸術派	反マルクス主義と芸術の自立性を説くモダニズム文学
梶井基次郎	檸檬	〃	私小説的傾向が強い
堀辰雄	風立ちぬ 聖家族	新心理主義	精神の内面を描写し，心理的リアリズムを主張
伊藤整	鳴海仙吉	〃	評論家としても活躍
太宰治	走れメロス 人間失格		既成の文学観に反逆
遠藤周作	海と毒薬	キリスト教	第三の新人
大江健三郎	死者の奢り	戦後民主主義	ノーベル文学賞受賞
村上春樹	ノルウェイの森	社会派	フランツ・カフカ賞受賞

重要ポイント **3** **西洋文学**

作家と作品名，国名を整理しておこう。出題頻度は少ないが，作品の内容に踏み込んだ問題もあるので，あらすじを把握しておきたい。

19世紀	【イギリス】 ディケンズ『クリスマスキャロル』『二都物語』，エミリー＝ブロンテ『嵐が丘』 【ドイツ】 ゲーテ『ファウスト』『若きヴェルテルの悩み』 【フランス】 スタンダール『赤と黒』，ユーゴー『レ＝ミゼラブル』，バルザック『人間喜劇』，フローベール『ボヴァリー夫人』，ゾラ『居酒屋』，モーパッサン『女の一生』 【ロシア】 ツルゲーネフ『初恋』『猟人日記』，ゴーゴリ『死せる魂』，ドストエフスキー『罪と罰』『カラマーゾフの兄弟』，トルストイ『戦争と平和』，チェーホフ『桜の園』
20世紀	【イギリス】 モーム『人間の絆』『月と六ペンス』，ジョイス『ユリシーズ』，ロレンス『チャタレイ夫人の恋人』 【ドイツ】 トーマス＝マン『魔の山』『ヴェニスに死す』，ヘッセ『車輪の下』，リルケ『マルテの手記』，カフカ『変身』 【フランス】 ロマン＝ロラン『ジャン＝クリストフ』，ジイド『狭き門』『田園交響曲』，プルースト『失われた時を求めて』，サン＝テグジュペリ『夜間飛行』『星の王子さま』，サルトル『嘔吐』，カミュ『異邦人』『ペスト』 【ロシア】 ゴーリキー『母』『どん底』，ソルジェニーツィン『イワン＝デニーソヴィチの一日』 【アメリカ】 オー＝ヘンリー『最後の一葉』，パール＝バック『大地』，ヘミングウェイ『誰がために鐘は鳴る』『武器よさらば』『老人と海』，スタインベック『怒りの葡萄』『エデンの東』，ヘンリー＝ミラー『南回帰線』

第5章

文学・芸術

実戦問題

1 小説とその作者の組合せとして，最も妥当なのはどれか。

【東京消防庁・平成22年度】

1 浮雲――――森鷗外

2 舞姫――――二葉亭四迷

3 蒲団――――夏目漱石

4 たけくらべ―与謝野晶子

5 刺青――――谷崎潤一郎

2 万葉集に関する記述として，最も妥当なのはどれか。

【警視庁・令和元年度】

1 万葉集は，編者が大伴旅人とも言われているが，5世紀前半から万葉集の最後を飾る759年の大伴旅人の歌まで，前後3世紀にわたる歌が集められている。

2 さまざまな分野の人々の和歌を収録しているが，一般に素朴・雄大な歌風で，賀茂真淵はこれを「たをやめぶり」と評した。

3 万葉集には，生活経験を素材とした素朴な民謡風の歌である雑歌，北九州や壱岐・対馬の海岸警備の兵士たちの歌である東歌など，さまざまな歌が収められている。

4 万葉集の代表的歌人の1人である紀貫之の作品は，病気や貧困などの人生の苦しさや，子を思う深い愛の歌で広く知られている。

5 万葉集はいわゆる「万葉仮名」で記されており，中国から伝わってきた漢字を用いて日本語を表現している。

3 次のア〜オのうち，芥川賞を受賞した作家とその作品の組合せとして，正しいのはどれか。 【警視庁・平成25年度】

ア　宮部みゆき―『理由』

イ　東野圭吾――『容疑者Ｘの献身』

ウ　浅田次郎――『鉄道員』

エ　石川達三――『蒼氓』

オ　大江健三郎―『飼育』

1 ア，イ

2 ア，ウ

3 イ，エ

4 ウ，オ

5 エ，オ

4 次の文章に記述されている作家として，妥当なものはどれか。 【警視庁・平成22年度】

　彼は19世紀ロシア＝リアリズム文学を代表する世界的な作家であり，人間の内面的，心理的な矛盾と相克を追究して，近代小説に新しい可能性を開いた。代表作として，思想的確信に基づいて殺人を犯した主人公の理性と心情の分裂を描くとともに，その新生への道を示そうとした長編『罪と罰』，実在の事件に取材して無神論的革命思想に憑かれた人びとの破滅を描いた長編『悪霊』等がある。

1 トルストイ

2 ドストエフスキー

3 パステルナーク

4 チェーホフ

5 ソルジェニーツィン

第5章

文学・芸術

1 明治時代の主な作家とその作品名を整理しておけば，簡単に解ける問題である。

1× 『浮雲』は二葉亭四迷の長編小説（未完）。言文一致体で書かれた日本最初の近代小説。

2× 『舞姫』は森鷗外の短編小説。鷗外の文壇処女作で，雅文体で書かれている。浪漫主義の先駆的作品。

3× 『蒲団』は田山花袋の中編小説で，日本の自然主義文学の先駆けとなった。夏目漱石の代表作は『吾輩は猫である』『坊っちゃん』『こころ』などである。

4× 『たけくらべ』は樋口一葉の短編小説。雅俗折衷体で書かれている。歌人・与謝野晶子の代表作は『みだれ髪』である。

5◎ 妥当である。『刺青』は谷崎潤一郎の短編小説。ほかに『春琴抄』『細雪』などの作品がある。

☞確認しよう ➡明治文学の主な作家と作品　　　　　　　正答 **5**

2 『万葉集』は『古今和歌集』との比較（最初の勅撰和歌集）と賀茂真淵の批評（ますらをぶり・たをやめぶり）がポイント。

1× 『万葉集』の編者は複数いると考えられ，最後が大伴家持と言われている。収められた歌は7世紀半ばからの約1世紀の間のもの。

2× 「たをやめぶり」と賀茂真淵が評したのは『古今和歌集』の歌風であり，『万葉集』は「ますらをぶり」と評した。

3× 雑歌は挽歌（死者を悼む歌）・相聞（人々の間の贈答歌）以外の歌のことであり，東歌（東国の民謡）や防人歌（九州などの海岸警備にあたった兵士たちの歌）も雑歌に含まれる。

4× 紀貫之は『古今和歌集』の時代の歌人。人生の苦しさなどを長歌に詠んだのは山上憶良である。

5◎ 妥当である。「万葉仮名」は漢字を表音文字として使用したものであり，漢字を表意文字として使用した部分もある。

☞確認しよう ➡日本古典文学　　　　　　　　　　　　正答 **5**

③ 芥川賞は「純文学」を選考基準とし，直木賞は「大衆文学」を選考基準とした文学賞である。

ア 宮部みゆきは『理由』で，第120回直木賞（1998年上半期）を受賞。

イ 東野圭吾は『容疑者Xの献身』で，第134回直木賞（2005年下半期）を受賞。

ウ 浅田次郎は『鉄道員（ぽっぽや）』で，第117回直木賞（1997年上半期）を受賞。

エ 石川達三は『蒼氓（そうぼう）』で，第1回芥川賞（1935年上半期）を受賞。

オ 大江健三郎は『飼育』で，第39回芥川賞（1958年上半期）を受賞。

したがって，正答は**5**である。

☞確認しよう ➡芥川賞・直木賞作家とその作品　　　　　**正答 5**

④ 代表作『罪と罰』『悪霊』の作者名がわかれば容易に解ける問題である。

1 ✕ トルストイは19世紀ロシア＝リアリズム文学を代表する世界的作家であるが，代表作は『戦争と平和』『アンナ＝カレーニナ』など。

2 ◎ 妥当である。シベリア流刑と監獄生活の経験が，ドストエフスキーの洞察力豊かな人間観察と深い考察を生んだといわれている。代表作にはほかに『白痴』『カラマーゾフの兄弟』などがある。

3 ✕ パステルナークは19〜20世紀のソ連の詩人・作家で，代表作は『ドクトル・ジバゴ』である。1958年「反ソ的作品」との批判を受け，同作品でのノーベル文学賞を辞退した。

4 ✕ チェーホフは19世紀のロシアの作家・劇作家で，代表作は戯曲『桜の園』『かもめ』，小説『退屈な話』『曠野』などである。

5 ✕ ソルジェニーツィンは20世紀のソ連の作家。1945年「反ソ扇動」罪で逮捕され，8年間の収容所生活を送った。その経験をもとに『イワン＝デニーソヴィチの一日』で文壇にデビュー。1970年ノーベル文学賞を受賞した。

☞確認しよう ➡ソ連・ロシアの主な作家と作品名　　　　**正答 2**

重要度

重要問題

19世紀から20世紀の世界の芸術家に関するA～Cの記述に該当する芸術家名の組合せとして妥当なのはどれか。

【地方初級・平成27年度】

A　ルネサンス以来の西洋絵画の伝統的な技術であった遠近法や明暗法を排除して，物の形を幾何学的に三次元から二次元で再構築するキュビスムを創始した。

B　第一次世界大戦後に起こった，論理や秩序を廃し，無意識による想像力や夢，幻覚などを重視して表現するシュルレアリスムの画家として知られている。

C　第二次世界大戦後に起こったポップ＝アートと呼ばれる前衛的な美術を代表する画家で，肖像写真をシルクスクリーンで複製化するなど，「アート」の枠を超えた活動を行った。

	A	B	C
1	ウォーホル	ピカソ	ダリ
2	ウォーホル	ダリ	ピカソ
3	ピカソ	ウォーホル	ダリ
4	ピカソ	ダリ	ウォーホル
5	ダリ	ウォーホル	ピカソ

解説

19〜20世紀に活躍した芸術家に関する記述。それぞれキーワードから判断しやすい問題である。

A　スペインの画家・彫刻家・版画家，**パブロ=ピカソ**（1881〜1973）に関する記述である。印象派の影響を受けた「青の時代」，そして「バラ色の時代」を経て，物の形を幾何学的図形に還元して描く**キュビスム**を創始した。代表作は「アヴィニョンの娘たち」「ゲルニカ」など。

B　スペインの画家・版画家，**サルバドール=ダリ**（1904〜89）に関する記述である。ダリは，**シュルレアリスム**（超現実主義）を代表する画家で，奇矯な言動で知られた。代表作は「ナルシスの変貌」「ホメロス礼賛」など。

C　アメリカの**ポップ=アート**を代表する画家・映画製作者，**アンディ=ウォーホル**（1928〜87）に関する記述である。商業デザイナーとして活躍した後，ポップ=アートの旗手となった。映画の代表作は「スリープ」「チェルシー=ガールズ」など。

したがって，正答は**4**である。

☞確認しよう ➡ 19〜20世紀の世界の芸術家　　　　　　　　　　**正答 4**

文学・芸術

第5章

FOCUS

美術では，どちらかといえば日本美術史より西洋美術史のほうがよく出題される。ロマン主義以降現代までが頻出である。特に印象派の画家たちについては，代表作品の題名だけでなく，それぞれの作風も併せて覚えておくようにしたい。

また，近年は問題に作品の写真が示されることもあるので，作品集などで作品を確認しておくとよい。さらに，日本のもの，西洋のものを問わず，建造物や庭園についての出題も見られる。これも写真などで確認しておこう。

要点の まとめ

重要ポイント **1** 世界の美術史（絵画中心に）

各様式の特徴と時代を押さえたうえで，重要な作家の名前を整理しておこう。特に印象主義に関する出題は多い。

ルネサンスの美術 ── 遠近法の誕生

・マザッチオ「貢の銭」（1425～27頃）→線遠近法の導入
・フラ=アンジェリコ「受胎告知」（1438～45頃）
・ボッティチェリ「ヴィーナスの誕生」（1483頃）
・レオナルド=ダ=ヴィンチ「モナリザ」（1503～05頃），「最後の晩餐」（1495
　～97）→ルネサンスを代表する万能の天才，空気遠近法の導入
・ミケランジェロ「天地創造」（システィナ礼拝堂天井画）
・ラファエロ「アテネの学堂」（1509～10）

バロック美術 ── 劇的で奔放

・ルーベンス「キリスト昇架」（1610～11），「聖母子と諸聖人」（1628）
・レンブラント「夜警」（1642），「ペテロの否認」（1660）
・ベラスケス「ラス=メニーナス〈侍女たち〉」（1656）

新古典主義・ロマン主義・写実主義 ── 古代ローマ芸術の再認識

・ダヴィッド「マラーの死」（1793）〔新古典主義〕
・ドラクロア「民衆を率いる自由の女神」（1830）〔ロマン主義〕
・ミレー「種まく人」（1850），「落穂拾い」（1859）〔写実主義〕

印象主義・象徴主義・ポスト印象主義 ── "光"による色彩の微妙な変化
の中に美を追求する

・マネ「笛を吹く少年」（1866），「エミール=ゾラの肖像」（1868）
・モネ「緑衣の女」（1866），「睡蓮」連作（1899頃～1926）→光の表現
・ルノワール「陽光の中の裸婦」（1876）
・ドガ「エトワール〈舞台の踊り子〉」（1876～77）
・ゴッホ「自画像」「麦畑と糸杉」（1889）→「浮世絵」の影響
・セザンヌ「サント=ヴィクトワール山」（1885～87）
・ゴーギャン「タヒチの女たち」（1891）〔象徴主義〕

232

現代の美術──世紀末から20世紀へ

〔表現主義の出発点〕→ムンク「叫び」(1893)，ホードラー「夜」(1890)

〔フォーヴィスムの誕生〕→ブラマンク，マチス，ルオー，マルケ

〔キュビスムの出発点〕→ピカソ「ゲルニカ」(1937)，ブラック

〔抽象と構成主義〕→カンディンスキー「縞」(1934)，モンドリアン

〔ダダ〕→キリコ「街の神秘と憂鬱」(1914)，デュシャン，マン＝レイ

〔シュルレアリスム〕→ダリ，エルンスト，マグリッド

〔エコール＝ド＝パリ〕→シャガール，モディリアニ

〔抽象表現主義〕→ジャクソン＝ポロック，マーク＝ロスコ

〔ネオ＝ダダ〕→ジャスパー＝ジョーンズ，ロバート＝ラウシェンバーグ

〔ポップアート〕→ロイ＝リキテンシュタイン，アンディ＝ウォーホル

〔パフォーマンス・アート〕→ギルバート＆ジョージ，ヨーゼフ＝ボイス

〔インスタレーション〕→ダニエル＝ビュラン，ウォルター＝デ＝マリア

重要ポイント ② 日本の美術史（江戸時代の画家たち）

日本史でも出題される。作品名よりも，各作家の特徴や，活躍した時代を把握しておくことが重要である。

・狩野探幽→狩野派の地位の確立─「本坊方丈障壁画」(1641)
・菱川師宣→浮世絵の大成者─「見返り美人図」(18世紀前半)
・本阿弥光悦→宗達との合作─「鶴図下絵和歌巻」(17世紀初頭)
・俵屋宗達→（琳派）「風神雷神図屏風」「舞楽図屏風」(17世紀前半)
・尾形光琳→元禄文化の申し子─「燕子花図屏風」(17世紀前半)
・鈴木春信→錦絵の創始者（多色刷り版画）─「青楼美人合」(1770)
・喜多川歌麿→錦絵（美人画）─「婦女人相十品」(1792〜93)
・東洲斎写楽→浮世絵（役者大首絵）─「市川鰕蔵の竹村定之進」(1794 ？)
・葛飾北斎→浮世絵の歴史の総決算─「富嶽三十六景」(1831〜33頃)
・歌川広重→風景版画─「東海道五十三次」(1833)
・円山応挙→写生技法の導入（眼鏡絵）─「藤花図屏風」(1776)
・司馬江漢→洋風画の制作（銅版画・油絵）─「三囲景」(1783)

文学・芸術

第5章

実戦問題

1 次の絵と文は，西洋の絵画とそれに関する記述であるが，文中の空所Aに該当する人物名はどれか。　　　　　　　　　　　　　　　【特別区・平成24年度】

　この絵は，17世紀のオランダの画家 A によって描かれた「牛乳を注ぐ女」である。A のほかの作品には「真珠の耳飾りの少女」などがある。

1　ピエト＝モンドリアン
2　ピーテル＝ブリューゲル
3　フィンセント＝ファン＝ゴッホ
4　ヨハネス＝フェルメール
5　レンブラント＝ファン＝レイン

2 次の建築様式と建物の組合せとして正しいものはどれか。
　　　　　　　　　　　　　　　　　　　　　【地方初級・平成14年度】

1　ゴシック様式―――――聖ソフィア聖堂
2　ゴシック様式―――――サン＝ピエトロ大聖堂
3　バロック様式―――――ヴェルサイユ宮殿
4　ロココ様式―――――ケルン大聖堂
5　ロココ様式―――――ピサ大聖堂

次の絵と文は，江戸時代の浮世絵の一部とそれに関する記述であるが，文中の空所Aに該当する人物名はどれか。　【特別区・平成27年度】

この浮世絵は，　A　によって描かれた「大谷鬼次の奴江戸兵衛」である。

1　鈴木春信
2　東洲斎写楽
3　葛飾北斎
4　歌川広重
5　喜多川歌麿

4 次のA〜Cは，江戸時代の美術作品であるが，それぞれに該当する作者名の組合せとして，妥当なのはどれか。　【特別区・令和元年度】

A　紅白梅図屏風
B　東海道五十三次
C　見返り美人図

	A	B	C
1	尾形光琳	十返舎一九	喜多川歌麿
2	尾形光琳	歌川広重	菱川師宣
3	俵屋宗達	十返舎一九	葛飾北斎
4	俵屋宗達	歌川広重	喜多川歌麿
5	俵屋宗達	十返舎一九	菱川師宣

1 いずれもオランダ出身の有名な画家たちである。「真珠の耳飾りの少女」で作者の見当がつくだろう。

1 ✕ ピエト=モンドリアンは19世紀末〜20世紀のオランダの画家で，代表作は「赤と黄と青のコンポジション」「ブロードウェイ=ブギウギ」などである。

2 ✕ ピーテル=ブリューゲルは16世紀のオランダの画家で，代表作に「バベルの塔」「子どもの遊戯」がある。

3 ✕ フィンセント=ファン=ゴッホは19世紀のオランダの画家で，代表作は「自画像」「麦畑と糸杉」などである。

4 ◎ ヨハネス=フェルメールが該当する。ほかに「窓辺で手紙を読む若い女」「デルフト眺望」などの作品を描いた。

5 ✕ レンブラント=ファン=レインは17世紀のオランダの画家で，代表作に「テュルプ博士の解剖学講義」「フランク=バニング=コック隊長の市民隊」（通称「夜警」）などがある。

☞確認しよう ➡オランダ絵画の主な画家とその代表作 　正答 **4**

2 ロココ様式が主にフランスを中心に流行した芸術様式であることを思い出せれば，選択肢は絞られてくる。

1 ✕ 聖ソフィア聖堂（トルコ）は，**ビザンチン様式**の建造物。ローマ皇帝ユスティニアヌスによって建立された。

2 ✕ サン=ピエトロ大聖堂（イタリア）は，**ルネサンス様式**の建造物。世界最大の聖堂で，1506〜1626年にブラマンテとミケランジェロの設計によって新築された。

3 ◎ 正しい。ヴェルサイユ宮殿（フランス）は，ルイ14世の絶対主義の権威を象徴する，バロック様式の粋を尽くした建造物である。

4 ✕ ケルン大聖堂（ドイツ）は，**ゴシック様式**の建造物。尖塔アーチを特色とし，柱間にはめ込まれたステンドグラスが神秘性を強調している。

5 ✕ ピサ大聖堂（イタリア）は，**ロマネスク様式**の建造物。重厚な石壁と円筒アーチを特色とする建造物。

☞確認しよう ➡ヨーロッパにおける建築様式と代表的な建造物 　正答 **3**

③ 役者や美人の上半身や顔を大きく描いた「大首絵」は，江戸中期に流行した。写楽の役者絵，歌麿の美人画を覚えておこう。

1 × 鈴木春信は江戸中期の浮世絵師。多色刷りの浮世絵版画である錦絵を創出。作品に「座敷八景」「風俗四季哥仙」「ささやき」など。

2 ◎ 東洲斎写楽は江戸中期の浮世絵師。経歴は不詳で，約10か月の活動期間に140余の**役者絵**，相撲絵の版画を発表。本図は，演目「恋女房染分手綱（そめわけたづな）」で三世大谷鬼次が演じた「奴江戸兵衛」を描いた作品。

3 × 葛飾北斎は江戸後期の浮世絵師。勝川春章（しゅんしょう）の門下となるが，狩野派，住吉派，琳派，洋風画派などの画技も学び，独自の画風を確立。風景画の名手。「富嶽三十六景」「北斎漫画」など。

4 × 歌川広重は江戸後期の浮世絵師。歌川豊広に師事。江戸や諸国の風景画を多く描いた。「東海道五十三次」「名所江戸百景」など。

5 × 喜多川歌麿は江戸中期の浮世絵師。美人画の分野で活躍。「ポッピンを吹く女」「当時全盛美人揃」など。

👉**確認しよう** ➡江戸時代に活躍した浮世絵師とその作品 **正答 2**

④ 江戸時代の美術作品は光琳と宗達，北斎と広重というようにペアを作って覚えるのがおすすめ。

A 紅白梅図屏風は尾形光琳の作品。光琳は京都の裕福な呉服商の家に生まれ，派手好みの性格で画業に手を染めてからは絵画だけでなく蒔絵などの作品も手がけた。**俵屋宗達**に傾倒し，その技法を取り入れて宗達光琳派を大成した。

B 東海道五十三次は歌川広重の作品。広重は一連の風景版画で人気を博した。**十返舎一九**は滑稽本の作者で代表作は『**東海道中膝栗毛**』で絵画作品は残していない。

C 見返り美人図は菱川師宣の肉筆画。師宣は浮世絵草創期を代表する画家で，多くの風俗画を残した。**喜多川歌麿**も浮世絵の美人画で知られる画家であるが，活躍したのは化政文化の頃で，同じ頃**葛飾北斎**も多くの浮世絵作品を描き，代表作の一つが**富嶽三十六景**である。

以上を正しく組み合わせているのは**2**である。

👉**確認しよう** ➡近代日本画家の代表作 **正答 2**

第5章

文学・芸術

テーマ 3 音楽

重要度

重要問題

次の作曲家A～Eのうち，ロマン派の作曲家を選んだ組合せとして，妥当なのはどれか。 【特別区・平成30年度】

A モーツァルト
B F. シューベルト
C J. S. バッハ
D ショパン
E ヴァーグナー

1 A B D
2 A C D
3 A C E
4 B C E
5 B D E

解説

古典派からロマン派への移行ははっきりしない。19世紀がロマン派の時代といわれているが，個性的な音楽家が多く，統一的な特徴はない。

A × モーツァルトは古典派に分類されている。彼の神童ぶりは有名で，5歳のころから作曲を始めている。40を超える交響曲の他，教会音楽も多い。代表作は「**フィガロの結婚**」，交響曲「**ジュピター**」など。

B ○ シューベルトはロマン派の音楽家で，特に**歌曲**の作曲で芸術的に高い評価を受けている。18歳の時に「**野ばら**」や「**魔王**」など約145の歌曲を作っている。

C × バッハは古典派以前のバロック音楽の音楽家で，教会音楽を中心に作曲した。同じバロックの音楽家にヘンデルがいる。

D ○ ショパンはロマン派の音楽家で作品の大部分はピアノ曲であり，演奏家としても人気を博していた。故国ポーランドの民族音楽である**マズルカ**や**ポロネーズ**も積極的に作った。

E ○ ヴァーグナーもロマン派の音楽家で，オペラの規模を拡大する「総合芸術」を目指し，「**ニーベルンゲンの指輪**」や「**タンホイザー**」などを作曲した。

以上を正しく組み合わせているのは**5**である。

確認しよう ➡古典派，ロマン派の音楽家とその代表曲　　　**正答 5**

第5章 文学・芸術

FOCUS

音楽では，西洋音楽に関する出題がほとんどであるが，日本音楽に関しても確認しておこう。著名な音楽家と出身地，時代背景，代表作はしっかりと覚えておくこと。楽譜の読み方，楽器の分類，演奏の形態などが出題されることもある。

以上に加えて，世界の主な民族音楽の名称とその特徴なども確認しておけば万全である。

要点の まとめ

重要ポイント **1** **古典派・ロマン派・国民楽派の音楽**

著名な作曲家に関する出題がほとんどである。ここに挙げた人物の出身地と主要な作品名は頭に入れておきたい。

■古典派の音楽（18世紀）

ハイドン…（1732～1809，オーストリア）「交響曲の父」と呼ばれる。

交響曲「軍隊」「告別」，オラトリオ「天地創造」「四季」

モーツァルト…（1756～91，オーストリア）「神童」と呼ばれる。

歌劇「フィガロの結婚」「ドン＝ジョバンニ」，交響曲「ジュピター」

ベートーヴェン…（1770～1827，ドイツ）「楽聖」と呼ばれる。

交響曲「英雄」「運命」，ピアノソナタ「月光」「悲愴」

■ロマン派の音楽（18世紀後半～19世紀）

シューベルト…（1797～1828，オーストリア）「歌曲の王」と呼ばれる。

交響曲8番「未完成」，歌曲集「冬の旅」，ピアノ五重奏曲「ます」

ショパン…（1810～49，ポーランド）「ピアノの詩人」と呼ばれる。

ピアノ＝ソナタ「葬送」，即興曲「幻想即興曲」，ポロネーズ「英雄」

ベルリオーズ…（1803～69，フランス）

「幻想交響曲」「ラコッチー行進曲」，序曲「ローマの謝肉祭」

リスト…（1811～86，ハンガリー）「ピアノの王」と呼ばれる。

ハンガリー狂詩曲「ラ＝カンパネラ」「ピアノ協奏曲」「愛の夢」

ワーグナー…（1813～83，ドイツ）

歌劇「タンホイザー」「ローエングリン」，楽劇「ニーベルングの指輪」

ヴェルディ…（1813～1901，イタリア）

歌劇「リゴレット」「トロヴァトーレ」「椿姫」「アイーダ」

■国民楽派の音楽（19世紀）

ムソルグスキー…（1839～81，ロシア）

交響詩「はげの山の一夜」，ピアノ曲集「展覧会の絵」

スメタナ…（1824～84，チェコ）

連作交響詩「わが祖国」，歌劇「売られた花嫁」「リブシェ」

実戦問題

1 次のA～Eのうち，西洋音楽の作曲家とその作品の組合せとして，妥当なのはどれか。 【特別区・令和2年度】

A J. S. バッハ ―― 「リナルド」
B ヘンデル ―― 「椿姫」
C F. シューベルト ―― 「冬の旅」
D ヴェルディ ―― 「ブランデンブルク協奏曲」
E ラヴェル ―― 「ボレロ」

1 A C
2 A D
3 B D
4 B E
5 C E

2 次のA～Eのうち，日本の歌の作曲家，作品の組合せとして，妥当なのはどれか。 【特別区・平成21年度】

	作曲家	作品
A	大中寅二	「夏の思い出」
B	滝廉太郎	「花」
C	中田喜直	「浜辺の歌」
D	成田為三	「椰子の実」
E	山田耕筰	「赤とんぼ」

1 A C
2 A D
3 B D
4 B E
5 C E

第5章

文学・芸術

1 音楽作品は題名よりメロディで耳に残るほうが多い。ラヴェルの「ボレロ」はその代表例であり，題名も覚えて欲しい。

A ✕ 「リナルド」はヘンデルの作品。知名度はあまり高くないがバッハの作品は長い名前が多いと覚えておこう。

B ✕ 「椿姫」はヴェルディのオペラで内容はフランスの小説家デュマの小説に基づいている。

C ◯ 「冬の旅」はシューベルトの歌曲集で24の歌で構成されている。

D ✕ 「ブランデンブルク協奏曲」はバッハの作品。

E ◯ 「ボレロ」はラヴェルの代表作。

以上を正しく組み合わせているのは**5**である。

正答 5

2 いずれも文化庁および日本PTA全国協議会が選定した「日本の歌百選」に選ばれた童謡・唱歌である。有名な童謡・唱歌について確認しておこう。

A ✕ 大中寅二は明治～昭和時代の作曲家で，「椰子の実」を作曲した。

B ◯ 妥当である。「花」は，明治33年，滝の歌曲集『四季』の第1曲として発表された。ほかに「荒城の月」「箱根八里」などの作品がある。

C ✕ 中田喜直は大正～平成時代の作曲家で，「夏の思い出」を作曲した。ほかに「ちいさい秋みつけた」「めだかの学校」などの作品がある。

D ✕ 成田為三は明治～昭和時代の作曲家で，「浜辺の歌」を作曲した。

E ◯ 妥当である。「赤とんぼ」は，大正10年，童謡集「眞珠島」で発表された。ほかに「野薔薇」「からたちの花」などの作品がある。

したがって，正答は**4**である。

☞確認しよう ➡日本の主な作曲家と童謡・唱歌

正答 4

第6章

国　語

テーマ **1**　漢字の読み・書き

重要度

重要問題

　次のA～Eのうち，下線部のカタカナを（　）内の漢字に直したとき
に，その字の使い方が二つとも妥当なもののみを挙げているのはどれ
か。　　　　　　　　　　　　　　　　【国家一般職／税務／社会人・平成30年度】

A：喪が<u>ア</u>（明）ける。
　　　<u>ア</u>（空）き缶を捨てる。

B：余人をもって<u>カ</u>（換）え難い。
　　　説明の文を差し<u>カ</u>（変）える。

C：ランプの<u>モト</u>（下）で本を読む。
　　　酒が<u>モト</u>（基）でけんかをする。

D：時間を<u>サ</u>（割）いて話をする。
　　　二人の仲を引き<u>サ</u>（裂）く。

E：悪事を<u>ハカ</u>（量）る。
　　　解決を<u>ハカ</u>（図）る。

1　A，C

2　A，D

3　B，C

4　B，E

5　D，E

解説

同じ読みでも文脈に合致する漢字を選ばなければならない。そのためには漢字の正しい意味を知る必要がある。

A 2つとも妥当である。喪の期間が終わるという意味で「明ける」と書き，缶の中身がからになるから「空き缶」と書く。

B 余人とは他の人という意味で，他の人に「代える」のが難しいという場合に「換える」は誤り。他のものと入れ替える場合は「差し替える」と書くのが正しいので，2つとも誤り。

C 文字通りランプの「下」で本を読むのだから「下（もと）」は正しいが，酒が原因でという場合の「もと」は「基」ではなく「元」を用いる。

D 2つとも妥当である。都合して時間を回す場合は「割く」と書き，仲を無理やり離す場合の「さく」は「裂く」と書くのが正しい。

E 悪事を計画して行おうとする場合の「はかる」は「謀る」または「諮る」と書くのが正しい。実行できるように計画して行うという意味の「はかる」は「図る」で正しい。

以上から2つとも妥当なのはAとDであり，**2**が正しい。

☞確認しよう ➡同訓異字の漢字　　　　　　　　　　　　　　　　　正答 **2**

第6章

国語

FOCUS

漢字の読み・書きで頻出のパターンには，次のようなものがある。

1 複数の音を持つ漢字を含む熟語の正しい読み方を選ばせる問題

2 同音異義（字）語について，誤字のないものを選ばせる問題

3 正しい漢字を同音異義（字）語の中から選ばせる問題

「読み」に関しては，まず，特別な読みをするものをしっかりと確認しておくこと。「書き取り」に関しては，同音異義（字）語を意味も併せて確認し，特に字形の似ているものは，偏やつくりの違いに注意しながら一つ一つ確実に身につけていくようにしたい。過去問を解いたり，パソコンを利用したりして覚えるとよいだろう。

重要ポイント ❶ 同字異音語

複数の音を持つ漢字の正しい読み方を選ばせる問題は多い。同じ熟語でも,「利益（りえき・りやく）」のように,読み方によって意味が異なるものもあるので注意しよう。

悪（アク・オ/わる−い）　悪人　険悪　嫌悪　悪寒　〔悪気〕

右（ウ・ユウ/みぎ）　右折　右翼　座右　左右　〔右寄り〕

夏（カ・ゲ/なつ）　夏期　初夏　夏至　〔常夏〕

仮（カ・ケ/かり）　仮装　仮面　仮病　〔仮住まい〕

家（カ・ケ/いえ・や）　家屋　作家　武家　〔家路　家賃〕

解（カイ・ゲ/と−く）　解放　理解　解熱　解脱　〔謎解き〕

外（ガイ・ゲ/そと・ほか・はず−す）　外国　外科　〔外側　思いの外〕

宮（キュウ・グウ・ク/みや）　宮殿　行宮　宮内庁　〔お宮参り〕

業（ギョウ・ゴウ/わざ）　業務　職業　専業　非業　〔神業〕

殺（サツ・サイ・セツ/ころ−す）　殺人　暗殺　相殺　殺生　〔皆殺し〕

執（シツ・シュウ/と−る）　執行　確執　執心　執着　〔執り行う〕

重（ジュウ・チョウ/え・おも−い・かさ−ねる）　重要　貴重　〔一重〕

女（ジョ・ニョ・ニョウ/おんな・め）　女優　天女　女房　〔女神〕

盛（セイ・ジョウ/も−る・さか−る）　盛況　繁盛　〔山盛り　花盛り〕

相（ソウ・ショウ/あい）　相場　人相　首相　〔相生　相弟子〕

代（ダイ・タイ/か−わる・よ・しろ）　代償　交代　〔君が代　身代金〕

通（ツウ・ツ/とお−る・かよ−う）　通過　交通　通夜　〔大通り　通い路〕

弟（テイ・ダイ・デ/おとうと）　弟妹　師弟　兄弟　弟子　〔姉と弟〕

度（ド・ト・タク/たび）　度胸　温度　法度　支度　〔この度〕

内（ナイ・ダイ/うち）　内部　国内　内裏　境内　〔内弁慶〕

納（ノウ・ナッ・ナ・ナン・トウ/おさ−める）　納税　納豆　納屋　出納

病（ビョウ・ヘイ/や−む・やまい）　病院　看病　疾病　〔気に病む〕

分（フン・ブン・ブ/わ−ける）　分別　分配　気分　四分音符　〔山分け〕

流（リュウ・ル/なが−れる）　流行　急流　流布　流人　〔着流し〕

重要ポイント❷ 同音異義語・字形類似語

「書き取り」では，誤字の有無に関する問題が多い。同音異義（字）語や，字形の似ている漢字を含む熟語を確認しておきたい。

■同音異義（字）語

哀惜 あいせき	愛惜	相席		
意見 いけん	異見	違憲		
意志 いし	意思	遺志	医師	縊死
解放 かいほう	開放	介抱	快方	快報
干渉 かんしょう	鑑賞	観賞	観照	感傷
拾得 しゅうとく	収得	修得	習得	
生産 せいさん	精算	清算	成算	凄惨
年季 ねんき	年期	年忌		
褒章 ほうしょう	褒賞	報償	報奨	法相

偉業 いぎょう	遺業	医業	異形	
以降 いこう	意向	移行	移項	遺稿
以上 いじょう	異常	異状	委譲	
家庭 かてい	過程	課程	仮定	
構成 こうせい	厚生	公正	更正	恒星
進展 しんてん	親展	伸展		
対象 たいしょう	対照	対称	大将	大賞
平行 へいこう	平衡	並行	閉口	閉講
保証 ほしょう	保障	補償		

■字形の類似している漢字を含む熟語（読みが同じもの）

緯度	偉業	懐中	破壊	概要	憤慨	収穫	捕獲
勧誘	歓待	侯爵	天候	効果	郊外	昆虫	混雑
会議	犠牲	栽培	裁縫	検索	策略	紹介	招待
侵入	浸水	紡績	面積	地帯	渋滞	抵抗	低温
俳句	排除	拍手	停泊	花粉	紛争	噴水	憤慨
編集	偏見	逮捕	補足	妨害	防止	教諭	輸入

■字形の類似している漢字を含む熟語（読みが違うもの）

哀愁 あいしゅう	折衷 せっちゅう	遺跡 いせき	派遣 はけん	瀟洒 しょうしゃ	飲酒 いんしゅ	埋蔵 まいぞう	理解 りかい
幻覚 げんかく	幼稚 ようち	借家 しゃくや	惜別 せきべつ	遂行 すいこう	放逐 ほうちく	適宜 てきぎ	宣伝 せんでん
潑溂 はつらつ	刺激 しげき	夭折 ようせつ	分析 ぶんせき	温暖 おんだん	湿度 しつど	脊椎 せきつい	背骨 せぼね
貪欲 どんよく	貧乏 びんぼう	微妙 びみょう	徴候 ちょうこう	綱目 こうもく	網羅 もうら	更迭 こうてつ	放送 ほうそう
衝突 しょうとつ	平衡 へいこう	推薦 すいせん	堆積 たいせき	規模 きぼ	鼓膜 こまく	拍子 ひょうし	画伯 がはく
頒布 はんぷ	領土 りょうど	嘆願 たんがん	漢字 かんじ	曖昧 あいまい	味覚 みかく	縁日 えんにち	緑化 りょっか

第6章

国語

下線部の漢字の使い方が正しいものとして，最も妥当なのはどれか。

【東京消防庁・平成28年度】

1 仕事を<u>幹旋</u>する。
2 目的地まで<u>引卒</u>する。
3 <u>短刀</u>直入に言う。
4 作業を<u>妨害</u>する。
5 親しき仲にも<u>礼議</u>あり。

熟語の読み仮名とその意味の組合せとして，最も妥当なのはどれか。

【東京消防庁・令和2年度】

	読み仮名	意味
1 所以 —	いわれ	：由来
2 更迭 —	こうそう	：役目の人が代わる
3 相殺 —	そうさつ	：差し引きで帳消し
4 一入 —	いちにゅう	：いっそう
5 曲者 —	くせもの	：油断できない者

3 下線部を漢字に直したとき，同じ漢字となるのはどれか。

【国家一般職／税務・平成28年度】

1 ケン実な運営方針を採ったことは，ケン明な判断であった。

2 多キにわたる事業展開が成功し，キ運に乗じて更に事業を拡大した。

3 事故原因をキュウ明し，上層部の責任を追キュウする。

4 窓を開けてカン気するように注意カン起した。

5 彼は，青息ト息の現状をト露した。

4 （ア）から（ウ）の文のカタカナ部分のうち，下線部に使用される共通の漢字として，最も妥当なのはどれか。　【東京消防庁・平成24年度】

（ア）　祇園ショウジャの鐘の声

（イ）　セイミツな機械を操作する

（ウ）　彼は筆ブショウな男だ

1 清

2 精

3 情

4 姓

5 性

5 次の□に同じ漢字が入るものの組合せとして最も妥当なのはどれか。

【国家Ⅲ種・中途採用者・平成23年度】

1 損害を弁□_{ショウ}する。　── 演劇を鑑□_{ショウ}する。

2 確認を□_{テツ}底する。　── 発言を□_{テツ}回する。

3 事態が紛□_{キュウ}する。　── 真相を□_{キュウ}明する。

4 路面が□_{トウ}結する。　── 新しい病□_{トウ}を建てる。

5 鳩は平和を象□_{チョウ}する。── 手数料を□_{チョウ}収する。

6 次の「さす」にあたる漢字の組合せとして，最も妥当なのはどれか。

【東京消防庁・平成23年度】

ア　かんざしを髪にさす。

イ　時計の針が正午をさす。

ウ　目薬をさす。

エ　布に針をさす。

	ア	イ	ウ	エ
1	刺	挿	指	注
2	射	指	挿	注
3	挿	指	注	刺
4	刺	注	挿	刺
5	挿	点	注	刺

7 次のA～Eの下線部を漢字に直したとき，その漢字の部首が同じものの組合せとして最も妥当なのはどれか。　【国家一般職／税務・令和元年度】

A：液体がギョウ固する。

B：交渉の経イを説明する。

C：文章を簡ケツに書く。

D：文章の誤りを指テキする。

E：画像をカク大して表示する。

1　A，B

2　A，C

3　B，D

4　C，E

5　D，E

1 形が似ていて書き誤りやすい漢字の問題。偏，つくりの違いに気をつけて，意味を考えながら正しい漢字を覚えよう。

1 ✕ 「幹旋」ではなく，「斡旋」と書くのが正しい。「斡旋」は，双方の間に入ってうまくいくように取り持つこと。

2 ✕ 「引卒」ではなく，「引率」と書くのが正しい。「引率」は，多くの人を引き連れること。

3 ✕ 「短刀」ではなく，「単刀」と書くのが正しい。「単刀直入」は，遠回しな言い方をせずに，すぐに本題に入ること。一本の刀を持って一人で敵陣に斬り込むことに由来。短い刀で斬り込むわけではない。

4 ◎ 正しい。「妨害」は，邪魔をすること。

5 ✕ 「礼議」ではなく，「礼儀」と書くのが正しい。「礼儀」は，社会生活の秩序や人間関係の円滑な関係を維持するために守るべき行動規範のこと。

☞確認しよう ➡字形が似ていて書き誤りやすい漢字　　**正答 4**

2 いわゆる「熟字訓」の問題。熟語とほぼ同じ意味であるが，読み方が慣例で定まったものなので，覚えるしかない。

1 ✕ 「所以」は「ゆえん」と読み，そうである理由を意味している。

2 ✕ 「更迭」は「こうてつ」と読み，人事異動によってその地位や職務の人が替わることを意味する。

3 ✕ 「相殺」は「そうさい」と読み，相反するものを差引してゼロにするという意味。

4 ✕ 「一入」は「ひとしお」と読み，それがきっかけとなって，一層何かの程度が加わることを意味する。染物を1回染め汁につけると濃い色がそれだけで着くことから用いられる表現である。

5 ◎ 妥当である「曲者」は「くせもの」と読み，気を許すことができない要注意人物のことで，特に挙動不審の人物を指すこともある。

☞確認しよう ➡慣用的な熟語の読み　　**正答 5**

国語

第6章

③ 同音異字の問題。漢字一字ごとの意味を正しく理解しておくことが大切。

1 ✕ 同じ漢字とならない。前者は「堅実」と書き，後者は「賢明」と書く。

2 ✕ 同じ漢字とならない。前者は「多岐」と書き，後者は「機運」と書く。

3 ✕ 同じ漢字とならない。前者は「究明」と書き，後者は「追及」と書く。

4 ✕ 同じ漢字とならない。前者は「換気」と書き，後者は「喚起」と書く。

5 ◎ 前者は「吐息」と書き，後者は「吐露」と書く。ともに同じ漢字。

☞確認しよう ➡同じ読みの漢字　　　　　　　　　　　　**正答 5**

④ それぞれの漢字の意味を考える。「精」には「優れていて美しいもの」という意味がある。

　ア 「祇園精舎」と書く。「精舎」は「仏教寺院」のこと。

　イ 「精密な」と書く。「精密な」は「細部まで狂いがない」という意味。

　ウ 「筆無精」と書く。「筆無精」は「手紙や文章などを書くのを怠けること」の意味。

したがって，正答は**2**である。

☞確認しよう ➡同じ音を持つ漢字の持つ意味　　　　　　**正答 2**

⑤ 同音異字の問題。漢字一字ごとの意味をきちんと理解しておくことが大切である。

1 ✕ 同じ漢字は入らない。「弁償」―「鑑賞」となる。

2 ✕ 同じ漢字は入らない。「徹底」―「撤回」となる。

3 ✕ 同じ漢字は入らない。「紛糾」―「究明」となる。

4 ✕ 同じ漢字は入らない。「凍結」―「病棟」となる。

5 ◎ 妥当である。「象徴」―「徴収」となる。

☞確認しよう ➡同じ読みの熟語　　　　　　　　　　　　**正答 5**

6　「さす」は異字の多い言葉である。ア「挿入」→「挿す」，イ「指示」→「指す」，ウ「注入」→「注す」，エ「刺繍」→「刺す」のように，意味に合った二字熟語を考えるとおのずと答えを導きだせるだろう。

　　ア　「挿す」と書く。「さしこむ」という意味。「花をさす」というときも「挿す」と書く。

　　イ　「指す」と書く。「ゆびさす」という意味。「将棋をさす」というときも「指す」と書く。

　　ウ　「注す」と書く。「液体を注ぎ入れる」という意味。ただし，「目薬をさす」というときは「点す」とも書くので注意する。

　　エ　「刺す」と書く。「先のとがった細いものをつき入れる」という意味。「鼻をさすにおい」というときも「刺す」と書く。

　したがって，正答は**3**である。

　☞**確認しよう**　➡まぎらわしい同訓異字　　　　　　　　　　**正答　3**

7　部首は漢字を分類する際の目印。漢字の左にある「偏（へん）」，右の「旁（つくり）」などがある。

　　A　液体が固体になるという意味の「ギョウ固」は「凝固」と書き，「凝」の部首は「にすい」である。

　　B　「いきさつ」という意味の「経イ」は「経緯」と書き，「緯」の部首は「いとへん」である。

　　C　手短に要点をとらえるという意味の「簡ケツ」は「簡潔」と書き，「潔」の部首は「さんずい」である。

　　D　注意すべきとして具体的に取り出して示すという意味の「指テキ」は「指摘」と書き，「摘」の部首は「てへん」である。

　　E　形や規模を大きくするという意味の「カク大」は「拡大」と書き，「拡」の部首は「てへん」である。

　以上から**D**と**E**が同じ「てへん」なので**5**が正しい。

　☞**確認しよう**　➡同じ形の漢字　　　　　　　　　　　　　**正答　5**

第6章

国語

テーマ **2** 熟語・類義語・対義語

重要度

重要問題

　次のア～オは四字熟語であるが，空所のどこにも当てはまらない文字として，最も妥当なのはどれか。　　　　　　【警視庁・平成27年度】

ア　（　）前絶後
イ　粉（　）砕身
ウ　閑話（　）題
エ　（　）住坐臥
オ　喜怒（　）楽

1　急
2　哀
3　空
4　骨
5　常

解説

四字熟語は中国の古典によるものが多い。正しく書けるようにするとともに，意味や用法も辞書で確認しておこう。漢字の一字一字の意味を押さえたうえで，熟語の意味を正しくとらえること。漢文の知識も大いに役に立つ。

ア 3「空」が当てはまる。「空前絶後」は，「今までにもなく，これから先にもなさそうなほど非常に珍しいこと」の意味。

イ 4「骨」が当てはまる。「粉骨砕身」は，骨を粉にし，身を砕くような努力をすることから「力の限りを尽くすこと」の意味。

ウ 空所には「休」という漢字が当てはまる。「閑話休題」は，余談をやめて話を本筋に戻すときに用いる熟語で，「それはさておき」の意味。

エ 5「常」が当てはまる。「常住坐臥」は，「座っているときも，寝ているときも，いつも」の意味。

オ 2「哀」が当てはまる。「喜怒哀楽」は，「喜びと怒り，悲しみ，楽しみという人間の感情」のこと。

したがって，1「急」はどこにも当てはまらないので，正答は**1**である。

確認しよう ➡四字熟語の正しい漢字 　　　　正答 1

第6章

国語

FOCUS

熟語・類義語・対義語の問題には，いろいろなパターンがあるが，いずれにおいても出題される言葉はほとんど決まっているので，過去問に当たる学習法が効果的である。基本的なものをしっかりと身につけておけば問題はない。

四字熟語については，故事成語だけでなく，日常的に用いられる熟語の出題も多い。熟語の正しい読み方とともに，本来の意味を理解する習慣をつけたい。意味がわかっていれば，漢字の誤りなどにも気づくものである。

要点の まとめ

重要ポイント ①　四字熟語

 四字熟語の出題率は高いので，正しい読み・書きと意味を身につけておきたい（特に下線の文字は誤りやすいので，注意しよう）。

四字熟語	読み	意味
以心伝心	（いしんでんしん）	無言のうちにこちらの意が相手に伝わること。
一騎当千	（いっきとうせん）	一人で千人もの敵に対抗できるほど強いこと。
意味深長	（いみしんちょう）	隠されたニュアンスが含まれている様子。
栄枯盛衰	（えいこせいすい）	栄えたり，衰えたりすること。
温故知新	（おんこちしん）	昔のことを学んで新しいことを理解すること。
勧善懲悪	（かんぜんちょうあく）	よい行いを勧め，悪い行いを懲らしめること。
疑心暗鬼	（ぎしんあんき）	一度疑い出すと，すべて信じられなくなること。
荒唐無稽	（こうとうむけい）	言うことがとりとめもなく，でたらめなこと。
呉越同舟	（ごえつどうしゅう）	仲の悪い者どうしが同じ場所にいること。
五里霧中	（ごりむちゅう）	霧の中にいるようで，判断がつかないこと。
言語道断	（ごんごどうだん）	もってのほかであること。
自画自賛	（じがじさん）	自分で自分をほめること。
四面楚歌	（しめんそか）	まわりが敵ばかりで，孤立してしまうこと。
針小棒大	（しんしょうぼうだい）	小さなことをおおげさに言うこと。
青天白日	（せいてんはくじつ）	疑いが晴れて，やましい点のないこと。
絶体絶命	（ぜったいぜつめい）	追いつめられた，危機的な状態。
速戦即決	（そくせんそっけつ）	物事の決着を速やかに決めてしまうこと。
単刀直入	（たんとうちょくにゅう）	前置きなしに，直接本題に入ること。
朝令暮改	（ちょうれいぼかい）	命令などが頻繁に変わって一定しないこと。
当意即妙	（とういそくみょう）	その場に適した機転が即座にきくこと。
不即不離	（ふそくふり）	つきも離れもしない関係を保つこと。
付和雷同	（ふわらいどう）	決まった考えを持たず，他人の説に従うこと。
傍若無人	（ぼうじゃくぶじん）	人前をはばからず，勝手な行動をすること。
無我夢中	（むがむちゅう）	我を忘れて夢中になること。
優柔不断	（ゆうじゅうふだん）	ぐずぐずしていて決断力のないこと。
竜頭蛇尾	（りゅうとうだび）	最初は勢いがよく，終わりがふるわない様子。

重要ポイント 2 類義語

ここに挙げた熟語は，いずれもよく出題される類義語どうしである，確実に覚えておきたい。

遺憾―残念	以後―以降	意見―見解	田舎―地方
委任―委託	運命―宿命	応援―援助	応接―応対
温和―温厚	介入―関与	加入―参加	慣習―習慣
観点―視点	起工―着工	帰省―帰郷	規則―規律
基本―基礎	寄与―貢献	欠点―短所	謙虚―謙遜
交渉―折衝	失望―落胆	質問―質疑	使命―任務
順調―好調	将来―未来	生計―家計	精読―熟読
絶賛―激賞	想像―空想	長所―美点	動機―原因
得意―得手	破産―倒産	不安―心配	不足―欠乏
閉鎖―封鎖	方法―手段	容易―平易	用途―使途

重要ポイント 3 対義語

対義語では，正しい組合せを選ばせる問題が多い。言葉の意味をよく考えれば，それぞれの言葉を暗記していなくても対応できる。

安心―心配	以下―以上	遺失―拾得	依存―独立
温暖―寒冷	解放―束縛	過激―穏健	官軍―賊軍
間接―直接	起工―竣工	求職―求人	急性―慢性
許可―禁止	原因―結果	現実―理想	故意―過失
公設―私設	雑然―整然	散在―密集	集中―分散
需要―供給	勝利―敗北	精密―粗雑	絶対―相対
増加―減少	創造―模倣	単純―複雑	抽象―具象
陳腐―新奇	破壊―建設	繁栄―衰微	悲観―楽観
必然―偶然	普通―特殊	分析―総合	文明―野蛮
豊作―凶作	優雅―粗野	有限―無限	容易―困難
予習―復習	理性―感性	理論―実践	浪費―倹約

第6章

国語

実戦問題

1 下線部の四字熟語の使い方が最も妥当なのはどれか。

【国家一般職／税務／社会人・平成25年度】

1 一刻千金を夢見て宝くじを買う。

2 彼は一知半解で，多くのことを語らずとも分かってくれると評判だ。

3 その技術は一宿一飯に身につくものではない。

4 一世一元の大勝負に出る。

5 一日千秋の思いで彼の帰りを待つ。

2 次の四字熟語のうち，（　）内の読み方が正しいのはどれか。

【地方初級・令和元年度】

1 頭寒足熱（とうかんそくねつ）

2 上位下達（じょういげたつ）

3 二律背反（にりつせはん）

4 泰然自若（たいねんじじゃく）

5 有為転変（ういてんぺん）

次の熟語の組合せA〜Eのうち，双方の空所に入る漢字が同じものを選んだ
組合せとして，妥当なのはどれか。　　　　　　　　【特別区・平成25年度】

A　正真正□——有□無実
B　支離滅□——秋霜□日
C　日□月歩——□出鬼没
D　□意専心——千載□遇
E　傍若□人——□味乾燥

1　A　B
2　A　C
3　B　D
4　C　E
5　D　E

次のA〜Eのうち，四字熟語の読み方が正しいものを選んだ組合せとして，
妥当なのはどれか。　　　　　　　　　　　　　　　【特別区・令和2年度】

A　三位一体　——　「さんみいったい」
B　前代未聞　——　「ぜんだいみぶん」
C　会者定離　——　「えしゃじょうり」
D　言語道断　——　「げんごどうだん」
E　千客万来　——　「せんきゃくまんらい」

1　A　C
2　A　D
3　B　D
4　B　E
5　C　E

⑤ 三字熟語とその意味の組み合わせとして，妥当でないのはどれか。

【警視庁・平成26年度】

1 老婆心…不必要なまでに人の事について気をつかい，世話をやくこと。

2 半可通…よく知らないのに知っているように振る舞うこと。

3 下剋上…地位・身分が下の立場にある者が，上の人をしのいで勢力をふるうこと。

4 試金石…それが本物であるかどうかを見きわめるためにやってみる物事。

5 門外漢…そこを突破すれば立身出世できる難しい関門。

⑥ 類義語の組合せとして，最も妥当なのはどれか。

【東京消防庁・平成25年度】

1 革新——保守

2 節約——浪費

3 義務——権利

4 繊細——微妙

5 偉才——凡才

⑦ 対義語の組合せとして，最も妥当なのはどれか。

【警視庁・平成27年度】

1 世事——世辞

2 起工——竣工

3 案外——意外

4 承認——是認

5 機知——機転

実戦問題 解説

1 四字熟語の中には数字の入ったものもある。特に「一」を含む四字熟語が多い。確認しておこう。

1 ✕ 「一刻千金」は，わずかでも千金に値するほどの時間のこと。たやすく大金が手に入るという意味では「一攫千金」が当てはまる。

2 ✕ 「一知半解」は，生かじりで十分に理解していないこと。理解が早いの意味では，「告往知来」「挙一明三」などが当てはまる。

3 ✕ 「一宿一飯」は，ちょっとした世話になること。わずかな時間の意味では「一朝一夕」が当てはまる。

4 ✕ 「一世一元」は，天皇一代に一つの年号だけを用いること。一生に一度のような重大なことの意味では「一世一代」が当てはまる。

5 ◎ 妥当である。「一日千秋」は，非常に待ち遠しいこと。

☞確認しよう ➡「一」のつく四字熟語　　　　　**正答 5**

2 四字熟語の意味を覚えることに集中しがちであるが，読みも重要なポイント。

1 ✕ 頭寒足熱は「ずかんそくねつ」と読み，よく寝るための健康法として頭を熱くせず，足を温めるという意味。

2 ✕ 上位下達は「じょういかたつ」と読み，上の者の意思や命令を下の者に伝えて徹底させるという意味。

3 ✕ 二律背反は「にりつはいはん」と読み，同じ前提から導き出された2つの判断が矛盾して両立しないという意味。

4 ✕ 泰然自若は「たいぜんじじゃく」と読み，落ち着いて物事に動じない様子を表す表現である。

5 ◎ 妥当である。有為転変は「ういてんぺん」と読み，因縁によって生じたこの世のあらゆる事象がとめどなく変化しているという意味である。

☞確認しよう ➡四字熟語の読み　　　　　**正答 5**

第6章

国語

③ 正解以外は，同じ音であるが異なる漢字が入る。熟語の意味を考えて，空所に入る漢字を判断しよう。

A 前者には「銘」，後者には「名」が入る。「正真正銘」は，間違いなく本物であること。「有名無実」は，名ばかりで実質が伴わないこと。

B 前者には「裂」，後者には「烈」が入る。「支離滅裂」は，ばらばらでまとまりのないこと。「秋霜烈日」は，刑罰や権威などが非常に厳しいこと。

C 前者には「進」，後者には「神」が入る。「日進月歩」は，絶え間なく進歩すること。「神出鬼没」は，鬼神のように自由自在に出没し，容易にその所在がつかめないこと。

D 双方とも「一」が入る。「一意専心」は，一つのことにただひたすら心を集中させること。「千載一遇」は，千年にたった一度しか出合えないほどまれな好機のこと。

E 双方とも「無」が入る。「傍若無人」は，他人を気にせず自分勝手に振る舞うこと。「無味乾燥」は，おもしろみや味わいのないこと。

したがって，**D**と**E**に同じ漢字が入るので，正答は**5**である。

☞確認しよう ➡四字熟語の由来 〔正答 **5**〕

④ 読み間違いしやすい四字熟語の組み合わせである。思い込みを捨てて，面倒がらずに辞書で確認すること。

A○ 正しい。「三位一体」は「さんみいったい」と読み，3つのものが1つになること。

B× 「前代未聞」とは「ぜんだいみもん」と読み，今までに聞いたことがないほど変わっているという意味。

C○ 正しい。「会者定離」は「えしゃじょうり」と読み，会った者は必ずいつか離れる運命にあるという意味で仏教に由来する表現。

D× 「言語道断」は「ごんごどうだん」と読み，話にならないほど正道から外れているという意味。

E× 「千客万来」は「せんきゃくばんらい」と読み，多くの人が次々やってくるという意味。

以上から**A**と**C**を組み合わせている**1**が正しい。

☞確認しよう ➡四字熟語の意味 〔正答 **1**〕

⑤ 「門外漢」の「漢」は「男」という意味。また「人」の意味。「無頼漢」や「熱血漢」のように接尾辞として使う。

1 ◎ 妥当である。

2 ◎ 妥当である。

3 ◎ 妥当である。

4 ◎ 妥当である。

5 × 「門外漢」は，その分野を専門としていない人のこと。

☞確認しよう ➡三字熟語の意味　　　　　　　　　　　　　　**正答 5**

⑥ 類義語とは，互いに意味が似た関係にある言葉のこと。類義語，対義語，反対語を併せて整理して覚えておこう。

1 × 「**革新**」は，古い制度・組織・習慣などを改めて新しくすること。「**保守**」は，制度・伝統などを守り，急速な改革を避けようとすること。

2 × 「**節約**」は，無駄をなくして切り詰めること。「**浪費**」は，金銭や品物，時間などを無駄に使うこと。

3 × 「**義務**」は，その人が置かれた立場上，しなければならないこと。「**権利**」は，ある事柄を自分の意思で自由にできる資格。

4 ◎ 妥当である。「**繊細**」は，きめが細かく美しいこと。「**微妙**」は，細かく複雑でひと言では言い表せないこと。

5 × 「**偉才**」は，非常に優れた才能。「**凡才**」は，ごく普通の才能。

☞確認しよう ➡類義語，対義語，反対語　　　　　　　　　**正答 4**

⑦ 対義語とは，互いに反対の意味や，対立した意味になる言葉のこと。ここでは，同音異義語，類義語も交じえて出題されている。

1 × 「**世事**」は，世の中で起こっている出来事。「**世辞**」は，相手の機嫌をとろうとして，ほめたりおだてたりする言葉。

2 ◎ 「**起工**」は，工事を始めること。「**竣工**」は工事が出来上がること。

3 × どちらも，考えていたことと実際のことがずいぶん違う様子のこと。

4 × どちらも，よいと認めること。

5 × どちらも，その場に応じて素早く働くうまい知恵や判断のこと。

☞確認しよう ➡対義語の意味　　　　　　　　　　　　　　**正答 2**

テーマ 3 文法・敬語

重要度

重要問題

次の下線部のうち，上司に対しての敬語の使い方として，妥当なのはどれか。

【警察官・平成29年度】

1 社長がそう<u>申して</u>いました。
2 どうぞ<u>拝見して</u>ください。
3 連絡のあったお客様が<u>参られました</u>。
4 いつ頃から<u>御存知</u>でしたか。
5 昨日いただいたお菓子は，私と母とで<u>召し上がりました</u>。

解説

敬語には大きく分けて，尊敬語，謙譲語，丁寧語の3種類がある（尊敬語，謙譲語，丁重語，丁寧語，美化語の5種類に分類されることもある）。尊敬語は，話している相手または話題にしている人を敬う言葉。謙譲語は，自分および身内などをへりくだって言う言葉。丁寧語は，聞き手に対する敬意から，話し手の丁寧な気持ちを表す言葉。それぞれの動作主が誰かを見極め，どの表現が当てはまるか考えよう。

1× 「申す」は「言う」の謙譲語であるから，上司のさらに上位である社長について用いるのは誤り。「おっしゃいました」が正しい。

2× 「拝見する」は「見る」の謙譲語なので，話し手自身の動作について用いるなら適切であるが，上司の動作について用いるのは誤り。「ご覧ください」などが正しい。

3× 「参る」は「行く・来る」の謙譲語であり，お客「様」の動作について用いるのは誤り。「いらっしゃいました」が正しい。

4◎ 妥当である。「存知る」は「知る・思う」の謙譲語であるが，「御」という尊敬を表す接頭語がつくことにより尊敬語として使える。

5× 「召し上がる」は「食べる」の尊敬語で，ここでは本人とその身内である母について用いられ，上司に対する敬意表現となっていない。「食べる」の謙譲語は「いただく」なので「いただきました」という表現なら敬語の用法として正しいが，「いただいたお菓子」という表現と重複するので他の表現を考えた方が好ましい。

☞確認しよう ➡敬語の用法　　　　　　　　　　　　　　正答 **4**

敬語の用法では動作の主体がだれなのかが重要。尊敬すべき相手が主語となる場合は尊敬語，話し手やその身内という立場の人物が主語なら謙譲語を用いなければならない。丁寧語を使えば敬語になると安易に考えると，不自然な言葉遣いとなったり，二重敬語として不適切なこともある。接客の場でのマニュアルとして独特の敬語を使う例も多いが，注意が必要である。

第6章

国語

要点の まとめ

重要ポイント **1** 文法

文法では，品詞の区別や助動詞の用法に関する問題が多い。

■品詞の種類・品詞分類表

```
自立語┬活用する──┬述語になる（用言）──┬動詞（買う・食べる）
      │                               ├形容詞（白い・美しい）
      │                               └形容動詞(静かだ〔です〕)
      └活用しない┬主語になる（体言）───名詞（山・花・日本）
                 ├修飾語┬（用言を修飾）─副詞（ふと・とても）
                 │      └（体言を修飾）─連体詞（あの・小さな）
                 ├接続語だけになる────接続詞（だが・そして）
                 └独立語だけになる────感動詞（はい・おや）
付属語┬活用する─────────────助動詞（海だ・行こう）
      └活用しない────────────助詞（私は・友達と）
```

■品詞の見分け方

◆助動詞「れる・られる」の用法

可能「質問に答えられる」── （〜することができる）に言い換えられる

受け身「父にしかられる」── （〜することをされる）に言い換えられる

尊敬「先生が話される」── （お（ご）〜になる）に言い換えられる

自発「当時が思い出される」── （自然に・ひとりでに）を付け加えられる

◆「ない」の識別

否定の助動詞「答えがわからない」── （〜ぬ）に言い換えられる

形容詞「あの山は高くない」── （ないの前に「は」を補える）

形容詞の一部「弟はまだおさない」── （上の２つに該当しない）

◆「〜れる」の形の動詞と助動詞「れる・られる」の見分け方

ラ行動詞──活用部分がラ行のもの。流れる・離れるなど

可能動詞──五段活用の動詞から作られたもので，下一段活用となる

　　　　　　　切る→切れ　取る→取れる　乗る→乗れる

※「見る，食べる」は，「見る」が上一段活用，「食べる」が下一段活用と五
段活用ではないので，可能動詞（見れる，食べれる）にはならない。

⇒「〜れる」または「〜られる」の部分を「ない」に置き換えて意味が通れば，その「れる」「られる」は助動詞である。ただし，ラ行五段活用の動詞の場合は，「〜られる」の「れる」を「ない」に置き換える。

　　考え られる →考え ない …○ ― 助動詞
　　歌わ れる →歌わ ない …○ ― 助動詞
　　取ら れる →取ら ない …○ ― 助動詞
　　取 れる 　→取 ない ……× ― 動詞の一部

重要ポイント **2** 敬語

 敬語の３つの種類と正しい表現・使い方が問われる。日常，誤った使い方をしている場合も多いので，注意を要する。

■尊敬語…相手を直接敬う言い方。動作主は自分以外
　お（ご）〜になる（なさる）の形にする
　　出かける→お出かけになる　出発する→ご出発なさる
　尊敬の助動詞「れる・られる」を付ける
　　書く→書かれる　話す→話される　立つ→立たれる
　尊敬の意味を持つ特別な動詞を用いる
　　食べる→召し上がる　言う→おっしゃる　する→なさる
　尊敬の意味を表す接頭語「お・御・ご・貴」を付ける
　　お帽子　御社　ご子息　貴社
■謙譲語…自分をへりくだる言い方。動作主は自分や身内
　お（ご）〜する（いたす）の形にする
　　招く→お招きする　説明する→ご説明いたします
　謙譲の意味を持つ特別な動詞を用いる
　　見る→拝見する　もらう→いただく　来る・行く→参る
■丁寧語…聞き手を敬うために丁寧な気持ちを表す言葉
　丁寧な意味を表す接頭語「お・ご」を付ける
　　お米　お茶　お手伝い　ご飯　ごちそう
　丁寧な意味を表す助動詞・補助動詞「です・ます・ございます」を付ける
　　花だ→花です　行く→行きます　ここだ→こちらでございます

第6章

国語

実戦問題

1 次のA～Dの「ない」のうち，助動詞「ない」の用法として正しい組合せはどれか。
【地方初級・平成22年度】

A　暑くない

B　見ない

C　はかない

D　あきらめない

1　A，B
2　A，C
3　B，C
4　B，D
5　C，D

2 例文の「そうだ」と同じ用法のものを挙げたものとして，正しいのはどれか。
【地方初級・平成24年度】

　例　きみはとても元気そうだ。

ア　今日の予定は運動だそうだ。

イ　きみが見たそうだから，窓は開いていたのだろう。

ウ　B組が優勝したそうだから，嬉しいだろう。

エ　空が青いから，天気がよくなりそうだ。

オ　きちんと仕事をしないと，叱られそうだ。

1　ア，イ
2　イ，エ
3　イ，オ
4　ウ，エ
5　エ，オ

実戦問題●解説

1 助動詞「ない」とそれ以外の「ない」を見分けるには、「ない」の前に助詞「は」や「も」を入れて意味が通るかどうかをみるとよい。

A 「暑くない」は、形容詞「暑い」の連用形に補助形容詞の「ない」が接続したもの。「ない」の前に「は」や「も」を入れると、「暑くは（も）ない」で意味が通る。このときの「ない」は補助形容詞である。

B 「見ない」は、動詞「見る」の未然形に助動詞「ない」が接続したもの。「ない」の前に「は」を入れると、「見はない」で意味が通らない。この「ない」は助動詞の「ない」である。

C 「はかない」は、形容詞「はかない」の一部である。

D 「あきらめない」は、動詞「あきらめる」の未然形に助動詞「ない」が接続したもの。「あきらめはない」では意味は通らないので、この「ない」は助動詞の「ない」である。

したがって、**B**、**D**が助動詞の用法で、正答は**4**である。

☞確認しよう ➡ 「ない」の識別 **正答 4**

2 助動詞はさまざまな意味を表す。ここは「そうだ」の用法。大きく「伝聞」と「様態」に分けられる。伝え聞いたことか、見た様子かという違いである。

例文の「元気そうだ」は、外見から判断して「～の様子だ」という様態を表している。ほかに様態として、「今にも～する様子だ」を表すこともある。

ア 「～だそうだ」は誰かから聞いたことで、伝聞を表す。

イ 「～したそうだ」も誰かから聞いたことで、伝聞を表す。

ウ これも**イ**と同じく「～したそうだ」の形で、伝聞を表す。

エ 「～になりそうだ」は、空を見てこれからどうなりそうかという様子を述べたもので、様態を表す。

オ 「～されそうだ」も、雰囲気などからこれからどうなりそうかという様子を述べたもの。様態である。

したがって、**エ**と**オ**が様態の用法で、正答は**5**である。

☞確認しよう ➡ 「そうだ」の識別 **正答 5**

第6章

国語

慣用句・故事ことわざ

重要問題

次のことわざまたは慣用句とその意味の組合せのうち最も妥当なのはどれか。　【国家一般職／税務／社会人・平成30年度】

1 足が付く……………………行動にしっかりした落ち着きがあること。

2 情けは人のためならず………人に情けをかけるとその人のためにならないこと。

3 絵に描いたよう………………空想的なものは実際の役には立たないこと。

4 蛇蜂取らず……………………危険にはなるべく近づかないほうがよいこと。

5 流れに棹さす…………………時流にうまく乗り，目的に向かって順調に進むこと。

解説

慣用句は，正しい意味と用法を知っていないと，字面からの想像で正答を得ることは難しい。本来の意味が転じて，どのような意味として使われているのか，確認しておこう。

1 ✕ 「足が付く」は逃げた者の行方がわかったり，何かの手がかりがあって犯人がわかるという意味。着実ではったりがなく，行動が落ち着いている場合を意味したいのなら「地に足が着いた」というのが正しい。

2 ✕ 「情けは人のためならず」は人に情けをかけておけば，巡り巡っていつか良いことがあるという意味。好意が悪い結果をもたらす場合は「情けが仇」という。

3 ✕ 「絵に描いたよう」は褒め言葉として美しく素晴らしいと感じた時に用いる表現。空想的で実際の役に立たないという意味なら「絵に描いた餅」が妥当である。

4 ✕ 「虻蜂取らず」は両方を求めようとして結局はどちらも得られないという意味。危険に近づかないよう戒める表現は「君子危うきに近寄らず」などがある。

5 ◎ 妥当である。「流れに棹さす」は物事が調子良く進むことをたとえたもので，「得手に帆を揚げる」も同じ意味の慣用句である。

☞確認しよう ➡体の一部を用いた慣用句　　　　　　　　　　　　　正答 **5**

第6章

国語

慣用句・故事ことわざの出題パターンは，正しい意味のものや，正しい用法のものを選ばせるもののほかに，空所に当てはまる語を答えさせるものもある。よく出題される慣用句・故事ことわざはおおむね決まっているので，代表的なものの意味と正しい使い方を，もう一度確認しておこう。同じ意味のもの，反対の意味のもの，同じ言葉を含むものなどを系統立てて覚えるようにすれば，効果的である。さらに，日常生活の中でも意識的にこれらの表現を用いるようにして，確実に身につけるようにしよう。

重要ポイント ① 慣用句

慣用句とは，2つ以上の単語が結びついて，全体で特定の意味を表す言葉。身体の一部を用いた表現が多い。正しい意味と使い方が問われる。

相づちを打つ→相手に調子を合わせて受け答えをしたり，うなずいたりする。

頭を痛める→難題を解決しようとして，苦労する。

油を売る→無駄話をして時間をつぶしたり，仕事を怠けたりする。

馬が合う→（いっしょに何かをする）相手と気持ちがしっくり合う。

お茶を濁す→いい加減なことを言って，その場を適当にごまかす。

顔から火が出る→とても恥ずかしくて，赤面する。

肝に銘ずる→忘れないように心に深く刻みつける。

口がすべる→言ってはいけないことを，うっかり言う。

言語に絶する→あまりのはなはだしさにあきれて，言葉で言い表せない。

さじを投げる→物事に見込みがなく，あきらめる。

手に汗を握る→危ないものごとや激しい争いを見聞きし，はらはらする。

手に負えない→扱い切れない。＝手に余る

手塩にかける→自分が面倒をみて，大切に育てる。

二の句がつげない→あきれ返って，次の言葉が出ない。

二の舞を演じる（踏む）→他の人と同じ失敗を繰り返す。

寝耳に水→不意の出来事にびっくりする。

筆が立つ→文章を書く能力が優れている。

へそを曲げる→機嫌を悪くする。＝つむじを曲げる

ほぞを固める→決心する。

ほぞをかむ→後悔する。

耳が痛い→自分の弱点や欠点を言われて，聞くのがつらい。

耳が早い→うわさやニュースを聞き知ることが早い。

目が利く（高い）→人や物の本質を見抜く力がある。

目に余る→黙って見ていることができないほどひどい。

重要ポイント② ことわざ

ことわざは，昔から言いならわされてきた言葉で，批評や風刺，教訓や生活の知恵などを含む。同じ意味のことわざを選ばせる出題もある。

石の上にも三年→辛抱すれば，いつか報われる。＝待てば海路の日和(ひより)あり

石橋を叩(たた)いて渡る→用心の上にも用心を重ねること。＝念には念を入れよ

馬の耳に念仏→いくら言っても，効き目がないこと。＝馬耳東風

海老(えび)で鯛(たい)を釣る→わずかな元手で，大きな利益を手に入れる。

傍(岡(おか))目八目(めはちもく)→第三者の立場で見ていると，物事のよしあしがよくわかる。

河童(かっぱ)の川流れ→名人・達人も時には失敗する。＝猿も木から落ちる

朱に交われば赤くなる→付き合う相手によって，よくも悪くもなる。

船頭多くして船山に登る→指図する人が多すぎて，物事がうまくいかない。

立て板に水→立て板に水を流すように，弁舌が流暢でなめらかなこと。

玉にきず→完全と言っていいくらいだが，ほんのわずかな欠点があること。

情けは人のためならず→人に親切にすれば，いつかは自分に返ってくる。

猫に小判→貴重なものの価値がわからない。＝豚に真珠

覆水盆に返らず→一度してしまったことは，取り返しがつかない。

渡りに舟→困っているところに，好都合のことが起こる。

重要ポイント③ 故事成語

故事成語は昔から伝えられている，いわれのある事柄（故事）から出来た言葉で，中国の古典によるものが多い。意味と用法が問われる。

漁夫（父）の利→当事者が争っているうちに，第三者が利益を得ること。

五十歩百歩→多少の違いはあっても，大差のないこと。

塞翁(さいおう)が馬→人生の幸，不幸は予測することができない。

杜撰(ずさん)→いいかげんなこと。

他山の石→自分より劣っている人の言行も，自分の知徳を磨く助けとなる。

虎の威を借る狐→有力者の権力をかさに着て威張る者。

背水の陣→必死の覚悟で敵に立ち向かうこと。

実戦問題

1 「　」内のことわざ・慣用句の説明として最も妥当なのはどれか。

【国家一般職／税務／社会人・平成24年度】

1 「馬を牛に乗り換える」………急ぐときこそ，時間がかかっても確実な方法を
とった方がよい。

2 「枯れ木も山のにぎわい」……高齢の人ほど経験を積んでおり，人の役に立つ
ことができる。

3 「逆鱗に触れる」………………大きな感動や共鳴を与える。

4 「手をこまぬく」………………手出しをせず，傍観する。

5 「盗人を捕らえて縄をなう」…万一のことを考えて，十分に準備しておく。

2 次のことわざまたは慣用句の組合せA〜Dのうち，双方の空所に入る漢字
が同じものを選んだ組合せとして，妥当なのはどれか。

【特別区・平成28年度】

A 自□自賛　──□田引水

B 一視同□　──巧言令色鮮し□

C 好事□多し──快刀乱□を断つ

D 後□の憂い──三□の礼

1 A　B

2 A　C

3 A　D

4 B　C

5 B　D

3 ことわざまたは慣用句の意味を説明した記述として，妥当なのはどれか。
【特別区・令和2年度】

1 「顎が落ちる」とは，大いに笑うことをいう。
2 「顎が干上がる」とは，高慢な態度で人を使うことをいう。
3 「顎を出す」とは，得意になっていることをいう。
4 「顎が食い違う」とは，当てが外れることをいう。
5 「顎を外す」とは，非常に味が良いことをいう。

4 次の文における下線部の慣用表現が正しいものとして，最も妥当なのはどれか。
【警視庁・平成30年度】

1 彼の発言を思い出し，怒り心頭に達した。
2 電車の中で騒ぐ学生達に，他の乗客は眉をしかめた。
3 先生の素晴らしい講義に，目から鱗が取れた。
4 理不尽な取扱いに，肝に据えかねた。
5 長年のライバルに，足をすくわれた。

⑤ 次のA～Eのうち，下線部の慣用句の使い方が妥当なものの組合せはどれか。　【東京都・平成26年度】

A　その話を聞いて彼女は怒り心頭に達した。

B　口先三寸で彼らを言いくるめる。

C　そっけなくて取り付く島もない。

D　一つ返事で課長の依頼を引き受ける。

E　彼の発言は的を射たものだった。

1　A, B
2　A, C
3　B, D
4　C, E
5　D, E

⑥ 意味が似ていることわざ・慣用句の組合せとして，妥当でないのはどれか。　【警視庁・平成26年度】

1　他山の石………………対岸の火事

2　提灯に釣鐘……………月とすっぽん

3　瓢箪から駒……………嘘からでたまこと

4　転ばぬ先の杖…………後悔先に立たず

5　弱り目にたたり目……泣きっ面に蜂

実戦問題●解説

1 意味のよくわからないことわざ・慣用句があったら，普段からこまめに辞書を引く習慣を身につけておきたい。

1 ×「馬を牛に乗り換える」は，足の速い馬から足の遅い牛に乗り換えるように，有利なものを捨て，不利なものを取ることのたとえ。

2 ×「枯れ木も山のにぎわい」は，枯れた木でも，あれば山に趣を添えるように，つまらないものでもないよりはましというたとえ。

3 ×「逆鱗（げきりん）に触れる」は，天子の怒りに触れること，転じて，目上の人を激しく怒らせることのたとえ。「逆鱗」は，竜ののどもとに逆さについているうろこで，そこに触れると元来おとなしい竜が激怒して人を殺すということから生まれたことわざ。

4 ◎ 妥当である。「手をこまぬく」は，何も手出しをしないで見過ごすこと。「こまぬく」は，中国での敬礼のための動作で，両手の指を胸の前で組み合わせること。

5 ×「盗人を捕らえて縄をなう」は，事が起こってからあわてて対策を立てることのたとえ。「縄をなう」は，どろぼうをしばる縄を作ること。

☞確認しよう ➡ことわざ・慣用句の由来 **正答 4**

2 それぞれ同じ音読みの漢字が入る。Bの前者は中国の思想家の韓愈の言葉，後者は同じく孔子の言葉である。

A 前者の「自画自賛」は，自分で自分のことをほめること。後者の「我田引水」は，自分に都合のいい言動をすること。

B 前者の「一視同仁」は，万人を同様に愛すること。後者の「巧言令色鮮し仁」は，言葉巧みで愛嬌を振りまく人は仁の心に欠けるということ。

C 前者の「好事魔多し」は，よいことには邪魔が入りやすいこと。後者の「快刀乱麻を断つ」は，面倒なものごとを巧みに解決すること。

D 前者の「後顧の憂い」は，後々の心配のこと。後者の「三顧の礼」は，目上の人が礼儀を尽くして才能ある格下の人を迎えること。

したがって，同じ漢字が入るのはBとDであり，正答は**5**である。

☞確認しよう ➡ことわざ，慣用句の正しい漢字 **正答 5**

第6章

国語

3 慣用句を用いた文が正しいかどうかを見極める問題。慣用句の意味が正しく理解できていれば迷うことはないだろう。

1 × 「顎が落ちる」は非常においしいことをいい、「頰が落ちる」ということもある。

2 × 「顎が干上がる」は生活ができなくなるということ。

3 × 「顎を出す」は疲れ切ったこと、あるいは手に負えなくなって困ることをいう。

4 ◎ 妥当である。

5 × 「顎を外す」は大いに笑うことである。

☞確認しよう ➡慣用句の用法　　　　　　　　　　　　　　　正答 **4**

4 聞き間違いなどで誤用のほうが定着することもある。慣用句としての妥当性の判断は難しい。できるかぎり本来の用法を尊重すべきで、自信がない時は辞書をチェックすること。

1 × 怒りが心の中に激しくおこるという意味なら「怒り心頭に発する」が正しい。

2 × デリカシーのない言動を見聞きして、心中に不快の念が沸いたという様子を表すなら「眉をひそめた」が正しい。

3 × 何かがきっかけで、今までよくわからなかったことが突然はっきりわかった状態を示す場合、「目から鱗が落ちた」が正しい。

4 × 憤慨することがあったりして、我慢できない状態にあることを指すならば「腹に据えかねる」が正しい。

5 ◎ 妥当である。相手の隙をついて自分の利益をはかるようなやり方を「足をすくう」といい、隙をつかれた側からいえば「足をすくわれた」となる。「足」の代わりに「小股」を使うこともある。

☞確認しよう ➡慣用句の意味　　　　　　　　　　　　　　正答 **5**

⑤ 一部を間違えやすい慣用句の問題である。的確な使い方を確認しておこう。

A 「怒り心頭に<u>達する</u>」は誤り。正しくは「怒り心頭に<u>発する</u>」という。激しい怒りがこみあげてくることを表す。

B 「<u>口</u>先三寸」は誤り。正しくは「<u>舌</u>先三寸」という。人をだますうまい話し方のこと。

C 正しい。「取り付く<u>島</u>もない」は、相手がつっけんどんで話しかけるきっかけがない様子をいう。「取り付く<u>暇</u>もない」は誤り。

D 「<u>一つ</u>返事」は誤り。正しくは「<u>二つ</u>返事」という。何かを頼まれたときなどに、すぐに気持ちよく引き受けること。

E 正しい。「的を<u>射る</u>」は、要点を正しくとらえること。なお、「的を<u>得る</u>」は誤り。

したがって、使い方が妥当なものはCとEであり、正答は**4**である。

☞確認しよう ➡ことわざ、慣用句の正しい漢字　　　　　**正答 4**

⑥ それぞれのことわざ・慣用句が使われる状況を想定して意味を考えてみよう。

1 ✕ 妥当ではない。「他山の石」は、他の人の行いや言葉は、どんなつまらないことでも、心がけ次第で自分をよくするために役立つものだということ。「対岸の火事」は、自分には関係のない出来事のたとえ。

2 ◎ 両者とも、二つのものがつり合わないことのたとえ。

3 ◎ 両者とも、思いがけない結果が出ることのたとえ。

4 ◎ 両者とも、失敗しないように、あらかじめ用心しておくことが大切であるということ。

5 ◎ 両者とも、不幸・不運が重なることのたとえ。

したがって、正答は**1**である。

☞確認しよう ➡似た意味を表すことわざ・慣用句　　　　**正答 1**

●本書の内容に関するお問合せについて

本書の内容に誤りと思われるところがありましたら，まずは小社ブックスサイト
(jitsumu.hondana.jp)中の本書ページ内にある正誤表・訂正表をご確認ください。正誤表・訂正表がない場合や，正誤表・訂正表に該当箇所が掲載されていない場合は，書名，発行年月日，お客様のお名前・連絡先，該当箇所のページ番号と具体的な誤りの内容・理由等をご記入のうえ，郵便，FAX，メールにてお問合せください。

〒163-8671 東京都新宿区新宿 1-1-12 実務教育出版 第二編集部問合せ窓口
FAX：03-5369-2237 E-mail：jitsumu_2hen@jitsumu.co.jp

【ご注意】
※電話でのお問合せは，一切受け付けておりません。
※内容の正誤以外のお問合せ（詳しい解説・受験指導のご要望等）には対応できません。

公務員試験 ［高卒程度・社会人］
初級スーパー過去問ゼミ　人文科学

2021年 3 月20日　初版第 1 刷発行 〈検印省略〉
2023年10月 5 日　初版第 3 刷発行

編　者　資格試験研究会
発行者　小山隆之

発行所　株式会社 実務教育出版
　　　　〒163-8671　東京都新宿区新宿 1-1-12
　　　　☎編集　03-3355-1812　販売　03-3355-1951
　　　　振替　00160-0-78270

印　刷　文化カラー印刷
製　本　東京美術紙工